# 다시 들어야 하는 복음

# 다시 들어야 하는 복음

이성훈 글

성인덕

◦ 차례 ◦

머리말 • 6

제1장 복음이 복음인 이유 • 13

제2장 다시 들어야 하는 복음 • 45

제3장 구원 후 왜 복음을 떠나는가? • 59

제4장 복음의 외적 장애1 – 세상 • 91

제5장 복음의 외적 장애2 – 자기의自己義 • 121

제6장 복음의 외적 장애3 – 종교 • 147

제7장 복음의 내적 장애1 – 드러남 • 173

제8장 복음의 내적 장애2 – 버림받음 • 199

제9장 복음의 내적 장애3 – 죄 • 225

제10장 복음 안에서의 성장1 – 율법 • 251

제11장 복음 안에서의 성장2 – 성령 • 271

제12장 복음 안에서의 종말 • 297

제13장 공평한 구원과 치유 • 323

제14장 복음적인 삶 • 355

◦ 머리말 ◦

그동안 우리는 늘 어렵게 살아왔지만, 특별히 요즈음처럼 어려웠던 적은 없었던 것 같습니다. 특히 코로나로 인해 모든 것이 얼어붙은 듯 위축되었습니다. 모든 방면에서 다 그렇지만 특히 교회와 신앙생활은 과거에 경험해 보지 못한 극심한 위기 가운데 있습니다. 더 걱정인 것은 이러한 위기에 점점 더 둔감해지면서 이 위기를 위기로 느끼지 못하고 그냥 적응해가고 있다는 사실입니다. 안 그래도 교회의 성장이 둔화되고 위축되어 가는데, 코로나가 이를 가속화시키고 경화硬化시키는 것 같아 자칫 회복 불가능한 상흔으로 남지 않을까 걱정이 됩니다.

최근에는 우리가 그동안 신앙생활에서 생명처럼 여기던 대면 예배조차 드릴 수 없게 되었습니다. 과거에는 상상조차 할 수 없던 일입니다. 우리가 그동안 우리 신앙을 어떻게 지켜가며 여기까지 왔습니까? 일제강점의 핍박과 한국전쟁의 위기, 그리고 극심한 가난 속에서도 믿음을 지키며 교회는 성장해왔습니다. 한국교회의 성장은 가히 전 세계 기독교사에 기념비적으로 남을 만한 기적이었습니다. 한국교회는 위기가 있을 때마다 같이 모여 하늘을 향해 부르짖으며 기도해왔습니다. 그리고 한국의 기적적인 경제성장과 민주화의 배경에는 이러한 기도의 힘이 있었음을 결코 부인할 수 없을 것입니다. 그러나 지금의 한국교회는 그동안 우리가 가장 큰 힘으로 여겼던 대면 예배와 합심 기도를 드리지 못하고 있습니다. 삼손이 힘을 쓰지 못하는 것처럼 교회의 힘인 예배와 기도의 머리카락이 잘려져 가고 있습니다. 이러다가 비대면 예배에 점점 익숙해져 앞으로 신앙생활이 이렇게 굳어버리지 않을까 걱정입니다.

또한, 교회 재정도 어려워져 목회자들이 기도에 힘쓰기보다는 거리로 나가 생업을 찾느라 전전긍긍하고 있습니다. 안 그래도 어려운 목회가 이처럼 더 어려워지자, 신학을 지원하는 학생들이 급감하고, 이로 인해 신학교 역시 적잖은 타격을 입고 있습니다. 무엇보다 사회의 빛과 소금이 되어야 할 교회가, 무슨 문제만 생기면 '비난 대상 1호'가 되고 있습니다. 사실은 교회의 잘못만이 아닌데, 또 대부분의 교회는 잘하고 있는데, 무슨 이유에서인지 교회가 사회에서 대접을 받기는커녕 골칫거리가 되고 있는 상황입니다. 기독교인이 선망의 대상이 되기보다는 시대에 뒤처지고 자기들 마음대로 하는 고집불통의 꼰대 이미지로 부각 되고 있습니다. 그런데 문제는 이게 교인과 교회가 욕먹는 것으로 끝나지 않는다는 것입니다. 결국, 그 욕이 교회의 주인이신 창조주 하나님께 돌아간다는 게 문제입니다. 거룩하시고 사랑이 풍성하신 창조주 하나님께서 교회로 인해 영광과 찬양을 받으셔도 부족할 텐데, 이렇게 피조물의 멸시를 받으시다니, 그 이유가 어떠하든 우리 성도들의 책임과 죄가 너무도 무거워 도저히 머리를 들 수가 없습니다. 성도들이 머리를 풀고 재를 뿌리고 옷을 찢으며 통곡하며 회개하며 울부짖어도 그 죄를 씻기가 어려울 것입니다. 이 죄를 어찌할꼬!

거룩한 하나님의 교회가 어쩌다 이 지경이 되었을까? 그리고 하나님은 왜 이렇게 교회가 수치를 당하는 걸 방관하고 계실까? 원망 아닌 원망을 해봅니다. 이러한 위기와 고통 속에 있는 하나님의 뜻은 무엇일까? 이를 헤쳐 나갈 길이 과연 있기는 한 걸까? 그 길이 안 보이니 더욱 괴롭습니다. 문제의 원인이 어디에 있는지 막막하기만 합니다. 문제도 문제지만 마땅한 해결책을 찾지 못하고 있다는 사실이 더욱 고통스럽고 좌절됩니다.

이러한 위기의 때에 교회는 과연 무엇을 어떻게 해야 할까요? 가장 중요한 것은 하나님의 뜻과 인도함을 받는 것일 것입니다. 하나님의 교회가 이렇게 허물어져 가고 있는데, 창조주 하나님께서 이를 방치해 둔 채 가만히 보고만 계시겠습니까? 이에는 분명 하나님의 뜻이 있으실 것이기에, 우리가 그 뜻을 바로 깨달아 알기만 한다면, 자비로운 하나님께서 반드시 회복시켜 주실 것입니다. 이스라엘도 하나님의 성전이 허물어지는 아픔을 겪었습니다. 그 속에서 이사야와 예레미야와 같은 선지자들을 통해 하나님의 뜻이 전해지고, 백성들이 그 뜻을 행함으로써 다시 회복할 수 있었습니다. 그래서 우리가 먼저 이러한 어려움 속에서 하나님의 뜻을 바로 알아 이를 행하는 것이 중요할 것입니다.

기도하면서 그 뜻을 깨닫는 것이 중요합니다. 그러나 그 뜻이 어떤 한 사람에게만 온전히 주어지는 것은 아닙니다. 그 뜻은 기도하는 사람마다 다소 다르게 나타날 수 있으며, 이러한 것들이 하나로 모일 때, 온전한 주님의 뜻을 이룰 수 있게 될 것입니다. 나는 그중에 한 가지를 이야기하고자 합니다. 우리는 어려울 때마다 '기도하며 말씀으로 돌아가자'고 말합니다. 이는 위기를 당한 모든 사람이 추구해야 할 공통된 길일 것입니다. 우리가 의지할 것은 기도와 말씀밖에 없기 때문입니다.

그러나 기도와 말씀은 형식에 불과할 뿐, 내용이 아닙니다. 중요한 것은 기도와 말씀을 통해 '주님의 뜻'이라는 '내용'을 찾아야 한다는 것입니다. 우리가 기도와 말씀을 통해 무엇을 깨달아야 할까요? 사실 주님은 이미 우리에게 모든 것을 다 주셨습니다. 구원의 길과 능력, 그리고 각종 은사와 축복을 이미 다 주셨습니다. 그래서 사실 더 이상 구할 것이 없습니다. 그러므로 새로운 것을 찾기보다는 이미 주신 것들에서 우리가 놓치고 있는 것을 다시 발견하고 찾는 것이 더 중요하다고 생각합니다.

주님께서는 우리에게 구원의 길과 능력을 이미 주셨습니다. 그 구원은 다름 아닌 예수 그리스도이시고 복음입니다. 이는 누구도 부인할 수 없는, 모두가 인정하는 최고의 선물이자 능력입니다. 그 이상도 이하도 없습니다. 주님이 우리에게 주시고자 하는 모든 것이 그 속에 있고, 모든 해답과 능력이 그 안에 들어있기 때문입니다. 이외에 다른 것은 필요 없습니다. 이미 모든 것을 다 주셨습니다. '주님의 뜻을 찾는다'는 것은 뭔가를 새롭게 찾아내는 것이 아니라, 이미 주신 복음을 다시 보고 들음으로써 우리가 놓치고 있는 게 무엇인지를 찾아내는 것이라고 생각합니다.

복음을 다시 보고 듣는 것! 이보다 소중한 것은 없습니다. 사도 바울은 로마서를 쓰면서 '바로 이 복음을 다시 로마 성도들에게 말하고 싶다'고 했습니다. 그들은 로마라는 험악한 환경에서 복음으로 구원받은 후, 나름 신앙을 지키려 애쓰며 살았습니다. 하지만 시련이 장기화되면서 지친 나머지, 더 이상 버틸 힘이 없이 소진되어가고 있었습니다. 이런 상황에서 바울은 그들을 위로하고 다시 세워, 그들이 시련을 능히 이겨낼 수 있도록 돕고 싶었습니다. 그 방법은 무엇이었을까요? 놀랍게도 다른 무슨 새로운 힘이 아니라, 그들이 처음 믿었던 그 복음을 '다시 찾는 것'이었습니다. 복음은 신앙의 모든 것입니다. 신앙은 복음으로 시작해서 복음으로 끝납니다. 복음은 신앙생활을 처음 시작할 때, 혹은 죽어서 하늘나라에 갈 때만이 아니라, 우리의 모든 신앙 과정에 있어야 하는 것입니다. 로마 성도들은 복음으로 구원을 받았지만, 복음을 잃어버리고 있었습니다. 그래서 '왜 복음을 다시 찾아야 하고, 복음이 어떻게 지속적인 힘이 되는지' 자세히 설명하고자 사도 바울은 로마서를 쓴 것입니다.

이 로마서는 로마 성도에게만 아니라 지금 우리에게도 다시 들려져야 합니다. 그들이 복음을 다시 들은 후, 그 어려운 시대를 견디고 승리하여 주님의 나라를 이룬 것처럼 우리도 이 어려운 시대에 로마서를 통해 주님의 복음을 다시 듣고 힘을 얻어 이 어려움을 이기고 주님의 나라를 더 확실히 세워나가야 합니다.

사실 이 책은 처음부터 로마서를 강해하기 위해 쓴 것이 아닙니다. 약 20여 년 전 내적치유 사역을 하면서 '참되고 확실한 치유는 복음 속에 있다'는 것을 알고, 로마서의 복음을 통해 내적치유를 하는 과정에서 준비한 내용이었습니다. 그리고 약 15년 전에 이를 책으로 엮어 '복음과 내적치유'라는 책으로 출간한 바 있습니다. 그러다 이 책이 절판되어 한참 잊혀졌습니다. 그러나 많은 분이 이 책의 재출간을 원해, 이 책을 다시 보게 되었고, 그 과정에서 이 책의 내용이 내적치유에 국한되기보다는 구원받은 이후 신앙생활에 어려움을 겪는 많은 분에게 도움이 될 수 있을 것이라 생각되어 그러한 방향으로 책을 다시 준비하게 되었습니다. 특히 코로나로 어려움을 겪는 한국교회와 성도들에게 다시 들려져야 하는 복음의 내용으로서 의미가 있다고 생각되었습니다. 그래서 책의 제목도 '다시 들어야 하는 복음'으로 바꾸고 그러한 방향으로 책을 개정했습니다. 그러나 대부분 내용은 첫 번째 책과 크게 다르지 않습니다. 그 책 역시 내적치유보다는 로마서라는 성경을 중심으로 복음을 설명하는 데 중점을 두었기에 크게 개정할 내용이 없었던 것입니다.

이 책이 아픔 가운데에서 치유를 사모하는 분들뿐만 아니라, 구원받은 이후 여러 형태로 어려움을 겪고 있는 성도와 교회에 큰 도움이 되는 복음의 말씀이 될 것이라 확신합니다. 특히 코로나로 인해 침체 되어 있는 성도와 교회에 새로운 회복의 길이 열리는 계기가 되길 간절히 소망합니다. 복음으로 시작된 신앙이, 이젠 복음으로 성장하고 마무리될 수 있어야 합니다. 모든 신앙은 복음을 떠나서는 결코 존재할 수 없기 때문입니다. 한국교회가 다시 복음으로 회복되어 복음이 중심이 되는 성숙하고 아름다운 교회로 세워지길 간절히 소망합니다. 또한, 이 책이 다시 출간될 수 있도록 도와주시고 기도해주신 여러분께 깊은 감사를 드립니다. 특별히 자세히 글을 다듬어 주시고 교정해주신 허계영 선교사님과 매 장마다 귀한 그림을 그려주신 허설영 화백님에게 깊은 감사를 드립니다.

2021년 4월
강원도 성인덕에서

제 1 장

# 복음이 복음인 이유

* 롬 1:1-7

　　　　　　　　　복음이란 우리가 잘 아는 대로 '기쁜 소식'입니다. 우선 복음은 죄로 인해 죽은 생명을 구원함으로써 하늘나라에 대한 약속을 주는 구원의 소식입니다. 그러나 이 복음이 죽어서 하늘나라에 가는 걸 보장해 줄 뿐만 아니라, 현재 우리 삶과 마음에 있는 슬픔과 아픔, 외로움과 어두움까지 치유함으로써 기쁨을 주는 말씀, 즉 새 생명으로 인도하는 구원의 말씀이라는 면에서 그야말로 '기쁜 소식'인 것입니다.

　그러나 우리는 복음의 의미를 '영생하는 능력'으로만 국한 시켜, 정작 우리의 내면과 삶의 구석구석에까지 충분히 적용하지 못한 채, 그 아픔과 어두움은 그대로 놓아두고 살아가는 경우가 많습니다. 하지만 분명한 것은 이 복음이 내세에 영생을 주는 것만이 아니라, 현재의 우리 삶에서도 문제를 해결해 주는, 특히 우리 내면의 아픔까지 능히 치유해 주는 하나님의 기쁜 소식이라는 사실입니다. 즉 복음을 단순히 '영생을 주는 능력'에서 '우리의 모든 삶의 문제와 마음의 아픔까지 해결해주는 능력'으로 확장시킬 필요가 있다는 것입니다.

성경은 처음부터 끝까지 복음에 관한 이야기입니다. 그런데 성경 중에서도 특별히 복음을 잘 정리, 분석해놓은 것이 바로 로마서입니다. 로마서가 신학적으로 어려운 내용이 많은 책인 건 사실이지만, 이 책에서까지 굳이 이를 교리적으로 분석하고 설명할 생각은 없습니다. 대신 이 책을 통해, 죄와 사망에 처해있던 우리를 생명과 하늘나라로 인도하는 복음으로써 로마서를 경험하는 동시에, 우리가 살아가면서 겪는 여러 가지 삶의 어려움과 내면의 아픔들을 어떻게 구원하고 치유하는 능력이 될 수 있는지를 다루어보고자 합니다.

복음의 내용은 한마디로 '예수님'입니다. 우리는 그분을 잘 알고 있고, 또 잘 믿고 있습니다. 예수님이 바로 복음이시고 구원과 치유의 능력이십니다. 그러므로 우리는 형식적인 종교생활을 통해 그분을 만나는 게 아니라, 어둠과 눌림과 무력함이 있는 우리의 삶과 마음속에 살아 계신 분으로 그분을 생생하게 경험하고 만날 수 있어야 합니다. 우리가 알고, 믿고 있는 그 예수님을 우리의 삶 속에서, 그리고 우리 마음속 깊은 곳에서 '살아 계신 분'으로 만나기를 사모해야 합니다.

먼저 로마서 1장 1-7절 말씀을 중심으로 '복음이 왜 기쁜 소식인가?'인지 그 이유에 대하여 생각해보겠습니다. 로마서는 전체가 복음인데 특히 로마서의 서론에 해당되는 이 말씀에는 복음이 무엇인지 잘 요약되어 있습니다.

복음이 왜 '복된 소식'일까요? 복음이 진정으로 우리에게 복된 소식이 되기 위해서는 단순한 이론이나 개념이 아닌, 실제 복으로 느껴져야 합니다. '이게 바로 행복이구나! 이게 바로 기쁜 소식이구나!'라는 탄성이 우리 마음속에서 우러나와야 한다는 말입니다.

## 1) 복음은 '오래전부터 준비하신 하나님의 의지와 약속이기 때문에' 복음이다

사도 바울은 '복음이 왜 복음인가?'에 대한 첫 번째 이유를 1장 2절에서 '복음은 하나님께서 예언자들을 통하여 성경에 미리 약속하신 것'이라고 설명하고 있습니다. '약속하셨다'는 말에는 '약속을 성취하시는 하나님의 신실하심과 능력'이라는 의미도 함축되어 있지만, 다른 한편으로는 복음이 우리에게 주어지기 위해서 '오랫동안 준비되었다'는 의미도 포함됩니다.

'오랫동안 준비되었다'는 뜻은 무엇일까요? 그리고 왜 하나님은 굳이 '약속'을 통해 자신의 뜻을 이루시는 걸까요? 하나님은 누구에게도 구속되시는 분이 아니기에 자신이 원하실 때 그냥 스스로 능력으로 일을 행하시면 됩니다. 약속은 무언가 대등한 관계가 될 때 할 수 있는 것입니다. 창조주이신 하나님께서 피조물과 어떠한 약속을 하시고 지키실 이유와 필요가 없습니다. 그럼에도 불구하고 하나님께서 왜 굳이 인간들이 하는 것처럼, 약속하시고 그 약속을 지키시는 걸까요? 특별히 하나님께서는 '복음'을 약속하시고 오랫동안 준비하셨다고 말씀하십니다. 즉 이 복음이 어느 날 갑자기 튀어나온 게 아니라, 구약을 통해 오랫동안 준비되었다는 것입니다. 이것은 이러한 시간과 준비 속에, 우리를 구원하시고 회복시키시려는 하나님의 깊은 사랑과 변함없는 의지가 담겨 있음을 보여줍니다.

하나님께서 흙으로 인간을 지으신 후, 인간을 기뻐하시며 축복해주셨지만, 인간은 그 은혜를 망각하고 하나님을 배신했습니다. 그럼에도 불구하고 하나님께서는 그때 이미 인간을 구원하시고 회복시키시려는 뜻과 계획을 품고 약속하셨습니다. 그러나 인간에게서는 도무지 이 약속을 지킬 만한 모습이 보이지 않았습니다. 끊임없이 하나님을 배반하고 악을 행할 뿐이었습니다. 이것이 이스라엘의 역사입니다. 이스라엘의 역사는 한 마디로 배신과 죄악의 역사입니다. 이런 경우, 우리라면 아무리 처음에 선한 뜻으로 약속을 했더라도, 과연 이 약속을 지켜야 할지 망설였을 것입니다. 이처럼 하나님의 선하신 의지와 뜻은 이스라엘의 역사 속에서 엄청난 시련과 좌절을 겪었습니다. 하나님께서는 끊임없이 죄인인 인간을 구원하시기 원하셨지만, 은혜를 입거나 구원을 받을 만한 가치가 없는 인간은 오히려 하나님을 배반하는 역사를 무한 반복해 왔습니다.

약속은 물론 지켜야 합니다. 그러나 어떤 상황에서도 무조건 절대적으로 지켜야 하는 건 아닙니다. 즉 상대방의 태도에 따라 지킬 수도, 파기할 수도 있는, 상대적인 속성을 가지고 있는 것이지요. 우리는 상대방이 약속을 깰 때 약속을 지킬 수 없습니다. 인간들 사이에서는 약속을 유지할 자격과 조건이 상실된 경우, 그 약속이 깨어질 수밖에 없음을 우리는 잘 알고 있습니다. 그래서 우리는 약속에 대해 보이지 않는 불신과 두려움을 갖고 있는 게 사실입니다.

그러나 하나님의 약속, 복음 속의 약속은 우리 인간들의 약속과는 차원이 다릅니다. 우리 인간들이 하나님을 무수히 배반했으니, 하나님께서는 당연히 그 약속을 파기하셔도 되는 거였습니다. 그럼에도 불구하고 하나님께서는 이렇게 반복되는 '배신의 인류 역사' 가운데에서도 그 복음의 약속을 끝까지 신실하게 지키시고 준비하셨던 것입니다. 인간이 아무리 배신하고 도망가더라도, 아랑곳하지 않으시고 하나님의 변함없는 사랑으로 잉태된 것이 바로 복음의 약속입니다. 그리고 이 복음 속에는 장구한 세월 가운데 오래 기다리신 하나님의 사랑이 들어있는 것입니다.

"하나님께서는 내가 전하는 복음 곧 예수 그리스도에 관한 선포로 여러분을 능히 튼튼히 세워주십니다. 그는 오랜 세월 동안 감추어 두셨던 비밀을 계시해 주셨습니다. 그 비밀이 지금은 예언자들의 글로 환히 공개되고, 영원하신 하나님의 명을 따라 모든 이방 사람들에게 알려져서, 그들이 믿고 순종하게 되었습니다." — 롬 16:25~26

복음은 한마디로 '예수 그리스도'를 의미합니다. 그런데 예수 그리스도가 이 땅에 복음으로 주어지기까지는 영세 전부터 감추어진 비밀이셨습니다. 한편 복음은 하나님의 명령이었습니다. 즉 하나님의 뜻이고 의지였습니다. 창조주 하나님의 명령을 누가 거역하겠습니까? 이처럼 복음 속에는 우리를 구원하시고 치유하시고 축복하시려는 하나님의 뜻과 의지가 들어있습니다.

인간들끼리의 약속은 내 태도나 행동 등, 나의 조건에 따라 그 이행 여부가 결정되지만, 복음의 약속은 결코 나에게 의존되는 것이 아닙니다. 복음은 내가 볼품이 있든 없든, 자격이 있든 없든 상관없이 하나님께서 이루십니다. 내가 아무리 실패를 거듭하고, 내가 아무리 무력하더라도 하나님께서 이루십니다. 왜냐하면, 복음은 하나님의 명령이고 하나님의 능력이기 때문입니다. 복음의 약속은 그 어떤 방해도 받을 수 없습니다. 우리의 불신이 아무리 크다 하더라도, 또는 마귀가 하나님의 사랑과 구원에 대해 혼돈 시키려고 제아무리 우리를 훼방하고 정죄한다 하더라도, 창조주 하나님께서 이미 뜻을 정하셨고 명령하셨는데, 또 그분이 나를 치유하시겠다고 내 손을 잡으셨는데, 어느 누가 감히 이 복음의 약속을 방해할 수 있겠습니까?

> "나는 확신합니다. 죽음도, 삶도, 천사들도, 권세자들도, 현재 일도, 장래 일도, 능력도, 높음도, 깊음도, 그 밖에 어떤 피조물도, 우리를 우리 주 예수 그리스도 안에 있는 하나님의 사랑에서 끊을 수 없습니다." — 롬 8:38~39

나의 조건에 따라 이루어지는 것은 복음이 아닙니다. 복음이 복음인 이유는, 그것이 인간의 약속과는 본질적으로 다르기 때문입니다. 내가 힘들게 하는데도 변함없이 날 도와주는 사람을 경험해 본 적이 있으십니까? '네가 아니면 죽겠다'고 하던 사람도 내가 노력하지 않으면 언젠가는 날 떠나고 맙니다. 그러나 하나님의 사랑은 그렇지 않습니다. 하나님의 사랑은 내가 아무리 못나고 무력하고 악하다 할지라도, 끊임없이 나를 생각하시고 도와주시고 섬겨주시는 사랑입니다.

우리는 이 복음 속에 감춰진 하나님의 사랑과 의지에 대해 확신을 가져야 합니다. 그래서 사도 바울은 '견고하게 서라'고 했습니다. 흔들리지 말라는 것입니다. 복음은 내 감정과 환경에 따라 있다가 없다가 하는 게 아니고, 하나님의 오랜 계획과 유구한 세월 가운데 일관성 있게 꾸준히 계속 된다는 것입니다. 이것이 복음의 뿌리이자 배경입니다. 복음이 왜 복음이 되느냐면, 그 속에 하나님의 변함없는 의지와 사랑이 있기 때문입니다. 우리는 이것을 먼저 확신해야 합니다.

## 2) 복음은 '예수님께서 우리의 마음을 열기 위해 부끄러운 혈통과 연약한 육신으로 오셨기 때문에' 복음이다

이제 '복음이 왜 복음인가?'에 대한 두 번째 이유를 살펴보도록 하겠습니다. 이는 1장 3-4절에 잘 나타나 있습니다.

> "(이 복음은) 그의 아들을 두고 하신 말씀입니다. 이 아들은, 육신으로는 다윗의 후손으로 태어나셨으며 성령으로는 죽은 사람들 가운데서 부활하심으로 나타내신 권능으로 하나님의 아들로 확정되신 분이십니다. 그는 곧 우리 주 예수 그리스도이십니다." – 롬 1:3~4

복음은 한마디로 '하나님의 아들, 예수 그리스도'입니다. 성경은 '그가 육신으로 나셔서 다윗의 후손으로 오셨다'고 말씀합니다. 이 말씀이 얼핏 보면 단순해 보이지만, 그 속에는 아주 깊은 뜻이 있습니다. 육신은 연약함을 의미합니다. 육신은 우리의 정욕과 죄악, 그리고 무력함과 죽음을 의미합니다. 그분이 육신으로 오셨다는 것은 그토록 거룩하신 하나님께서 육신의 아픔과 상함 속으로 오셨다는 뜻입니다. 또한 그분은 다윗의 후손으로 오셨습니다. 다윗은 왕이니 좋은 혈통이라고 생각하기 쉽지만, 결코 그렇지 않습니다. 부끄러운 혈통입니다. 다윗은 하나님의 은혜로 왕이 된 사람입니다. 그는 원래 존재감이 별로 없는 소외된 아들이었고 볼품없는 자였습니다. 그러한 다윗을 하나님께서 부르셔서 그리스도 안에서 왕으로 세우셨습니다. 그뿐만이 아닙니다. 다윗이 살인을 저지른 후, 부정한 관계를 맺어 생긴 아이의 혈통으로 예수님이 오셨습니다. 이처럼 예수님은 부정하고 보잘것없는 혈통을 통해, 말구유에서 태어나셨습니다. 하나님의 아들이 어떻게 이렇게까지 버림받은 자의 모습으로 태어날 수 있단 말입니까?

"그는 주 안에서, 마치 연한 순과 같이, 마른 땅에서 나온 싹과 같이 자라서, 그에게는 고운 모양도 없고, 훌륭한 풍채도 없으니, 우리가 보기에 흠모할 만한 아름다운 모습이 없다. 그는 사람들에게 멸시를 받고, 버림을 받고, 고통을 많이 겪었다. 그는 언제나 병을 앓고 있었다. 사람들이 그에게서 얼굴을 돌렸고, 그가 멸시를 받으니, 우리도 덩달아 그를 귀하게 여기지 않았다." ― 사 53:2~3

예수님은 하나님의 아들로 능력이 있으셨지만, 능력 있는 자 가운데 계시지 않고 버림받은 자, 멸시받는 자들과 함께 계셨습니다. 세리와 창녀들 가운데 계셨습니다. 복음이란, 그토록 귀하신 하나님의 아들이, 육신이 되어 가장 비천한 곳에 오신 것을 말합니다.

이것이 왜 우리에게 복음이 될까요? 우리는 죄 가운데 있습니다. 버림받음과 아픔 가운데 있습니다. 이런 우리들은 구원과 치유를 간절히 원하나, 우리 힘으로는 그걸 도저히 가질 수 없습니다. 하나님께서 우리에게 '너희가 구원받으려면 이렇게 해야 해'라고 방법을 가르쳐 주신다고 한들, 절망 가운데 있는 죄인이요, 병자인 우리가 그걸 받아들이기가 어디 쉽겠습니까?

노아의 방주가 좋은 예입니다. 얼마나 쉬운 구원이었습니까? 그런데 그들은 그 쉬운 구원을 받지 못했습니다. 마음이란 것은 참 이상합니다. 마음은 한번 상처를 받고 나면 굳게 닫혀 버립니다. 상처받은 마음에는 열등감, 버림받음의 두려움, 분노, 불신 등이 남습니다. 그래서 그 이후로는 아무리 좋은 사람이 와서 날 사랑해 주겠다고 해도, 그리고 우리가 생각으로는 그 사랑을 원한다 하더라도, 우리의 마음만큼은 결코 쉽게 열리지 않습니다. 열등감과 버림받음의 두려움 때문입니다. 우리가 말로는 '하나님은 사랑이시라'고 너무 쉽게 얘기하지만, 실제로는 하나님이 우리와는 전혀 다른, 너무 완전하고 거룩하신 분이기에, 그분께 마음을 열고 그분의 구원과 치유를 받아들이기가 결코 쉽지 않은 것입니다. 우리가 죄악과 버림받음 가운데 있기에, 겉으로는 하나님의 구원을 사모하는 듯하지만, 실상 마음속 깊은 곳에서는 하나님께 감히 다가가지 못하고 주저합니다. 그분이 우리에게 다가온다 해도, 우리는 우리의 죄악 때문에 그분을 신뢰하지 못하고, 이런저런 이유를 대며 도망갑니다. 그리고는 오히려 하나님을 원망하고 분노하며 배척합니다.

이러한 우리의 문제를 모르실 리가 없는 하나님께서는 이를 우리 책임으로 돌리지 않으시고, 오히려 우릴 불쌍히 여기셔서 새로운 방법을 찾으셨습니다. 우리가 마음을 여는 데 전혀 부담을 느끼지 않는 그런 방법 말입니다. 그 방법이 뭐냐고요? 바로 예수님이십니다! 그리고 이것이 바로 예수님께서 육신으로, 다윗의 혈통으로 오신 이유입니다.

우리는 살아가면서 언제 마음이 열리지요? 또 언제 마음이 닫히나요? 나보다 잘나고 훌륭한 사람을 보면, 그 사람을 존경하고 환상을 가지고 바라보기는 할지언정 마음이 닫히지, 열리지는 않습니다. '그 사람한테 약점이 잡히지 않을까, 그 사람 앞에서 초라해 보이지 않을까?' 긴장하기에 마음이 편할 수 없습니다. 예를 들어 명품백화점에 갔을 때, 혹은 큰 교회에 갔을 때, 아니면 일류대학교 교정에 갔을 때 그렇습니다. 자기도 모르게 긴장되고 비교되어, 자기만 못난 사람처럼 느껴집니다. 그런데 반대로 언제 마음이 열립니까? 자기보다 못한 데 가면 마음이 편합니다. 백화점에서는 물건값을 깎지 못하던 사람이 시장에 가면 잘 깎습니다. 자기보다 잘난 사람 앞에서는 위축되지만, 자기보다 못하다고 여기는 사람 앞에서는 떳떳하고 당당해지기 때문입니다.

또 언제 우리 마음이 닫히거나 열립니까? 누가 내게 무엇을 요구하면 그를 향해 마음이 닫힙니다. 자기보다 윤리, 도덕적으로 훌륭하고 거룩한 사람을 보면 그 사람이 아무것도 요구하지 않아도, 그저 옆에 있는 것만으로도 마음이 눌리고 닫힙니다. 교회에 들어올 때도 마음이 열려야 되는데 자신도 모르게 반사적으로 마음이 닫힙니다. 교회는 하나님이 계신 곳이고 거룩한 곳이니까 여기에서는 왠지 거룩해야 될 것 같은데, 자기는 거룩하지 못하니까 자신을 책망하고 억압합니다. 마음이 닫히는 것입니다.

부부간에도 그렇지 않습니까? 아내의 마음이 언제 닫힙니까? 남편이 자꾸 요구할 때 닫힙니다. 연애할 때 열렸던 남편의 마음은 언제 닫힙니까? 아내가 자꾸만 바가지를 긁을 때부터입니다. 바가지란 요구입니다. 자녀들은 언제 마음이 닫힙니까? 부모가 공부하라고 자꾸 요구할 때, 그러지 못하는 자녀의 마음은 닫히고 분노와 불신이 생깁니다.

반면 아무것도 요구하지 않는 사람 앞에서는 마음이 열립니다. 요구하지 않는 사람을 보면 마음이 편합니다. 요구란 빼앗는 것이기 때문입니다. 우리는 빼앗길 것 같으면 자기도 모르게 방어하면서 공격적으로 됩니다. 하지만 내게 뭔가를 주는 사람에겐 마음을 엽니다. 그래서 거룩하신 하나님이 내 옆에 오신다는 생각만 해도 어느새 우리 마음은 닫혀 버리는 것입니다. 교회 생활을 하다 보면 우리도 모르게 율법적으로 요구되는 것이 많아지는 게 사실이니까요.

복음은 요구하는 것이 아닙니다. 복음은 주는 것입니다. 뭔가를 받은 사람은 그 은혜에 감사해서, 다른 사람이 달라고 요구하지 않아도 자연스럽게 주게 됩니다. 교회가 주지 않고 받아내려고 하니까, 교인들도 안 빼앗기려고 마음을 닫아 은혜가 떨어집니다. 이러니까 신앙생활이 재미가 없어집니다.

교회란 복음을 선포하는 곳, 즉 계속해서 주는 곳이지 요구하는 곳이 아닙니다. 성경에서도 '말씀을 지키라'고 하지만, 사실 이것은 요구가 아닙니다. '너희들이 지킬 수 없는 것을 예수님께 내어놓고, 대신 예수님을 받아먹으라'는 뜻입니다. 예수님을 주시겠다는 것입니다. 우리가 예수님을 받아먹음으로써 예수님이 내 속에 오시면, 우리는 말씀대로 살 수 있게 됩니다. 교회에서 봉사하라, 헌금하라 요구하지 않아도, 내가 그 요구에 부응하려 굳이 노력하지 않아도, 기쁨과 사랑이 넘쳐흘러 절로 하게 됩니다.

사도바울 역시 헌금을 강조한 게 사실이었으나, 그것은 철저히 자비량의 원칙이었지, 직접적으로 헌금이나 강사료를 요구한 적은 없었습니다. 그래서 자기가 갈 때는 헌금하지 말라고 했습니다. 대신 1년간 하나님의 은혜를 받을 때마다 헌금을 조금씩 모아 두었다가 가난한 성도들을 위해 쓸 필요가 있을 때 내어놓으라고 했습니다. 요구하는 것이 아니라 은혜를 받은 만큼 내어놓으라는 것입니다. 이렇게 하는 이유는 '복음이 너희들에게서 막히지 않게 하기 위해서'라고 합니다.

복음으로 상대방의 마음이 열려야 하는데, 말로는 '복음을 준다'고 하면서 도리어 마음을 닫게 만든다면, 그 마음에 복음이 들어갈 수 없게 되는 것입니다. 복음이 들어가기 위해선 먼저 마음이 열려야 합니다. 그러기 위해서는 요구하지 말아야 합니다. 지금 누군가에게 복음 전하기를 원하십니까? 그렇다면 아무런 요구도 하지 마십시오. '교회 가세요.' '새벽기도 하세요.' '술과 담배를 끊으세요.' '거짓말하지 마세요.' 등을 요구하면, 듣는 사람은 그토록 거룩한(?) 사람 앞에서 마음이 닫혀 복음을 마음으로 영접할 수 없게 되기 때문입니다. 강한 빛이 있으면 눈을 뜰 것 같지만 오히려 눈을 감습니다. 사람은 누군가가 자기에게 뭔가를 자꾸 줄 때 마음을 엽니다. 내가 자꾸 줌으로써, 상대방의 마음이 열려, 그가 이것이 뭐냐고 물을 때 '이것이 복음입니다'라고 하면 됩니다.

또 우리는 누군가 나를 이해해 주고 받아줄 때 마음이 열립니다. 우리 속에 있는 죄를 사함 받아 구원받고, 우리 속의 상함을 치유받기 위해서는 마음이 열리는 게 우선이기에, 예수님께서 우리 마음을 여시고자, 나보다 못한 자로 오신 것입니다. 육신으로 오신 것입니다. 떳떳지 못한 다윗의 혈통으로, 더럽고 냄새나는 말구유로, 못생긴 자로, 버림받은 자의 모습으로 오신 것입니다. 학교도 못 나오시고, 좋은 동네에서 살지도 못하셨습니다. 예수님과 함께하던 사람들 역시 상류층이 아니었습니다.

예수님은 거룩한 하나님이신데도 요구하지 않으셨습니다. 우리에게 절대로, 아무것도 요구하지 않으십니다. 예수의 이름만 가지고 나오면, 하나님 역시 우리에게 아무것도 요구하지 않으십니다. 왜 그럴까요? 예수님께서 대신하셨기 때문입니다. 그분이 우리를 위해 모든 걸 대신하셨기에 예수의 이름만 있으면, 우린 요구받지 않습니다.

성경에 있는 많은 계명들의 요구에 대해서도 우린 마음이 닫힐 수밖에 없습니다. 정죄감과 압박감이 생기는 게 사실입니다. 하지만 예수의 이름만 있으면 우린 더 이상 요구나 정죄를 받지 않습니다. 하나님께서도 나에게 아무것도 요구하지 않으십니다. 예수님은 우리를 이해해 주시고 용납해 주시는 분입니다. 우리가 잘 아는 대로 "그는 자기도 연약함에 휘말려 있으므로, 그릇된 길을 가는 무지한 사람들을 너그러이 대하실 수 있습니다(히 5:2)."라고 말씀하십니다. 주님이 모든 질고를 이미 다 겪으셨다고 말씀하십니다. "넌 왜 이것밖에 못하니?" 이렇게 말씀하시지 않습니다. 우리의 연약함을 동정하셨습니다.

"우리의 대제사장은 우리의 연약함을 동정하지 못하시는 분이 아닙니다. 그는 모든 점에서 우리와 마찬가지로 시험을 받으셨지만, 죄는 없으십니다." — 히 4:15

'나도 시험받아 봤어. 그래서 네가 힘들다는 것 잘 알아.'라고 말씀하십니다. '얼마나 아프고 답답하니? 네 속에 분노가 있니? 네 속에 욕심이 있니? 너 외롭지? 나도 알아, 나도 외로웠거든.'이라며 이해하고 용납해 주십니다.

여기에서 잠깐 예수님의 용납_acceptance_과 용서_forgiveness_를 구분하여 살펴보겠습니다. '용납'이란 '죄에 대해 묻지 않는 것'을 의미합니다. 로마서 5장 8절에 "그러나 우리가 아직 죄인이었을 때에, 그리스도께서 우리를 위하여 죽으셨습니다. 이리하여 하나님께서는 우리들에 대한 자기의 사랑을 실증하셨습니다."라고 말씀하신 것처럼, 우리가 회개할 기미도 보이지 않고, 여전히 죄 가운데 있는데도, 우리를 받아주시는 것이 용납입니다. 예수님은 우리를 용납하기 위해서 오셨습니다.

한편, '용서'란 '우리가 죄를 회개할 때, 예수 그리스도의 보혈로 깨끗해지는 것'입니다. 그러므로 용서는 회개와 깨끗해짐이 있어야 가능한 것입니다. 그래서 용서를 받기 위해서는 먼저 용납의 과정이 필요합니다. 먼저 깨끗해진 다음에 나가려고 하지 마십시오. 있는 모습 그대로 나가면 용납해 주십니다. '회개해야 용서해 주시겠다'고 하지 않고, '회개하지 않더라고 받아주시겠다'는 겁니다. 예수님이 이 땅에 오신 것은 용서하시기 위해서만이 아니라 먼저 '용납'하시기 위해서였습니다. 그런 다음에야 우리는 예수님의 이름으로, 하나님 앞에서 '용서'받는 것입니다. 우리가 '무력한 죄인'이라는 모습으로 하나님 앞에는 나갈 수 없지만, 예수님 앞에는 언제든지 나갈 수 있습니다. 있는 모습 그대로, 현재의 추한 모습 그대로 주님은 다 받아주십니다. 그분은 우리의 모든 것을 다 용납하고 이해해 주시는 것입니다.

주님도 우리와 같은 어두움 속에 계셨습니다. 우리를 용납하시기 위해, 우리와 같이 진흙탕 가운데 함께해 주셨습니다. 거룩한 분임에도 불구하고 우리의 모든 아픔을 겪어 보심으로써 우리와 똑 같아지셨습니다. 예수님께서는 인간의 그 어느 부분도 안 겪어 본 것이 없으십니다. 그 이유는 바로 우리의 마음 문을 열게 하시기 위해서였습니다. 이것이 바로 복음입니다. 인간은 상대의 마음 문을 열어보려고 노력하다가, 그가 끝내 열지 않으면, 결국 '네 책임'이라면서 떠나고 맙니다. 하지만 하나님은 우리의 마음 문 여시기를 결코 포기하지 않으십니다. 모든 것을 동원하시고, 끝까지 기다리십니다.

도무지 이런 대접을 받을 자격이 없는 우리인데도, 필사적으로 모든 아픔을 감수해 가면서, 우리 마음을 열게 하시려는 그분 앞에서, 우리가 무엇이 부끄럽겠습니까? 변화되지 않아도, 일흔 번씩 일곱 번 실패해도 좋습니다. 현재의 실패한 모습 그대로 주님 앞에 나가시기 바랍니다. 때가 묻어 있고 누더기가 된 모습 그대로, 냄새나고 무력하게 쓰러져 있는 모습 그대로, 죄 많고 아픈 모습 그대로 나아가십시오. 의로워지려고 하지 마십시오. 고치려고 하지 마십시오. 주님은 바로 우리의 찢어진 모습, 실패한 모습 그대로를 만나기 원하십니다. 이 모습 이대로 주님께 나아갑시다. 예수님은 나를 만나시기 위해 육신의 모습으로, 다윗의 혈통으로, 나의 어두움과 버림받음 가운데, 나의 무력함과 아픔 가운데 와 계십니다. 우리에게 어떤 것도 요구하지 않으십니다. 율법의 요구도, 정죄도 하지 않으십니다. 고치라고 요구하시지도 않습니다. 우리의 아픈 것, 그것만 가지고 나오라고 말씀하십니다. 우리가 죄인 되었을 때에, 이미 우리의 아픔을 알고 오셨고, 우리를 위해 죽으셨기에 우린 그분 앞에서 아무것도 감출 필요가 없습니다. 부끄러울 것도 없습니다. 예수님은 이미 다 아시고 오셨습니다. 거룩하고 깨끗한 옷을 입고 오시지 않고, 죄인과 창녀와 세리의 옷, 더러운 자의 옷을 입고 오셨습니다. 복음으로 오신 예수님, 기쁜 소식으로 오신 예수님, 이 세상 어느 누가 나를 이렇게 받아주겠습니까? 그 어느 누가 나를 이렇게 이해해 주겠습니까? '거룩하신 하나님의 아들이, 이렇게 못나고 더러운 나의 마음을 열고, 나를 치유하여, 나를 사랑과 생명 가운데로 옮기시려고, 이처럼 내 옆에서 간구하며 기다리고 계신다'는 이 사실이 바로 기쁜 소식, 복음이 아니고 무엇이겠습니까?

### 3) 복음은 '십자가와 부활을 통한 구원과 치유의 능력이 있기 때문에' 복음이다

이제 '복음이 왜 복음인가?'에 대한 세 번째 이유를 살펴보도록 하겠습니다. 이는 4절에 잘 나타나 있습니다.

> "(이 복음은) 성령으로는 죽은 사람들 가운데서 부활하심으로 나타내신 권능으로 하나님의 아들로 확정되신 분이십니다. 그는 곧 우리 주 예수 그리스도이십니다." – 롬 1:4

이처럼 복음 속의 예수님은 우리의 닫힌 마음을 열어 주실 뿐만 아니라, 우리 마음속의 상처를 고쳐 주시고 깨끗하게 해 주십니다. '예수님이 용납해 주신다'는 말씀을 믿고 그 앞에 나의 모든 죄와 상함을 드러냈는데, 여전히 그것들이 해결되지 않고 있다면 얼마나 괴롭겠습니까? 또 예수님이 '이제 네가 네 자신의 문제를 보았으니, 이를 해결하기 위해 앞으로 이러저러한 노력을 하거라'라고 요구하시면 그 또한 얼마나 힘들고 어렵겠습니까?

그러나 복음 속에는 '우리의 마음을 열고 용납해 주시는 구원의 능력'이 있을 뿐만 아니라 '우리의 드러난 어떤 문제도 해결해주시는 치유의 능력'이 있습니다. 그 능력의 근원이 무엇일까요? 바로 예수님의 십자가의 죽으심과 부활입니다! 예수님의 십자가와 부활을 통해, 일차적으로는 죄로 인해 죽어야 하는 생명이 구원을 받습니다. 그러나 구원이 죽음으로부터 살리는 생명에만 해당되는 게 아닙니다. 죄의 후유증들(죄로 인해 생긴 모든 아픔들) 역시 구원의 대상입니다. 우리의 모든 상함은 죄로부터 온 것이기 때문에 누군가가 대신 죽고, 대신 버림받지 않으면, 우린 그것으로부터 해방될 수가 없습니다. 죄와 상함 가운데, 그리고 세상 속에 포로되고 갇혀 있던 우리를 구원하시기 위해 예수님이 대신 징계와 심판을 받으시고 버림받으셨습니다. 그리고 우리 대신 포로가 되어 갇히시고, 채찍을 맞아 찢기시고 죽으셨습니다. 그리고 부활하셨습니다. 이 십자가와 부활을 통해서 우리는 죄와 상함으로부터 본질적인 구원과 치유를 받을 수 있는 것입니다. 이것이 바로 복음입니다.

이 복음의 놀라운 내용과 사건과 능력이 우리 속에 그대로 이루어져야 합니다. 이제 예수님의 품에 안깁시다. 우리의 상함을 예수님의 십자가에 드립시다. 예수님이 우리의 상함을 다 가져가십니다. 감추지 말고, 스스로 해결하려고 하지 말고, 십자가에 다 드리십시오. 예수님이 우리 죄와 상처의 '원인과 과정과 결과'를 대신하셨기에, 우리는 모든 무거운 짐과 상처와 죄의 사슬로부터 자유로워질 수 있는 것입니다. 그러니 예수님의 품에 안기는 것으로 끝나지 마십시오. 이제는 용납하시는 주님께 우리의 속을 드려, 우리의 속을 치유 받아야 합니다. 그 보혈의 능력이 우리의 모든 상처와 죄의 뿌리를 제거해 주시고, 씻어 주시고, 치유해 주십니다. 그동안 죄 짐에 눌려 얼마나 무거우셨나요? 하지만 이제 더 이상 내가 그 짐을 질 필요가 없습니다. 그 짐을 벗어 주님께 드리기만 하면 되는 것입니다!

"수고하며 무거운 짐을 진 사람은 모두 내게로 오너라. 내가 너희를 쉬게 하겠다."
― 마 11:28

이것이 바로 십자가와의 연합입니다. 나의 짐을 드리는 것입니다. 해결할 수 없고 끊을 수 없는 아픔들, 자녀와 가정의 짐들, 물질과 세상의 짐들, 상처들, 그 속에 있는 열등감과 굶주림, 욕심과 두려움들! 이 모든 것들이 죄로부터 온 것인데, 이것들을 주님이 십자가에서 대신 담당하셨으니, 이제 더 이상 이 짐들을 홀로 지며 해결하려 하지 않아도 됩니다. 그저 주님의 십자가에 드리면 되는 것입니다. 그러면 우리 속에 진정한 안식이 옵니다. 평안이 옵니다. 그리고 그 문제로부터 자유롭게 되는 것입니다.

그런데 복음이 이처럼 안식과 자유와 평강만을 주는 것이 아닙니다. 복음은 우리에게 새 생명과 기쁨과 능력도 줍니다. 이게 바로 부활 속에 있는 능력입니다. 나를 대신해 십자가에서 모든 걸 지시고 죽으신 주님과 함께 주님의 무덤에서 안식할 때, 죄와 죽음을 이기고 부활하신 예수님이 내 속에 놀라운 생명과 능력을 주신단 말입니다. 나의 모든 죄를 용서해 주시고, 의롭다 하시고, 나를 하나님의 자녀로 삼아주시고, 죽음과 징계와 버림받음과 아픔 대신 하나님의 생명과 축복과 은혜를 주신단 말입니다. 이사야 61장 3절이 바로 이 복음에 대한 말씀입니다.

> "시온에서 슬퍼하는 사람들에게 재 대신에 화관을 씌워 주시며, 슬픔 대신에 기쁨의 기름을 발라 주시며, 괴로운 마음 대신에 찬송이 마음에 가득 차게 하셨다. 그리하여 사람들은 그들을 가리켜, 의의 나무, 주님께서 스스로 영광을 나타내시려고 손수 심으신 나무라고 부른다." — 사 61:3

이것이 바로 부활과의 연합입니다. 이것이 바로 부활 속에 있는 복음의 능력입니다. 난 아무것도 한 것 없이, 내 무거운 짐을 예수님께 드렸을 뿐인데, 잠을 자고 아침에 깨어보니 어젯밤의 슬픔은 온데간데없이 사라지고, 재 대신 화관을, 슬픔 대신 기쁨을, 괴로운 마음 대신 찬송이 주어진 것입니다. 나는 잠을 잔 것밖에, 누워서 쉰 것밖에 없는데, 일어나보니 나에게 이러한 생명이 주어졌다니! 이게 얼마나 복된 소식입니까? 이런 기쁜 소식이 어디 있겠습니까?

그동안 생명과 기쁨을 얻기 위해 그토록 애쓰며 선행도 해보고, 세상의 것들을 취해보기도 했건만 아무 소용없었는데, 나의 짐을 주님께 다 드리고 자고 깨어보니 이 놀라운 생명과 기쁨, 사랑을 주셨다는 것입니다. 다시는 위안을 받으러 세상으로 갈 필요가 없는, 그런 사랑을 주셨다는 것입니다. 다시는 어두움 가운데 방황할 필요가 없도록, 주님의 진리와 빛을 주셨다는 것입니다. 내가 한 것이 없고, 할 것이 없는 것이 바로 복음입니다. 이처럼 쉽고 좋은 소식이 어디에 또 있단 말입니까? 그분이 다 이루어 놓으신 것에, 나는 그저 믿음으로 연합하고 선포하면, 그 모든 좋은 것이 다 내 것이 된다니! 이 얼마나 기쁜 일입니까? 이렇게 좋은 것이 바로 복음입니다. 이 모든 것을 계획하시고, 기다리셨다가, 마침내 독생자에게 고통을 감수하게 하신 하나님의 사랑을 감사하며 찬양합니다! 이 모든 것이 하나님의 은혜로 주어진 것이니까요.

## 4) 복음은 '우리로 하여금 진정 행복한 은혜의 삶을 살게 해 주기 때문에' 복음이다

이렇듯 복음 속에 들어있는 은혜는 우리를 구원하고 치유할 뿐만 아니라, 우리로 하여금 진정 행복한 삶을 살게 해 줍니다. 그 말씀이 1장 5절에 있습니다.

> "우리는 그를 통하여 은혜를 입어 사도의 직분을 받았습니다. 그것은 우리가 그 이름을 전하여 모든 민족이 믿고 순종하게 하려는 것입니다." — 롬 1:5

복음은 우리를 구원할 뿐만 아니라, 그로 말미암아 '은혜의 삶'을 살도록 해 줍니다. 이것이 바로 '복음이 왜 복음인가?'에 대한 네 번째 이유입니다.

복음 속에 들어있는 은혜가 왜 기쁜 소식일까요? 나 자신을 아는 것, 그리고 나는 아무것도 한 것이 없는데 하나님이 다 하셨다는 것을 깨닫는 것이 복음이요 은혜입니다. 하나님께서 버림받고 고통받고 멸시받아야 할 나를 귀하게 여기신 것만으로도 모자라, 당신의 존귀한 아들을 희생시키시면서까지 나를 사랑하셨다는 것을 깨닫는 것, 그것이 바로 은혜이고 사랑입니다. 이 은혜와 사랑을 깨닫는 것이 바로 복음이란 말입니다.

우리는 늘 행복을 찾으며 살아갑니다. 행복은 도대체 어디에 있을까요? 우리는 눈에 보이는 세상의 좋은 것들 가운데서 행복을 찾으려 합니다. 그러나 세상의 좋은 것들은 아무리 찾아 채워도, 그 속에는 참 행복과 기쁨, 위로가 없습니다. 잠깐은 위로를 주는 듯하지만, 다시 우리를 굶주리게 만들어, 또 찾고 또 소유해야 합니다. 마치 신기루와도 같습니다. 그 속에 참 행복이 없기 때문입니다.

그렇다면 참 행복은 어디에 있는 걸까요? 은혜와 사랑의 마음을 가진 사람, 감사의 마음을 가진 사람 가운데 참 행복이 있습니다. 행복은 많이 있고 없고의 문제가 아닙니다. 어떤 조건을 갖추고 못 갖추고의 문제가 아니란 말입니다. 복음을 경험함으로써, 감사와 은혜의 마음을 가진 사람은 아무것이 없어도 행복합니다.

내가 누구였는지를 아는데, 어떻게 불평할 수가 있겠습니까? 우리는 사형을 당해야 할 사람이었는데 사형을 면제받았고, 문둥병자로 버림을 받았는데 고침을 받았으니, 이외에 무슨 다른 소원이 어떻게 또 있을 수 있겠냔 말입니다. 사형 선고를 사면받아 생명을 건진 사람이, 암에 걸렸다가 암에서 고침받은 사람이, 무슨 다른 욕심이 있겠습니까? 암에서 해방

되고, 문둥병에서 고침받고, 죽음에서 해방된 자가, 자신이 누구였는지 기억하는 한, 어떻게 불평할 수 있겠습니까? 우리가 불평하는 것은 우리의 과거를 잊었기 때문입니다.

내가 영원한 진노와 버림받음 가운데 죽어야 할 사람이었다는 것을 아는 사람, 나를 대신해서 자신을 희생하실 만큼 날 사랑하시는 분이 계시다는 것을 아는 사람, 그 감격과 은혜 가운데 있는 사람에게는 그 어떤 불평도 있을 수 없는 것입니다. 그런 사람은 무엇이든 감사하게 됩니다. 무엇이든 은혜로 여깁니다. 나를 이처럼 사랑하시는 분이 계신 것을 아는 한, 누가 날 좀 무시한다 해도, 혹 길을 가다가 넘어진다 해도, 전혀 신경 쓰지 않습니다. 내가 누구였는지 기억케 하기 위해, 그 사람이 잠깐 나를 무시했을 뿐이고, 내가 잠깐 실패했을 뿐이라고 생각합니다. 내가 누구였는가를 기억하고, 하나님이 모든 것을 해주신 것을 기억하는 한, 일용할 양식만 있어도 감사하게 됩니다. 죽었다가 살아난 사람이 더 이상 무슨 욕심을 부리겠습니까? 그런 사람은 가난하라고 하지 않아도 스스로 가난해집니다. 그리고 그 가난한 마음 가운데 은혜와 감사가 넘칩니다.

이 은혜와 감사 가운데 사는 것이 행복입니다. 이 은혜와 감사로 충만한 사람이 바로 가장 부유한 자입니다. 이처럼 우리가 복음을 바로 경험하면 감사함이 있습니다. 복음은 우리에게 은혜의 삶을 살게 해 줍니다. 은혜의 삶만이 구원받은 우리 성도의 삶을 건강하고 행복하게 이끌어 줍니다. 누가 나에게 상처를 주거나, 날 무시한다 해도, 내 속에 은혜가 있으면 상처를 받지 않습니다. 은혜라는 것은 그냥 일시적으로 기분 좋아지는 상태가 아닙니다. 복음을 깨닫고 그 속에서 늘 감사하는 것을 말합니다. 나를 이렇게 사랑하셔서, 나의 모든 죄값을 대신 치르신 분이 나와 함께 계시다는 사실을 알면, 아무 가진 게 없어도 마음이 든든합니다. 더 이상 사랑받고 인정받으려고 눈치 보거나 긴장하지 않게 됩니다.

우리는 환경을 보아서는 안 됩니다. 혹시 환경과 조건 때문에 좌절하고 아픈 가운데 계십니까? 문제를 해결하려 하지 마시고, 대신 복음을 만나십시오. 그럼 그러한 문제들이 결코 불평과 불행의 조건이 되지 않습니다. 복음을 만나면 어떠한 상황에서도 기쁨을 잃지 않게 됩니다. 사도 바울이 여러 서신서에서 고백했듯이, 갇힌 가운데서도, 사방이 우겨 싸인 가운데서도, 가난과 아픔 가운데서도, 기쁨과 감사와 찬양을 잃지 않을 수 있었던 것은 그 속에 무슨 굳건한 의지가 있었기 때문이 아닙니다. 그 속에 복음이 있었기 때문입니다. 그는 매일 십자가 안에서, 하나님의 사랑과 은혜를 깊이 깨달았기에 환경이 문제가 되지 않을 수 있었던 것입니다. 가시와 아픔과 장애 가운데, 은혜가 더 넘치고 사랑이 더 크게 다가옵니다. 은혜와 감사의 마음을 갖는 것이 바로 행복입니다. 행복을 다른 보이는 것에서 찾지 마시기 바랍니다.

### 5) 복음은 '우리가 열매 맺는 삶을 살게 해 주기 때문에' 복음이다

'복음이 왜 복음인가?'에 대한 다섯 번째 이유는 다음과 같습니다.

"우리는 그를 통하여 은혜를 입어 사도의 직분을 받았습니다. 그것은 우리가 그 이름을 전하여 모든 민족이 믿고 순종하게 하려는 것입니다. 여러분도 그들 가운데 들어 있어서, 예수 그리스도의 부르심을 받은 사람이 되었습니다." — 롬 1:5~6

사도란 예수 그리스도의 것으로 부르심을 받은 자로, 예수 그리스도의 종이 되는 것을 의미합니다. 전에는 나의 상한 마음과 굶주림이 나의 주인이었지만, 내가 나의 삶과 생각과 감정과 의지의 주인이었지만, 이제는 예수님이 내 주인이 되십니다. 이것이 또 우리에게 복이 되는 것입니다.

얼핏 생각해보면 내가 내 주인이 될 때 좋을 것 같지만, 그럴 경우, 내 속에 있는 상처로 말미암아 나의 것을 채우기 위해, 나도 모르게 항상 긴장하며 살게 됩니다. 그런데 다른 사람도 마찬가지 처지이니, 우린 서로 더 많이 갖기 위해 경쟁하며 싸우게 되는 것이지요. 이로써 서로에게 상처를 줄 수밖에 없습니다. 그래서 소유를 통해서는 참 행복과 기쁨을 누리기가 정말 힘든 것입니다.

그러나 이제는 더 이상 내 속이 상처투성이가 아닙니다. 하나님의 아들이신 예수님께서 나의 주인이 되셔서 내 속에 계십니다. 나는 그분의 것이 되어, 그분이 부르시는 대로, 움직이라는 대로, 말하라는 대로, 생각하라는 대로, 가라는 대로 따르기만 하면 됩니다. 누가 주인이 되느냐가 중요합니다. 선교사나 목사라 할지라도 그 속에 예수님이 주인으로 계시지 않으면 사도가 아닙니다. 평신도라 할지라도 그 속에 예수님이 주인으로 계시면 사도입니다. 속이 중요하지, 겉의 형태가 중요한 게 아닙니다. 주님이 내 속에 나의 주인으로 계심으로써, 내 몸과 생각과 감정 그리고 나의 모든 게 주님의 것이 된 사람, 그가 바로 사도입니다.

우리를 주님의 것으로 택하고 불러 주셨다는 것, 그게 바로 축복입니다. 주님은 세상 가운데 날 홀로 버려두지 않으시고, 주님의 것이 되게 하셨습니다. 하나님의 아들, 부활하셔서 우주만물을 주관하시고 세상 것들을 지배하시는 예수 그리스도가 나의 주인, 나의 왕이 되신다는 것입니다. 그분이 내 속에 계심으로써 내가 그의 것이 된다는 겁니다. 얼마나 좋습니까? 얼마나 든든합니까? 이제 나의 신분이 변한 것입니다. 바로 그분의 자녀요, 그분의 신부요, 그분의 것입니다. 이제는 내 속에 그분이 계십니다. 더 이상 열등감 가운데 벌벌 떨 필요가 없습니다. 더 이상 두려움 가운데, 나 스스로 땀 흘리며 살 필요가 없습니다. 더 이상 고민할 필요가 없습니다. 그분이 지혜를 주시고 바른길로 인도해주시니까요. 지금까지는 죄를 안 지으려고 나 스스로 아무리 노력해도 안 되었는데, 늘 이기적일 수밖에 없었는데, 이제 그분이 내 속에 계시니 내가 하는 말이 의의 말이 됩니다. 자연스럽게 사랑의 마음이 생깁니다. 그분의 말씀도 절로 지키게 됩니다. 내가 수고하고 애쓰지 않아도, 내 속에 주님의 성품, 사랑과 섬김, 온유함이 있습니다. 그동안은 내 성격을 고치려고 그렇게 애써도 안 됐는데, 이젠 주님의 것이 되니까 주님의 인격이 절로 나옵니다. 주님의 지혜와 권세가 절로 나옵니다. 그래서 당당할 수 있는 것입니다.

복음의 사람이 되면 겉은 초라해집니다. 많은 것을 가지지 않습니다. 그러나 속은 얼마나 든든한지 모릅니다. 겉으로는 많이 가졌음에도 불구하고, 속은 열등감 가운데 있는 사람들이 얼마나 많은지 모릅니다. 돈을 많이 소유하고도 위축된 사람들이 많이 있습니다. 그러나 복음의 사람은 겉으로는 가진 것이 없다 하더라도, 그 누구보다 당당합니다. 이 세상을 주관하시는 예수님께서 내 속에 계셔서 말씀하시니, 내가 지식이 없고, 대학을 안 나왔고, 신학을 안 했다 할지라도, 신학박사에게도 없는 지혜를 주님으로부터 받습니다. 상담학을 공부하지 않았어도 성령님이 하시는 권고의 말과 지혜로 상담하게 됩니다. 나 자신도 깜짝깜짝 놀라는 말을 하게 됩니다. 내가 할 수 없는 일을 주님이 하시기에 이렇게 변화되는 것입니다.

그런데 우리는 사도가 된다는 것에 대한 피해의식이 있습니다. 주님이 내 속에 오시는 것은 좋지만, 주님의 종이 되면 주님께서 '이리 오라, 저리 가라' 하실 텐데, 그럼 어떡하나 두렵고 불안해서 주님의 종이 되기를 꺼려합니다. 왜 그렇습니까? 이는 아직도 내 속에 불신이 있기 때문입니다. 이것은 마치 이스라엘 백성들이 가나안에 정탐꾼을 보냈을 때 가나안 사람들을 두려워했던 것과 같습니다. 그들 눈에는 가나안 사람들이 커 보였습니다. 이는 그들 속에 두려움, 열등감, 불신이 있었기 때문입니다. 이를 치유받아, 내가 주님의 것이 되고 나면 나를 가장 잘 아시는 그분이 나를 가장 행복한 길로 인도하십니다.

내가 주인이 되어 평생을 살아왔지만, 그게 뭐 그리 좋았습니까? 하지만 이제는 나를 이처럼 사랑하시는 주님이 다스려 주시니 얼마나 좋습니까? 주님의 것이 되는 것이 두렵고 부담이 된다면, 그것은 주님의 다스림 때문이 아니라, 내 속에 있는 상처, 불신, 열등감, 두려움 때문임을 알아야 합니다. 그러한 상처들을 치유받고 주님의 것이 되고 나면, 얼마나 복된 삶이 되는지 모릅니다. 평안해집니다. 더 이상 두렵지 않습니다. 누가 나를 정죄합니까? 주님의 능력과 지혜와 의가 내 속에 있는데 말입니다. 누가 나를 판단합니까? 하늘을 주관하시는 권세가 나와 함께하시고 내가 그의 몸이 되는데 말입니다.

우리는 주님의 것이 되기를 사모해야 합니다. 그것이 복음이요 복된 길입니다. 주님의 것이 된다는 것은 바로 사도가 된다는 것으로, 가장 복된 삶인 것입니다. 의무와 책임이 아니라 가장 행복한 삶인 것입니다.

복음의 준비는 하나님이 하셨습니다. 하나님의 의지와 능력으로 모든 것을 주관하신 것입니다. 그러나 복음을 복음 되게 실행하신 분은 예수님이십니다. 그리고 우리가 예수님 안에서 구원받고 복음 속에서 살도록 하시는 분은 성령님이십니다. 5절에 보면 "그것은 우리가 그 이름을 전하여 모든 민족이 믿고 순종하게 하려는 것입니다."라고 했는데 이것은 복음 전파를 말합니다.

여기서 우리는 또 하나의 부담을 느낍니다. 나를 구원하고 치유하는 복음도 좋고, 그분이 내 속의 주인이 되시고 내가 그분의 것이 되는 것도 좋은데, 복음 전파를 위한 사역자나 선교사로 헌신을 해야 한다는 것이 우리에게 상당한 두려움과 부담을 줍니다. 그런데 복음은 복된 소식이지 부담이나 부채가 아니라는 것을 먼저 깨달아야 합니다. 내 빚을 조건 없이 대신 갚아 주는 것이지, 나중에 받으려고 투자하거나 꿔 주는 것이 아닙니다. '복음의 빚진 자'라는 말을 오해하지 마시기 바랍니다. 구원받은 것 때문에 헌금도 해야 하고, 전도도 해야 하고, 봉사도 해야 한다면, 전반부는 복음이지만 후반부는 복음이 아닌 의무와 책임일 것입니다. '이만큼 받았으니 이젠 내놓아라'라는 식의 빚 독촉이 어떻게 복음적 삶이겠습니까? 선교와 사역이 과연 부담과 책임으로 하는 일일까요? 하나님께서 결국 우리를 강탈하고 이용하시려는 것일까요? 결코 그렇지 않습니다. 복음은 처음부터 끝까지 복음입니다. 복음은 끝까지 주는 것이고 은혜이지, 결코 받거나 요구하는 것이 아닙니다.

주님은 우리에게 빚을 갚으라고 하신 적이 없습니다. '빚진 자'라는 표현은 '은혜에 감사한다'는 의미이지, '빚 갚으라'는 의미가 아닙니다. 우리 부모님들이 우리에게 '너 빚 갚아라. 널 공부시키기 위해서 내가 얼마나 고생했는 줄 아니? 이젠 정신 차리고 일 좀 해라. 나도 이제 네 덕 좀 보자'라고 하시지 않듯이 말입니다. 우리가 구원받기 전, 애굽에서 종살이하던 피해의식이 있기 때문에 그렇게 생각하는 것뿐입니다. 복음은 결코 그렇지 않습니다. 우리의 오해일 뿐입니다.

그렇다면 선교와 봉사와 사역을 안 해도 된다는 뜻일까요? 성경에 있는 무수한 말씀을 안 지켜도 된다는 뜻일까요? 항상 먹고 놀아도 된다는 게 정말 복음의 의미일까요? 결코 그렇지 않습니다. 우리는 복음의 삶을 살아야 하고 하나님의 율법대로 살아야 합니다. 그러나 의무와 부담으로 사는 것이 아니라 은혜와 감사함으로 그렇게 산다는 것입니다. '모든 민족이 믿고 순종하게 하려는 것'이란 말은 복음을 경험한 후, 은혜와 감사의 삶을 살아 보니 너무 좋아 복음을 모르는 사람들에게 절로 전하게 된다는 뜻입니다. 좋은 일이 있는 사람이 입을 어떻게 다물고 있겠습니까? 좋은 소식을 전할 수밖에 없지요. 예수님께서 수가성의 여인에게 '네가 생수를 마셨으니 이제 나가서 전파하거라'라고 하셨나요? 자기가 생수를 마셔 보니 너무 좋고 속이 시원하니까, 이제까지 이런 사람을 만나 본 적이 없으니까, 가만히 있지 못하고 물동이를 버려둔 채, 성에 들어가서 소리쳤습니다. 부끄러워서 사람들 만나기를 꺼리던 그 여인이 '내가 메시아를 만났다. 복음을 만났다!'고 외치기 시작한 것입니다. 그렇게 살라고 하지 않았는데도 과거 어둠 가운데 있던 자기 자신과 같은 사람들을 보니 너무 불쌍해서, 복음 없이 세상 속에서 신음하는 이방인을 보니 너무 안타까워서, 그들에게 좋은 소식을 전파하고 싶었던 것입니다. 의무와 부담이 아닙니다. 기쁨과 은혜입니다.

우리는 좋은 소식이 있으면 바로 이야기하지 않습니까? '어디에 싸고 좋은 물건이 있더라, 어느 학원 가면 학교 잘 붙더라, 어느 한약방이 용하더라, 어느 성경공부가 은혜받더라' 하며, 우리는 좋은 것이 있으면 누가 시키지 않아도, 본능적으로 얘기하고 싶어 합니다. 하물며 내 속에 이렇게 좋은 주님의 복음이 있는데, 어떻게 입을 다물고 있겠습니까?

피해의식을 갖지 마십시오. '너 이제부터 이렇게 살아야 해'라는 요구가 아닙니다. '복음의 빚진 자'라는 말은, 내가 한 것도 없이 은혜로, 거저 복음을 받았다는 뜻으로 쓰는 표현일 뿐입니다. 그래서 복음을 복음으로 받아들이고 나면 사도의 삶, 전도의 삶을 살 수밖에 없습니다. 복음적인 삶과 전도의 삶이란, 꼭 사람들에게 나가서 복음을 전하는 것만을 의미하지 않습니다. 그것은 오히려 기쁨이 넘쳐흐르는 삶, 내 속에 있는 천국을 보여주는 삶 자체를 말합니다. 우리 속에 기쁨이 넘칠 때 그저 가만히 있어도 복음이 전파됩니다. '저 사람이 사는 것이 천국이구나' 하고 관심을 가질 수 있도록 좋으신 예수님을 보여주는 것이 진정한 전도입니다.

우리는 지금까지 왜 복음이 우리에게 기쁜 소식이 되는지 그 다섯 가지 이유를 성경 말씀을 통해 살펴보았습니다.

복음은 이렇게 좋은 것입니다. 생각만 해도 좋고, 만나고 싶고, 자랑하고 싶은 연인과 같은 것입니다. 하나님은 우리가 이 좋은 복음을 부담이 아닌 좋은 것으로 누리며 살기 원하십니다. 복음이 진정 우리의 기쁨이 되도록, 이를 누리며 사는 것이 구원이요 치유이기 때문입니다.

## 질문과 나눔

1. 그동안 나는 복음을 어떻게 알고 있었으며, 복음으로 어떠한 도움을 받은 적이 있습니까?
2. 하나님께서는 인간에게 '약속'을 통해 뜻을 이루시는 이유가 무엇이라고 생각하십니까?
3. 우리의 마음이 어떠할 때 열리고 닫히는지 생각해봅시다.
4. 복음은 우리의 마음을 어떻게 열도록 도와줍니까?
5. 나 대신 누가 문제를 해결해 준 경험이 있습니까? 그때 어떠한 마음이 들었습니까?
6. 주님의 대속하심의 은혜를 경험한 적이 있습니까?
7. 정말 기쁘고 즐겁게 일을 해본 적이 있습니까? 그 결과가 어떠했습니까?

제 2 장

# 다시 들어야 하는 복음

* 롬 1:8-15

## 로마 성도들의 믿음의 문제들

"나는 먼저 여러분 모두의 일로, 예수 그리스도를 통하여 나의 하나님께 감사를 드립니다. 그것은 여러분의 믿음에 대한 소문이 온 세상에 퍼지고 있기 때문입니다."

―롬 1:8

특별히 로마는 당시 세상의 한복판으로, 예수를 믿는 데 적잖은 핍박과 장애가 있던 곳이었습니다. 그럼에도 불구하고 로마 성도들이 복음을 깨닫고 구원받아, 그리스도의 사람으로 살고 있었다는 것이 얼마나 소중하고 귀한지 모르겠습니다. 이러한 그들의 믿음은 다른 믿는 자들의 모범이 되었습니다. 그런데도 사도 바울이 그들에게 편지를 쓰면서 로마에 가기를 원한다고 합니다(롬 1:9-10). 그들을 위해 기도하는 데 그치지 않고, 직접 그들에게 가고 싶다고 합니다. 우리는 사도 바울이 얼마나 로마에 가고 싶어 했는지 사도행전과 또 다른 서신서들을 통해 알 수 있습니다. 바울에게는 로마 성도들을 향한 간절한 마음이 있었습니다. 이미 그들은 복음도 알고 있었고, 믿음 가운데 잘 살아가고 있었는데, 바울은 왜 이처럼 그들에게 편지를 쓰며, 그들을 만나길 원했을까요? 단순한 안부 때문에 그랬을까요? 어떠한 사역이나 선교적인 이유 때문이었을까요?

"여러분에게 신령한 은사를 좀 나누어주어, 여러분을 굳세게 하려고 하는 것입니다. 이것은, 내가 여러분과 함께 지내면서, 여러분과 내가 서로의 믿음으로 서로 격려를 받고자 하는 것입니다. 형제자매 여러분, 여러분은 이것을 아시기 바랍니다. 나는 여러분에게 가려고 여러 번 마음을 먹었으나, 지금까지 길이 막혀서 뜻을 이루지 못하였습니다. 나는 다른 이방 사람들 가운데서도 열매를 거둔 것과 같이, 여러분 가운데서도 그것을 좀 거두려고 했던 것입니다." - 롬 1:11~13

그 이유가 11-13절에 나타나 있습니다. 바울은 세 가지 이유 때문에 그들에게 가고 싶다고 합니다. 첫째, 그들에게 신령한 은사를 나눠 주어 그들을 굳세게 하고, 둘째, 자신과 로마 성도들이 서로의 믿음으로 피차 격려를 받으며, 셋째, 다른 이방 사람들처럼 로마 성도들도 열매를 거두게 하기 위해서라고 설명합니다.

사도 바울은 그들이 복음 가운데 구원을 받았지만, 흔들릴 수 있다는 것을 잘 알고 있었습니다. 로마라는 거대한 도시 속에서 그들이 예수의 이름으로 구원은 받았지만, 예수에 대한 믿음만 가지고 매일 초라한 모습으로 살아간다는 것이 결코 쉽지 않다는 걸 바울이 잘 알고 있었기 때문입니다. 그들이 처음 믿을 때는 구원의 감격 속에서 무엇이라도 할 수 있을 것 같았고, 로마의 막강한 권력도 두려워하지 않았지만, 서서히 시간이 지나면서 그들이 카타콤을 부끄러워할 수도, 로마를 두려워할 수도 있다는 걸 바울이 알고 있었기 때문입니다. 처음엔 그들에게 복음에 대한 기쁨과 확신과 평안함이 있었지만, 시간이 지나면서 어려움이 계속될수록 불안과 두려움이 생길 수 있다는 걸 바울은 알고 있었습니다. 그래서 그들에게 가서 그들의 믿음을 다시 굳세게 하고, 그들이 다시 평안할 수 있도록 격려하겠다는 것입니다.

또 한 가지, 그들이 어려운 가운데 열심히 믿은 건 사실이었지만, 그들에겐 열매가 없었습니다. 열심히 신앙 생활하는 것만 중요한 게 아닙니다. 삶 가운데 변화가 있어야 합니다. 성품과 언행, 그리고 행동에 변화와 열매가 있어야 합니다. 그런데 로마 성도들의 열매가 부족해 복음 전파에 어려움이 있다는 걸 바울은 알고 있었습니다. 그래서 그들이 어떻게 하면 열매를 맺고 변화할 수 있는지 격려하고 돕고자 로마에 가고 싶다는 것입니다.

사도 바울이 로마서를 쓴 이유는 믿지 않는 사람들을 위해서가 아니었습니다. 로마서는 이미 '구원받은' 로마 성도들을 위해 쓴 편지입니다. 구원받은 직후에 누렸던 감격과 평안과 믿음과 능력을 잃어버린 로마 성도들을 위해 쓴 글이라는 것입니다. 즉 '구원받는' 복음만이 아니라, '구원 이후의 복음'에 대해서도 알아야 한다는 뜻입니다. 우리는 구원만 복음으로 받고, 구원 이후에는 복음이 아닌 다른 방법으로 신앙생활을 하는 경우가 많습니다. 사도 바울은 이 문제를 지적하며 구원받을 때뿐만 아니라, 구원 이후에도 복음을 어떻게 계속 듣고 활용할 수 있는지에 대해 말하기 위해 로마서를 썼던 것입니다. 물론 하나님께서는 일차적으로 우리를 구원하시기 위해 복음을 주셨습니다. '구원 이후 복음의 역할은 무엇일까? 구원 이후에도 복음이 계속 필요한 이유는 무엇일까?' 이것이 로마서의 바로 주제입니다.

## 계속 진보되어야 하는 복음

복음은 구원받을 때만 필요한 게 아닙니다. 구원 이후에도 복음은 여전히 기쁜 소식이어야 합니다. 성경은 처음부터 끝까지 다 복음입니다. 우리의 구원은 오직 복음으로만 시작됩니다. 하지만 여기에서 그치지 않고, 구원의 중간도, 끝도, 오직 복음으로만 완성됩니다. 우리는 한 순간도 복음을 떠나면 안 됩니다. 그런데 우리가 구원받을 때는 복음을 잘 경험하고도, 복음이 어떻게 구원 이후에도 복된 소식이 되는지는 잘 알지 못합니다. 단지 다른 사람에게 전해야 하는 복음 정도로만 이해할 뿐, 내가 처음 구원받을 때처럼 그렇게 복음에 대해 절실하지 않은 게 사실입니다. 과거에 속한 복음일 뿐, 복음이 왜 지금 현재에도 여전히 내게 절실히 전해져야 하는지 그 이유를 잘 알지 못합니다. 사도 바울은 이것이 안타까웠습니다. 복음이 얼마나 좋은 것인데, 왜 처음 구원받을 때만 쓰고, 그냥 버려두느냐는 것이죠. 이러한 사도 바울의 안타까운 심정이 아래 말씀에 잘 나타나 있습니다.

"여러분이 첫 날부터 지금까지, 복음을 전하는 일에 동참하고 있기 때문입니다. 선한 일을 여러분 가운데서 시작하신 분께서 그리스도 예수의 날까지 그 일을 완성하시리라고, 나는 확신합니다." — 빌 1:5~6

선한 일을 시작하신 분은 바로 예수 그리스도(복음)이신데 그분이 시작만 하는 게 아니라, 끝까지 완성하신다는 것입니다.

"내가 그리스도 예수의 심정으로, 여러분 모두를 얼마나 그리워하고 있는지는, 하나님께서 증언하여 주십니다." — 빌 1:8

사도 바울이 편지를 쓸 때마다 편지를 받는 이들을 얼마나 간절히 그리워하는지 위의 말씀에 잘 나타나 있습니다. 바울이 성도들을 얼마나 그리워하는지 하나님이 증언해 주신다고 할 정도입니다.

"내가 기도하는 것은 여러분의 사랑이 지식과 모든 통찰력으로 더욱 더 풍성하게 되어서, 여러분이 가장 좋은 것이 무엇인가를 분별할 줄 알게 되는 것입니다. 그리하여 여러분이 그리스도의 날까지 순결하고 흠이 없이 지내며, 예수 그리스도께서 주시는 의의 열매로 가득 차서 하나님께 영광과 찬양을 드리게 되기를, 나는 기도합니다." — 빌 1:9~11

또 바울은 성도들을 위해 어떤 기도를 한다고 합니까? 위의 말씀에서 바울은 그들의 사랑이 지식과 모든 통찰력으로 더욱 더 풍성하게 되기를 기도한다고 합니다(빌 1:9). 그들에게 이미 은혜가 있지만, 점점 더 풍성하게 되기를 원한다는 것입니다. 그래서 그들이 가장 좋은 것이 무엇인가를 분별할 줄 알게 되기를, 그래서 그리스도의 날까지 순결하고 흠이 없이 지내기를 기도한다고 합니다(빌 1:10). 또한, 예수 그리스도께서 주시는 의의 열매로 가득 차서 하나님께 영광과 찬양을 드리게 되기를 기도한다고 합니다(빌 1:11). 이 말은 의의 열매는 한번 맺고 끝나는 게 아니라, 매일 항상 가득하게 맺어야 한다는 걸 의미합니다.

> "형제자매 여러분, 내게 일어난 일이 도리어 복음을 전파하는 데에 도움을 준 사실을, 여러분이 알아주시기를 바랍니다." – 빌 1:12

복음은 일회적으로 끝나서는 안 됩니다. 복음이 진보되어 이를 전파하는 데 도움을 줄 수 있을 만큼 자라나야 합니다. 점점 풍성해지고 가득해야 합니다. 우리가 처음 복음을 믿고 구원받는 것은 복음의 시작에 불과합니다. 이제 내 속에서 구원의 일을 시작한 복음이 그리스도의 날까지 더욱 깊어지고 넓어져야 합니다. 한번 맛만 보고 끝나는 것이 아니라 내 속에서 점점 충만해져야 한다는 것입니다. 그래서 사도 바울은 여러 서신을 통해 복음에 대해 설명하면서 복음 안에서 흔들림 없이 더욱 견고해지고 깊어져 풍성한 열매를 맺어야 한다고 말합니다. 복음은 잠깐 있다가 없어지는 기쁨과 열매가 아니고, 하늘나라에 이르기까지 진보해야 하고 커가야 한다는 것을 바울은 이야기하고 싶었던 것입니다. 복음이 점차 사라지는 것이 아니라, 갈수록 내 속에서 더욱 기쁜 소식이 되어야 합니다. 구원받을 때 복음이 좋았던 것처럼, 계속해서 기쁨이 더 깊어져야 한다는 것입니다.

복음은 우리를 천국으로 인도하는 것으로 끝나지 않고, 우리로 하여금 이 땅에서부터 천국에 있는 엄청나게 값진 보화를 누리게 합니다. 그러기에 바울은 '하늘나라의 것이 얼마나 좋은 것인데, 어찌 그 겉 맛만 보고 왜 이렇게 힘들게 사느냐'고 안타까워합니다. 복음으로 더 깊이 들어가서 복음을 통해 하늘의 좋은 것들을 본인도 누리고, 남들에게도 보여줘야 하는데, 복음의 겉 맛만 보고 복음 속의 진짜 좋은 것을 보지도, 누리지도 못하니 정말 안타깝다는 것입니다.

바울이 "그러므로 나의 간절한 소원은, 로마에 있는 여러분에게도 복음을 전하는 일입니다(롬 1:15)."라고 말한 것은 그들이 처음 들었던 그 복음을 전하려는 것이 아니었습니다. 바울은 그들이 이미 다 복음을 들었고, 그들이 그리스도의 것이며, 그들의 믿음이 자랑스럽다고 했습니다. 바울은 그들이 처음 맛본 복음이 아니라 더 깊은 복음, 즉 그들의 삶을 구원하고, 그들 속을 치유하며, 그리스도의 날에 이르기까지 복음이 그들 가운데 어떻게 힘이 되는지, 그리고 복음이 왜 계속해서 끝까지 복된 소식이 되는지를 전하려 했던 것입니다. 그리고 그들이 이 기쁜 소식을 잃어버리지 않고 복음의 능력을 더 깊이 체험하도록 돕기 위해서 편지를 쓴다는 것입니다.

## 우리도 다시 들어야 하는 복음

사도 바울이 로마 성도들에게 서신을 쓴 이 마음으로, 성령님께서도 오늘 우리에게 이 말씀을 하신다고 생각합니다. 우리는 어려운 가운데 정말 열심히 믿었습니다. 우리 한국 교회의 믿음이 온 세상에 전파될 정도로, 정말 어려운 가운데서도 열심히 전도해서 한국 교회가 이렇게 성장했습니다. 그러나 사도 바울이 로마 성도들에 대하여 걱정한 이런 문제들이 우리에게도 일어나고 있습니다. 우리에게 처음 있었던 기쁨과 확신들이 여전히 굳게 지켜지고 있는지 점검해 봐야 할 때입니다.

하나님께서 축복해주신 세상의 좋은 것들, 강한 것들, 아름다운 것들 앞에서, 여전히 우리는 '가난한 복음'을 계속 의지하고 있습니까? 말로는 그렇다고 합니다. 그러나 우리의 속에서는 십자가의 복음보다 눈에 보이는 것들-돈, 명예, 능력, 조직, 컴퓨터, 인터넷, 전문지식-이 더 중요한 복음이 되어가고 있는 게 사실입니다. 우리의 신앙적 연륜은 깊어져 가건만, 우리에게 처음 있었던 기쁨과 평강과 위로가 더 풍성해지기보다는 오히려 점차 잃어버리고 있는 것 같습니다. 복음이 주는 평안과 기쁨보다 세상이 주는 평안과 기쁨으로 대신하고 있지는 않은가요?

또한, 우리의 내면과 삶에 진정한 변화와 열매가 있습니까? 예수 그리스도의 십자가가 나의 복음이고 그것이 나의 참 기쁨, 참 생명이 된다는 사실이 흔들리고 있지는 않습니까? 십자가는 그저 하나의 상징에 불과한 것으로 우리 속에서 희미해져 가고 있지 않습니까? 우리는 지금 기쁨의 소식을 어디에서 찾고 있나요? 자녀나 물질 등, 보이는 것들에 나의 마음을 빼앗기고 있지는 않습니까? 요한계시록에서 세상의 주인은 음녀라고 말합니다. 세상이 그 자체로만 존재하는 게 아니라, 그 배후에 영적 세력이 있다는 말입니다. 세상 것들에 우리 마음은 자꾸 무기력해지면서 영적인 힘을 잃어 갑니다. 세상의 좋은 것들을 보면서 예수 그리스도는 초라해 보이기 시작합니다. 우리의 기쁨과 감격과 감사가 사라지고 불평과 불만, 아픔과 상처가 생기기 시작합니다. 특히 최근엔 코로나 바이러스로 인해 복음과 교회가 너무 초라해 보이고 무력하게만 느껴집니다. 예수를 믿는다는 것은 과연 무엇을 의미할까요? 죽은 후에 천국 가는 것 말고, 그리스도인들이 세상 사람과 다른 것이 과연 무엇일까요? '때로 천국에 대한 믿음과 소망조차 흔들릴 때가 있다'는 게 신앙인의 솔직한 고백일 것입니다.

우리에게 참 열매가 없는 것 같습니다. 그리스도인들이 진정 변화되지 않고 있습니다. 한국에 그리스도인이 네 명 중 한 명이라고 하는데, 정작 우리의 가정과 사회, 그리고 교회가 변화되지 않습니다. 복음 속에 분명 하나님의 생명과 능력이 있다면, 응당 열매가 있어야 할 텐데 열매가 없습니다. 이러한 문제들의 해결책을 어디에서 찾을 수 있을까요? 우리는 열심히 기도합니다. 새벽기도, 큐티, 제자훈련, 내적치유, 상담훈련, 가정사역, 경배와 찬양 등 수많은 노력을 합니다.

이러한 노력이 부족해서 우리가 변화되지 않는 걸까요? 얼핏 겉보기엔 그러한 노력으로 변화가 있는 것 같지만, 우리의 진정한 내면과 실제 삶이 얼마나 변화되었나요? 종교생활로써 변화되는 것은 한계가 있습니다. 성품과 말 그리고 행동이 달라져야 합니다. 성령의 열매가 있어야 합니다. 사랑이 있는 삶, 생명력이 있는 삶을 살아야 합니다. 이를 노력과 의지와 훈련만으로 이룰 수 있을까요? 겉으로는 우리가 변화되는 것처럼 착각할 수도 있습니다. 그러나 겉의 변화는 진정한 변화가 아닙니다. 내면과 성품의 변화가 진정한 변화입니다. 이러한 변화는 어디에서 올까요? 로마서는 그 해답이 바로 복음이라고 말하고 있습니다. 어떠한 교육과 훈련을 받더라도 그 속에서 정말 중요한 단 한 가지, 복음을 다시 찾고, 다시 듣지 않는다면 변화될 수 없다고 말합니다. 우리가 구원받았을 때의 복음을 잃어버리고 있기 때문에 이런 현상이 나타나는 것이라고 말하고 있습니다. 사실 이러한 문제는 현재를 살아가는 우리나 한국교회만 겪는 문제가 아닙니다. 모든 시대를 초월하여, 믿음의 성도들이 늘 겪어온 문제인 것입니다.

사도 바울은 그것을 알기 때문에 자신이 세운 교회든 아니든, 모든 성도들이 복음을 잃어버리는 것을 안타까워했습니다. 그래서 바울은 '복음 속에 이러한 문제를 해결할 수 있는 능력이 있으니 다시 복음을 들으라'고 합니다. 구원받은 복음만이 아니라 우리의 흔들리는 삶 속에, 우리의 아픔이 있는 곳에, 아무런 열매가 없는 곳에, 우리의 무력함이 있는 그곳에서 복음을 다시 들어보라는 것입니다. 이것이 사도 바울이 로마서를 쓴 이유입니다.

우리는 이러한 사도 바울의 권고를 이 시대 한국 교회를 향한 권고로 받고, 복음을 다시 들어야 합니다. 성령님의 말씀에 귀를 기울이고 마음 문을 열어, 우리를 구원했던 복음을 다시 들어야 합니다. 머리와 생각으로가 아니라, 교리와 신학지식으로써가 아니라, 우리 마음을 활짝 열고 진심을 다해 복음을 다시 들어야 합니다. 우리의 아픔 속에, 열매 없음 속에, 흔들림 속에, 세상에 중독되고 포로된 피곤한 삶 속에, 다시 구원이 되고, 능히 치유하며 자유케 하는 복음으로 다시 들어야 합니다. 그래서 우리 삶 가운데 복음이 다시 기쁜 소식이 되어야 합니다.

복음을 귀로만 듣지 않기를 바랍니다. 우리가 구원은 받았지만 실패한

이 자리, 기쁨이 없고 흔들리는 이 자리, 예수님보다 세상을 더 사랑하고, 보이는 것을 쫓아갔던 이 자리, 그러다가 지치고 아픈 가운데 있는 이 자리에서 예수님과 복음을 다시 만나야 합니다. 사도 바울이 그처럼 다시 전할 수 있기를 그토록 간절히 원하고 기도했던 그 복음을, 우리 역시 과거에 갖고 있던 가난함과 애통함과 간절함으로, 지금 이 자리에서 다시 들어야 합니다. 그래서 우리는 예수님과 복음을 다시 만나야 합니다. 이렇게 우리 안의 복음이 예수 그리스도의 날까지 계속해서 진보되고 충만해져야 합니다. 그래서 우리 안의 기쁨이 더욱 커지고 그분의 신령한 것이 우리 속에 더욱 충만해지도록 해야 합니다.

복음을 알고는 있으나 복음을 떠난 성도들이 있다면, 사도 바울을 통해 탄식하시던 성령님의 음성을 다시 들으시기 바랍니다. 복음 속에 모든 문제의 해답과 능력이 있습니다. 우리가 찾는 모든 해답과 행복이 바로 복음 속에 있습니다. 복음을 다시 들음으로써, 복음 속의 놀라운 보화를 발견하고 그것을 누릴 수 있어야 합니다. 이러한 복음을 마음속으로 다시 만나시길 간절히 원합니다.

## 질문과 나눔

1. 복음에 대한 믿음이 흔들린 적이 있었습니까? 어떤 경우였고 어떻게 극복하였습니까?
2. 구원 이후에도 자신의 신앙생활에 복음이 계속 필요하다고 생각했습니까? 그 이유는 무엇입니까?
3. 구원 이후 나의 삶에서 복음이 계속 발전하며 진보를 이루고 있습니까?
4. 구원 이후에 어떠한 열매를 맺고 있습니까?
5. 구원 이후 참 기쁨과 평강을 계속 누리고 있습니까?
6. 세상 속에서 나는 어떤 모습입니까?
7. 구원 이후에도 복음이 가장 큰 힘과 위로가 되고 있습니까?
8. 구원 이후 복음을 다시 들어야 할 이유에 대해 나누어 봅시다.

## 제 3 장

### 구원 후 왜 복음을 떠나는가?

* 롬 1:16-17

### 구원 후 복음을 부끄러워하는 우리

우리가 복음으로 구원은 받았지만, 정작 복음의 능력과 핵심은 만나지 못한 채, 여전히 죄악과 아픔 가운데 방황하고 있습니다. 겉으로는 복음에, 종교 생활에 익숙해져 있으나, 마음으로는 복음을 떠났기 때문입니다. 그래서 더 깊은 신앙의 변화와 열매가 없는 것이지요. 대부분의 그리스도인들이 자신이 마음으로 복음을 떠났다는 사실조차 인지하지 못한 채 신앙생활을 합니다. 도대체 우리는 어쩌다 복음을 떠나게 된 걸까요? 그처럼 좋은 복음이었는데 말입니다. 이제 그 이유에 대해서 살펴보도록 하겠습니다.

 우리가 물론 복음이 좋은 것이라는 것도 알아야겠지만, 우리가 어쩌다 복음에서 멀어졌는지, 복음을 어떻게 상실하게 되었는지도 알아야 합니다. 그 이유를 잘 알아야 우리가 속지 않고, 계속 복음 속에 거할 수 있기 때문입니다.

우리가 복음 속에 계속 거하기만 한다면, 아쉽거나 두려울 게 어디 있겠습니까? 그토록 좋은 복음, 하나님이 이미 다 준비해 놓으신 그 복음, 내가 할 거라곤 아무 것도 없는 그 복음, 예수님이 다 대신하셨기에 우린 그저 그분께 우리의 상한 마음과 아픔을 드리기만 하면 되는 그 복음! 이렇게 좋은 복음이 세상 어디에 또 있을까요? 예수님께서 십자가에서 이미 다 해결하셨고, 하나님께서 부활의 생명과 능력으로 우리를 새롭게 하셨는데, 우리가 도대체 뭐가 부족해서 염려하며 산단 말입니까? 사역도 나 혼자 어렵게 하는 것이 아닙니다. 주님이 다 하십니다. 전도도 주님이 하시고, 선행과 구제도 주님이 하십니다. 우리의 모든 열매도 주님을 통해 맺는 것입니다. 이렇게 좋은 복음과, 쉬운 능력의 길이 있는데도 우리는 왜 여전히 혼자서 해보겠다고 그토록 긴장하며 피곤하게 살고 있는 걸까요? 우리는 왜 여전히 두려움에 빠진 채 '내가 그걸 어떻게 해?'라며 비복음적으로 살고 있는 걸까요?

복음은 처음부터 끝까지 그렇게 편하고 쉬운 것입니다. 주님이 우리에게 이렇게 기쁜 소식을 주셨는데, 우리는 구원받은 이후, 왜 복음을 상실해 버리는 걸까요? 사도 바울은 그 이유를 한마디로 다음과 같이 이야기하고 있습니다.

> "나는 복음을 부끄러워하지 않습니다. 이 복음은 유대 사람을 비롯하여 그리스 사람에게 이르기까지, 모든 믿는 사람을 구원하는 하나님의 능력입니다." – 롬 1:16

바울이 '나는 복음을 부끄러워하지 않는다'라고 이야기한 것은, '우리는 복음을 부끄러워한다'는 말의 반증이기도 합니다. 이제 좀 더 깊이 들어가, 내면적 차원에서, 우리가 왜 복음을 부끄러워할 수밖에 없었는지를 생각해 보겠습니다.

## 자신이 죄인이요, 아픈 자임을 계속해서 고백할 때 임하는 복음의 은혜

우리가 맨 처음 구원과 치유를 어떻게 받았습니까? 구원과 치유를 받기 위해서 우리는 최소한 '나는 구원과 치유가 필요한 자'라는 사실을 인정해야 했습니다. 내가 무력하고 죄인이고 아프고 부끄러워 스스로 내 문제를 해결할 수 없었는데 예수님이 내 대신 해결해주셨기에, 내게 구원과 치유가 임한 것이었습니다. 그것이 복음이었습니다. 그런데 왜 복음이 우리에게 지속적인 은혜와 기쁨이 되지 못하고 있습니까? 복음이 계속해서 기쁨이 되려면 무엇이 필요할까요? 그 기쁨이 어디에서 왔나요? 내가 죄인이었기 때문에, 내가 아팠기 때문에 그 기쁨이 오지 않았나요? 건강한 사람에게 병원과 의사가 뭐 그리 대단한 기쁨이겠습니까? 그러므로 복음이 내게 계속해서 기쁨이 되려면 내게 아픔이 있어야 합니다. 내 속에 죄가 있어야 복음이 기쁨이 된단 말입니다. 내가 구원받고 치유 받은 후, 아무 문제없이 건강하면 복음은 내게 더 이상 기쁨이 되지 못합니다. 과거 기억 속의 기쁨은 되겠지만 현재의 기쁨은 되지 못합니다. 현재의 나와는 큰 상관이 없어진단 말입니다. 다른 아픈 죄인에게 복음을 전하려고는 하지만,

이제 의롭고 건강해진 자신에게는 더 이상 복음이 큰 의미가 없기 때문입니다. 중요한 것은 복음이 과거의 기쁨으로만 머물러서는 안 되고, 현재의 복음이자, 미래에도 계속되는 복음이어야 한다는 것입니다. 그렇게 되기 위해서는 무엇이 필요할까요? 바로 죄와 상함이 있어야 합니다.

스키장에서 눈썰매를 타노라면, 내려올 때 신이 납니다. 그런데 그 기쁨을 계속해서 누리려면 매번 귀찮은 일이 있습니다. 매번 다시 올라가야 한다는 것입니다. 썰매를 타며 내려오는 건 신나지만, 매번 썰매를 끌고 다시 올라가는 것은 귀찮고 힘이 듭니다. 하지만 힘들게 올라가야만, 내려오는 기쁨을 누릴 수 있지요. 그 내려오는 재미가 바로 복음입니다. 복음은 올라갔다가 내려오는 재미가 아니라, 내려갔다가 올라오는 재미입니다. 눈썰매와 반대입니다. 죽었다가 다시 올라오는 재미, 이것이 은혜이고 기쁨인 것입니다. 내가 죄인이었는데, 내가 아팠는데, 구원받고 치유됩니다. 이 재미를 늘 누리기 위해서는 자꾸만 내려가야 합니다. 눈썰매의 재미를 느끼려면 자꾸 올라가야 하듯이, 복음의 기쁨을 누리려면 자꾸 내려가야 합니다.

복음은 누구에게 도움이 될까요? 복음은 아픈 자, 가난한 자에게 유익합니다. 부유한 자에게는 복음이 복음일 수가 없습니다. 예수님께서도 자신이 누구에게 필요하다고 하셨나요? 예수님은 죄인과 아픈 자들을 위해 오셨다고 했습니다. 건강한 사람은 복음에서 멀어지기 마련입니다. 우리가 구원받은 다음에 다 건강해지고 의인이 되기 때문에, 더 이상 예수님과 복음이 필요 없어지는 것입니다. 내가 계속해서 복음과 함께 있으려면, 계속 내려가야 합니다. 계속 죄인이어야 한단 말입니다.

그런데 내려가는 것이 그리 쉽지가 않습니다. 누가 다시 내려가고 싶겠습니까? 옛날에 그 밑에서 헤맬 때 얼마나 고통스러웠는데, 누가 다시 내려가고 싶겠습니까? 아무리 올라오는 재미가 있다지만 왜 굳이 다시 내려가려 하겠습니까? '차라리 안 내려가고 안 올라오는 게 낫지. 그냥 여기 있을래'라며 안 내려가고 안 올라오는 길을 궁리하기 시작합니다. '어떻게 하면 내려가지 않고 계속 올라갈 수 있을지' 그 방법을 모색하기 시작합니다. 원리적으로 보면 내려간 다음에 복음이 있는 것인데 다시 내려가지 않고, 다시 아프려 하지 않고, 다시 죄인이 되려 하지 않습니다. 그 결과 복음에서 멀어지게 되는 것입니다.

그러니 복음이 나와 무슨 관계가 있겠습니까? 예수님이 나와 무슨 관계가 있겠습니까? 예수님은 항상 아픈 사람들, 세리와 창녀들을 찾아다니시는 걸요? 하지만 처음에 탕자로 주님을 만났던 내가 그 후 장자가 되어 있으니까 예수님과의 인격적인 관계가 없어지는 것입니다. 하나님의 관심은 장자에게 있지 않고 탕자에게 있으니까요. 하나님은 탕자를 기다리고 계시니까요.

우리가 장자로서 열심히 일하면서, 형식적으로만 하나님의 집에 있기에, 하나님 아버지와의 인격적인 관계에서 점점 멀어지는 것입니다. 아버지의 심정을 헤아리지 못한 채, 아버지에 대한 원망만 하는 장자! 하나님의 집에 있기는 하지만, 교회엔 나가지만, 하나님과 관계없는 일을 하고, 하나님과 관계없는 사람이 바로 장자입니다. 우리가 어떻게 해야 구원받은 후에도 계속 내려가 탕자가 되고, 아픈 사람이 될 수 있을까요? 말은 쉽지만, 실제로는 그게 그리 쉬운 일이 아닙니다. 그렇다고 과거와 같이 아무렇게나 살아야 한다는 뜻은 아닙니다. 다시 세상으로 가서 탕자의 삶을 살라는 뜻도 아닙니다. 죄를 지으라는 뜻도 물론 아닙니다.

'탕자가 장자가 되는 것은 자연스러운 이치이고 과정인데, 장자가 되면 왜 하나님과 멀어진다는 건가요? 구원받은 후, 우리가 계속해서 복음을 만나기 위해 늘 아프고 슬퍼야 한단 말인가요? 환자가 되어야 한단 말인가요? 그렇게 아프려면 뭐 하러 예수를 믿나요? 구원받고 건강하고 의로운 생활을 하는 것이, 뭐가 문제가 된다는 건가요? 그게 바로 주님께서 기뻐하시는 삶이 아닌가요? 모두가 원하는 삶이 아닌가요?' 이러한 수많은 질문이 쏟아질 수 있습니다.

그래서 지금부터 이러한 질문들에 하나하나 답해 가면서, 그럼에도 불구하고 우리가 왜 계속해서 내려가야 하는지, 그리고 장자와 건강한 삶을 살면서도 죄인과 아픈 자가 된다는 뜻이 무엇인지 생각해보도록 하겠습니다.

이를 위해서는 우선 '왜 우리는 내려가야 하는가?' 그리고 '왜 우리는 내려가기가 그토록 어려운가?' 등 좀 더 본질적인 문제들을 생각해 봐야 합니다. 즉 우리 내면의 본질, 우리 내면의 아픔이 어떻게 오게 되었는지를 먼저 알아야 한다는 것입니다.

## 죄로 인한 아픔의 원原마음

우리는 우리의 내면의 상처가 '우리가 살아오면서 겪었던 여러 가지 원치 않는 환경의 영향으로 생긴 것'이라고 알고 있습니다. 물론 맞는 말입니다. 그러나 그보다 더 근원적인 상처는 '우리가 죄인으로 태어났기 때문에, 그리고 죄를 범했기 때문에 생긴 상처'입니다.

창세기 3장에 아담과 하와가 원죄를 짓는 사건이 나오는데, 이때 그들이 죄만 짓고 끝난 것이 아니라, 죄로 인해 마음에 큰 상처를 입었음을 볼 수 있습니다. 우리가 죄를 범할 때, 죄만 우리 속에 있을까요? 아닙니다. 죄는 영적인 영역에 속한 것입니다. 우린 어떻게 죄를 느낄 수 있을까요? 죄를 지으면 아프기 때문에 느낄 수 있습니다. 지금 내 몸에 박테리아나 바이러스가 들어왔다면 내가 어떻게 그것을 느낄 수 있지요? 우리 눈에는 박테리아나 바이러스가 보이지도 않는데 말입니다. 죄도 우리 눈에 보이지 않습니다. 하지만 박테리아나 바이러스가 몸 안에 들어오면, 우리 몸에 열이 나고 아픈 것처럼, 우리 영혼에 죄가 들어오면 우리 영혼도 죄로 인해 아프기 시작합니다. 우리 내면이 병들기 시작합니다. 그래서 우리는 죄를 지은 줄 아는 것입니다.

아담과 하와는 죄를 범한 후, 자기 몸을 감추었습니다. 왜 그랬을까요? 부끄러움 때문이었습니다. 몸이 부끄러워서 감추었지만 사실 더 부끄러운 것은 그들의 내면이었습니다. 죄를 범하면 첫 번째 오는 것이 부끄러움입니다. 무슨 부끄러움일까요? 자기 자신을 알게 되는 부끄러움입니다.

자기 자신이 누구입니까? 피조물입니다. 피조물의 본질은 '무력함'입니다. 스스로 아무것도 할 수 없는 존재입니다. 그러나 우리가 죄를 범하기 전에는 하나님이 우리의 모든 것을 보호해 주셨기 때문에 우린 피조물의 본질을 전혀 느낄 수가 없었습니다. 갓난아이가 어머니 품속에 있을 때, 자기가 아무것도 할 수 없다는 '무력함'을 전혀 느끼지 못하는 것처럼 말입니다. 그러나 갓난아이가 어머니 품을 떠나면 아무것도 할 수 없다는 '무력함'을 느끼기 시작합니다. 갓난아이는 그래서 어머니 품속에 있을 때 가장 행복한 것이죠.

이와 마찬가지로 우리가 비록 부족한 피조물이지만 하나님의 품속에 있을 때에는 부족함을 전혀 느끼지 못했습니다. 마치 어머니의 모든 능력이 갓난아이의 것인 것처럼, 하나님의 모든 권세가 우리의 것이었기 때문입니다. 하지만 우리 인간이 죄로 말미암아 하나님으로부터 떨어져나올 때, 아무것도 할 수 없는 무력한 존재가 되어 버린 것입니다. 이게 바로 피조물의 본질입니다.

피조물이란, '스스로 아무것도 할 수 없는 존재'를 말합니다. 이것이 우리가 갖는 열등감의 원인입니다. 열등감이라는 것은 하나의 비교의식으로서, 내가 남보다 못할 때 느끼는 감정이지만, 더 본질적으로는 '무력감'입니다. 우리가 자신을 남들과 자꾸 비교하는 것은 우리 안에 본질적으로 갖고 있는 무력감과 열등감 때문이지, 나의 조건이나 환경 때문이 아닙니다. 우리가 흔히 말하는 학력이나 집안, 신체조건 등은 열등감의 이름표에 불과할 뿐, 본질적인 열등감은 피조물로서의 '무력감'인 것입니다.

또한, 인간에게는 죄를 범함으로써 생긴 심판과 징계에 대한 '두려움'과 '죄책감'이 있습니다. 죄라는 것은 본질적으로 무엇을 의미할까요? 겉으로는 하나님의 명령과 말씀을 어긴 것을 죄라고 하지만, 더 본질적으로는 '하나님을 떠나' 세상으로 간 것을 죄라 할 수 있습니다. 겉으로는 선악과를 먹지 말라는 명령을 어긴 것이 죄이지만, 내용적으로는 '하나님을 떠나' 세상의 선악을 바라보고 먹은 것이 죄인 것입니다. 즉 '하나님을 떠난 것'

자체가 죄입니다. '하나님을 떠나면' 하나님의 가치인 의가 사라지게 되니, 무가치한 죄인이 되는 것이고, 무가치한 죄인이 되었으니, 이를 부끄러워하는 것입니다. 무력한 사람은 부끄럽습니다. 게다가 죄까지 범했으니 더욱더 부끄럽습니다. 자신이 무가치하고 사랑받을 수 없다고 느낍니다. 그래서 아담과 하와는 자신의 몸을 가리고 숨었습니다. 하지만 진짜로 숨기고 싶었던 것은 몸이 아니라 이러한 마음이었던 것입니다.

또 인간이 죄를 범하면, 자기를 보호해 주던 하나님의 사랑과 능력이 떠나가기 때문에 버림받은 마음을 갖게 됩니다. 이제 하나님의 능력으로 보호받지 못하고 스스로 세상과 싸워야 합니다. 땅과 싸우고, 자연과 싸워야 합니다. 폭풍우와 싸우고, 짐승들과 싸워야 합니다. 스스로 땀을 흘려야 살아갈 수 있습니다. 이 얼마나 두렵고 고통스러운 일입니까?

또한 하나님께서는 그들을 에덴동산에서 내보내셨습니다. 생명 나무로부터 쫓아내셨습니다. 모든 것을 의지하고 공급받던 하나님께 버림받아 무력한 피조물이 되었을 때 그 아픔이 얼마나 컸겠습니까?

그리고 하나님으로부터 공급받던 사랑과 생명이 사라질 때, 그 속에 한없는 굶주림이 남게 됩니다. 또한 그와 함께 분노가 생겨납니다. 분노는 자기가 잘했든 잘못했든, 자기가 버림받을 때, 굶주림이 채워지지 않을 때, 본능적으로 생겨나는 것입니다. 자녀는 자신이 잘못해서 벌을 받을 때도, 버림받음을 느끼기에 부모에게 분노합니다. 나중에 깨닫고 회개할망정 당장은 분노가 생기는 게 사실입니다. 이와 마찬가지로 인간이 자신의 잘못 때문에 하나님과 같이 있을 수 없게 되었음에도 불구하고, 인간은 결과만 가지고 하나님께 분노하고 원망하는 것입니다.

지금도 우리가 죄를 범하면 이러한 아픈 마음들이 생깁니다. 우리에게 원죄가 있다는 것을 어떻게 알 수 있을까요? 우리가 죄를 지을 때, 우리에게 죄 말고도 이러한 아픈 마음들이 함께 있다는 것을 통해 알 수 있습니다. 아픈 마음을 배운 적도 없는 어린아이들조차, 유독 위와 같은 아픈 마음들에는 공통적으로 예민하게 반응합니다. 이것을 통해 우리는 우리에게 원죄가 있다는 것과 그 원죄로 인한 아픔의 원마음이 있다는 것을 알 수 있습니다. 그 이후에 생기는 우리의 아픈 마음들은 이러한 뿌리에서 뻗어 나온 가지들과도 같습니다. 뿌리가 아프니, 여기서 자라나는 가지 역시 버림받음의 마음이요, 열등감의 마음이요, 굶주림의 마음이요, 분노의 마음일 수밖에 없습니다. 이렇듯 상한 마음의 가장 근원적인 뿌리는 바로 우리의 '원죄'입니다.

아담과 하와는 이 아픈 마음을 느끼는 게 너무 고통스럽고 감당키 어려워서, 자기들의 아픈 마음을 감추었던 것입니다. 하나님께서 '아담아, 네가 어디 있느냐?' 하시며 아담을 찾으셨을 때, 아담은 하나님께 나올 수가 없었습니다.

사실 하나님께서 아담을 찾으셨을 땐, 꾸짖고 벌하시려고 찾으신 게 아니었습니다. 이미 그들은 벌을 받고 있었습니다. 이미 죽음과 부끄러움의 고통 가운데 있었습니다. 하나님께서는 그런 아담을 구원하시기 위해 찾으셨던 것입니다.

그렇지만 아담은 너무도 아프고 부끄러워서 도저히 나올 수가 없었습니다. 죄인들의 특징이 무엇입니까? 가리는 것입니다. 숨고 도망가는 것입니다. 자기 속에 아픔과 자책과 열등감이 있기 때문에, 버림받음의 두려움과 분노와 불신이 있기 때문에, 숨게 되는 것입니다. 그래서 하나님께서 아픔을 치유하고 구원해 주시려고 부르셔도, 그 아픔이 너무 커 나오질 못하는 것입니다.

## 가죽옷으로 우리를 덮어 주신 하나님

이에 하나님께서는 아담과 하와에게 무엇을 해 주셨나요? 가죽옷을 입혀 주셨습니다. 가죽옷으로 그 부끄러움을 감출 수 있게 되자, 그들이 비로소 하나님 앞에 나와 하나님의 계획을 들을 수 있게 된 것입니다. 여기에서 가죽옷은 몸의 부끄러움만을 가리는 것이 아닙니다. 죄를 지었다고 갑자기 몸이 부끄러워질까요? 아닙니다. 마음이 부끄러워진 것입니다. 가죽옷을 입혀 주심으로써, 마음을 가려 부끄럽지 않게 해 주신 것입니다. 몸의 가죽옷보다 마음의 가죽옷을 입혀 주셨다는 사실이 더 중요합니다. 그렇다면 마음의 가죽옷은 무엇을 의미할까요? 하나님께서는 우리의 정신 세계를 의식과 무의식으로 나누어, 우리의 모든 아픔을 무의식과 망각 속에 감추어 주셨습니다. 이렇게 우리의 모든 아픔을 의식에서 느끼지 못하게 해주신 것입니다.

　우리가 가죽옷을 언제 느낄 수 있을까요? 갓 태어난 어린아이는 너무도 행복합니다. 태어날 때 잠시 운 것 이외에는, 그 어떤 원망도, 열등감도, 분노도 없습니다. 아주 천진난만합니다. 성경은 모든 사람에게 원죄가 있다고 이야기하는데 갓난아이를 보면 원죄가 있다는 게 상상이 안 갑니다. '갓난아이에게 원죄가 있다고 말하다니, 그건 너무 잔인한 것 아닌가? 이렇게 착하고 평화롭고 순결한 아이에게 원죄가 있다니? 만일 죄인이라면 고통스럽고 추악한 모습으로 태어나, 사랑받을 수 없는 게 맞지 않을까?'라는 의문이 듭니다. 갓난아이가 더할 나위 없이 순결해 보이기에, 모두에게 사랑받는 게 사실입니다.

하지만 이것은 하나님께서 가죽옷을 입혀 주셨기 때문입니다. 태어날 때부터 저주스러운 모습으로 태어난다면 어떻게 될까요? 물론 예수님은 태어나실 때부터 그렇게 저주받고 버림받은 모습으로 말구유에서 태어나셨습니다. 예수님은 죄인의 아들처럼, 아무도 환영하지 않는 말구유에서 비참한 모습으로 태어나셨습니다. 그러나 우리 모두는 적어도 예수님보다는 낫게 태어났습니다. 개인차는 있지만 그래도 환영받으며 평안 가운데 태어났습니다. 왜 그렇습니까? 하나님께서 우리에게 가죽옷을 입혀 주셨기 때문입니다. 우리가 가죽옷을 입고 있기에, 내가 얼마나 무력하고 열등하고 죄인인지 느끼지 못하는 것뿐입니다. 그러나 인간은 이 가죽옷만 가지고는 만족하지 못합니다. 아담과 하와도 가죽옷을 입었지만, 이것만으로는 만족하지 못했습니다. 지금 가죽옷만 입고 다니는 사람이 있습니까? 없습니다. 계절에 따라 다양하게 옷을 입습니다. 그리고 저마다 어울리는 장신구와 머리 모양을 하고 화장을 합니다.

인간들은 왜 그럴까요? 옷 한 벌로 물론 자기 속의 수치를 가릴 수는 있지만, 그렇게 하면 멸시받기 때문입니다. 옷의 기본적인 기능은 부끄러움을 가리고 몸을 보호하는 데 있지만, 요즘은 자기를 과시하는 기능이 더 큰 게 사실이지요. 우리는 좀 더 자기를 자랑하기 위해, 좀 더 대우받기 위해 옷을 입습니다. 그래서 가죽옷 한 벌만으로는 불안한 것입니다. 더 많은 옷을 원하게 됩니다. 과거의 열등감과 불안감을 무의식 속에 가리는 것만으로는 부족하다고 느끼기 때문입니다. 아무것도 가진 게 없으니까 불안한 것입니다. 가죽옷 사이로 조금씩 열등감이 드러납니다. 냄새가 납니다. 그게 불안하니까, 자꾸 가리기 위해 점점 더 많은 옷이 필요한 것입니다.

"이 모든 것 가운데서 한 가지만이라도 너에게 해 줄 만큼 너를 불쌍하게 여기고 돌보아 준 사람이 없다. 오히려 네가 태어나던 바로 그 날에, 사람들이 네 목숨을 천하게 여기고, 너를 내다가 들판에 버렸다. 그 때에 내가 네 곁으로 지나가다가, 핏덩이로 버둥거리는 너를 보고, 핏덩이로 누워 있는 너에게, 제발 살아만 달라고 했다."
— 겔 16:5~6

이 말씀에는 저주 가운데 태어나 버림받은 죄인의 자녀 모습이 잘 묘사되어 있습니다. 이 말씀은 이스라엘만이 아니라, 우리 역시 원래는 이러한 모습으로 비참하게 태어나야 하는 죄인의 자녀임을 암시해 줍니다. 그러나 하나님은 우리를 너무도 사랑하시기에 다음과 같이 말씀하십니다.

"그리고서 내가 너를 키워 들의 풀처럼 무성하게 하였더니, 네가 크게 자라 보석 가운데서도 가장 아름다운 보석처럼 되었고, 네 가슴이 뚜렷하고, 머리카락도 길게 자랐는데, 너는 아직 벌거벗고 있었다. 그 때에 내가 네 곁으로 지나가다가 너를 보니, 너는 한창 사랑스러운 때였다. 그래서 내가 네 몸 위에 나의 겉옷 자락을 펴서 네 벗은 몸을 가리고, 너에게 맹세하고, 너와 언약을 맺어서, 너는 나의 사람이 되었다. 나

주 하나님의 말이다." ─ 겔 16:7~8

여기에서 '내가 네 몸 위에 나의 겉옷 자락을 펴서 네 벗은 몸을 가렸다'는 말은 하나님께서 우릴 가죽옷으로 덮어주셨다는 말입니다. 즉 예수님의 가죽옷, 예수님 자신이 찢기심으로 예수님의 옷으로 입히신 것입니다.

"내가 너를 목욕을 시켜서 네 몸에 묻은 피를 씻어 내고, 기름을 발라 주었다. 수 놓은 옷을 네게 입혀 주었고, 물개 가죽신을 네게 신겨 주고, 모시로 네 몸을 감싸 주고, 비단으로 겉옷을 만들어 주었다. 내가 온갖 보물로 너를 장식하여, 두 팔에는 팔찌를 끼워 주고, 목에는 목걸이를 걸어 주고, 코에는 코걸이를 걸어 주고, 두 귀에는 귀고리를 달아 주고, 머리에는 화려한 면류관을 씌워 주었다. 이렇게 너는 금과 은으로 장식하고, 모시 옷과 비단 옷과 수 놓은 옷을 입었다. 또 너는, 고운 밀가루와 꿀과 기름으로 만든 음식을 먹어서, 아주 아름답게 되고, 마침내 왕비처럼 되었다."
─ 겔 16:9~13

하나님의 사랑과 은혜는 거기에서 끝나지 않았습니다. 죄인인 우리가 아픔과 고통을 잊고 살 수 있게 해주신 것만 해도 감사한데, 우리가 하나님께 그 이상의 것을 요구해 더 많은 옷과 장신구를 얻게 된 것입니다. 옷과 장신구란 하나님께서 우리에게 주신 축복을 의미합니다. 좋은 부모, 건강, 물질, 용모, 재능 등의 축복 말입니다. 우리가 비록 이 모든 것을 다 갖진 못했다 하더라도, 적어도 그중 몇 가지는 갖고 있습니다. 공부를 잘하면 그것이 나의 옷이 됩니다. 성품이 착한 것, 재물이 많은 것, 용모가 아름다운 것, 건강한 것 등이 다 내 옷과 장신구가 되는 것입니다. 사람마다 다 똑같지는 않지만, 하나님께서 우리 각자에게 이러한 옷과 장신구를 주셨습니다. 그리고 우리는 이런 것들을 통해서 부끄러움과 수치와 죄를 감추려 듭니다.

## 가죽옷을 다시 조금 찢기 원하시는 하나님

그런데 하나님께서 이 많은 것들을 주신 이유가 무엇일까요? 이것들로 화려하게 치장하고 살아가라고 주신 걸까요? 아닙니다. 우리가 너무 부끄러워하고 고통스러워 하나님 앞에 나오질 못하니까, 우리에게 옷을 입혀 주신 것입니다. 그걸 입고 치료받으러 오라고 말입니다. 내면을 치료받기 위해서 그 옷을 입고 주님 앞에 제사 드리러 오라는 것입니다. 내면의 병과 죄가 그대로 드러나면 너무 부끄러워 나올 수 없으니까, 치료받으러 올 수 있을 만큼의 옷을 주신 것입니다. 우리의 본질을 치유받으러 나오게 하시려고 옷을 입혀 주신 것입니다.

그래서 많이 주셨지만, 완전하지는 않게, 조금씩 부족하게 주셨습니다. 아픈 사람은 화려한 옷차림으로 병원에 가지 않습니다. 하나님께서는 우리에게 병원에 갈 수 있을 만큼의 옷을 주셨습니다. 그런데 우리는 병원에 가지 않고 백화점으로 가려고 합니다. 더 좋은 곳으로 가려고 합니다. 그래서 이 옷에 만족하지 못합니다. 좀 더 주시지 않는다고 하나님을 원망합니다. 그러나 병원 가는 데에는 이 이상의 옷이 필요하지 않습니다. 이미 충분합니다. 그런데 옷을 입혀 주시니까, 이대로 우리의 본질을 잊고 살고 싶은 욕심이 생깁니다. 죄와 수치를 가려주시기 위해 옷을 주셨는데, 용모와 지위와 재력 등에 더 많이 집착하게 됩니다. 더 많은 욕심이 생깁니다. 그러니 이걸 보시는 하나님의 심정이 어떠실까요? 착각 속에 사는 우리 모습을 보시면서, 하나님은 얼마나 안타까우실까요?

그래서 하나님께서는 어쩔 수 없이 우리 속을 잠깐씩 보여주실 때가 있습니다. 우리의 옷을 아주 조금 찢으시는 것입니다. 다 벗기시는 게 아닙니다. 그런데 우리는 '하나님, 어떻게 제게 이러실 수가 있습니까?'라고 원망합니다. 세상 것으로 우리 죄를 감춰보고자 애쓰던 우리는 그것이 조금만 사라져도 심히 놀라고 당황합니다. 하지만 결국엔 자신을 보게 되고, 자신이 누구인지 인정하게 됩니다. 내가 죄인이요 아픈 사람이라는 것을 깨닫고 예수님 안에서 구원받아야 할 필요성을 느낍니다. 그리고 그때 우리가 처음으로 복음을, 예수님을 만나게 되는 것입니다. 이것이 우리가 구원받게 되는 과정입니다. 우리는 모두 이렇게 해서 예수님을 영접하고 구원받았습니다. 그런데 그 이후 우리가 어떻게 되었습니까? 그리고 이 복음은 지금 내게 어떤 의미가 있습니까?

앞서 제시한 문제들을 이제 좀 더 깊이 생각해보겠습니다. 우리는 자신이 죄인이고 상한 자임을 고백하면서 복음을 만났습니다. 우리가 예수님을 만난 후, 무슨 일이 생겼습니까? 로마서에는 '하나님의 의가 복음 속에 나타났다'고 말합니다.

> "하나님의 의가 복음 속에 나타납니다. 이 일은 오로지 믿음에 근거하여 일어납니다. 이것은 성경에 기록한 바 '의인은 믿음으로 살 것이다' 한 것과 같습니다." ─ 롬 1:17

하나님께서는 우리가 처음 구원받을 때, 우리에게 의의 옷을 입혀 주십니다. 이것이 또 하나의 영적 가죽옷입니다. 그리고 의의 옷뿐만 아니라 더 많은 옷, 즉 각종 능력, 은사, 축복, 그리고 율법 등과 같은 다양한 옷들을 주십니다. 이것을 입어 보니까 세상 것과는 비교할 수 없을 정도로 좋습니다. 이것이 바로 첫사랑입니다. 특별히 누구에게도 정죄 받을 수 없는 의의 옷이 너무도 좋습니다. 계속 이렇게 살고 싶습니다. 이것을 칭의적 구원이라고 합니다. 이 구원은 완전합니다. 우리가 죄인이지만, 예수님을 받아들이기만 하면 우리의 구원은 완전하게 이루어집니다.

그러나 우리의 속은 어떻습니까? 과거와 똑같이 죄와 상함으로 가득 차 있습니다. 그래서 하나님께서는 칭의적 구원에 만족하지 않으시고, 계속적 구원-성화적 구원을 주시길 원하십니다. 성화적 구원이란 무엇일까요? 가죽옷을 입혀 주셨지만, 우리의 속까지 구원하시길 원하시는 것입니다. 복음이 내 속에서 더 커지길 원하시는 것입니다. 어떻게 해야 복음이 내 속에서 더 커질까요?

다시 원점으로 돌아가 생각해봅시다. 하나님의 의가 어디에서 왔습니까? 내가 죄인이라는 것을 고백하고 복음을 영접할 때, 부활의 새 생명이 우리에게 주어진 것입니다. 그렇다면 이러한 하나님의 구원과 능력을 계속해서 더 충만하게 성장시켜 나가려면 어떻게 해야 할까요? 하나님의 의로 가려진 것을 찢어야 합니다.

이것이 바로 할례입니다. 구원받을 때 하나님께서 입혀 주신 의의 옷, 이것은 하나님의 것입니다. 그래서 우리 자신을 보려면, 하나님의 것을 거두어야 합니다. 하나님의 것과 우리의 것은 다릅니다. 우리는 흔히 하나님의 의가 내 것인 양 착각하는데, 하나님의 의는 하나님의 것임을 잊지 말아야 합니다. 나 자신을 보기 위해서는 하나님이 주신 옷을 벗어야 합니다. 나는 그 속에서 여전히 새까맣습니다. 아직도 상하고 아픈 채로 있습니다. 매번 내가 그러한 상함과 아픔을 복음 가운데 드러내고 할례받을 때만이, 내 속이 새로워지고 강건해지는 것입니다. 할례를 받는 방법은 여러 가지가 있지만, 중요한 것은 '다시 내려가야 한다'는 것입니다. 내려가야 비로소 내 속에 있던 죄와 상함이 보이기 때문입니다. 그리고 그때 다시 믿음으로 십자가 앞에 나아가는 것입니다. 나를 구원해 준 십자가를 다시 찾는 것입니다. 이렇게 십자가와 부활에 연합할 때, 하나님의 구원이 내게 옵니다. 우리가 이것을 반복할 때에 점차 위로 올라갈 수 있는 것입니다. 많이 올라가고 싶으면, 먼저 많이 내려가야 합니다.

이 원리는 우리 몸속의 호흡 작용과 아주 비슷합니다. 우리 몸에 생명을 불어넣어 주는 것은 산소입니다. 산소는 영적으로 하나님의 능력과 같습니다. 성령입니다. 호흡을 통해서 성령이 내 안에 들어오십니다. 우리 몸이 살기 위해서는 산소가 필요하니, 우리가 산소를 마시려는 것입니다. 산소를 마시기 위해서는 어떻게 해야 하지요? 우리 속에 있는 노폐물, 즉 이산화탄소를 먼저 뱉어내야 합니다. 우리 속에 있는 죄와 상함의 노폐물을 먼저 뱉어내야 한단 말입니다. 이산화탄소를 많이 뱉어낸 사람일수록 산소를 많이 마실 수 있습니다. 죄와 상함을 많이 뱉어내야 그만큼 큰 은혜와 생명이 임하는 것입니다. 믿음이 무엇일까요? 믿음은 '내가 나를 돌아보니 도저히 구원받을 수 없는 죄인이며 상한 자로구나. 그래서 예수님이 대신하셨구나'라는 것을 깨닫고 받아들이는 것입니다. 그럴 때 예수님의 능력이 나타납니다.

로마서 말씀에 '복음에는 하나님의 의가 나타나서 믿음으로 믿음에 이르게 한다'고 했습니다. 이 말씀은 '믿음으로 우리가 계속 의로워진다'는 뜻입니다. 처음에만 믿음이 필요한 게 아니라, 계속해서 믿음으로 내려갔다가 다시 올라와야 한다는 것입니다. 이것이 의인의 삶입니다. 그러므로 믿는다는 것은 내가 죄인이라는 것을 깨달을 때만 가능한 것입니다. 복음 가운데 설 수 있는 길은 오직 믿음밖에 없습니다. 그래서 '의인은 믿음으로 살 것이다'라고 하신 것입니다.

그런데 왜 우리는 복음을 부끄러워할까요? 복음이 우리에게 내려가기를 요구하기 때문입니다. 복음은 우리로 하여금 의로운 곳에 머물게 하지 않습니다. 복음은 상한 자와 죄인을 원하기 때문에 우리에게 '머물지 말고 내려가라'고 요구합니다. 복음은 우리를 가난하게 하며, 우리의 죄와 상함을 드러냅니다. 예수라는 이름이 왜 부끄럽습니까? 종교의 자유가 있는 나라에서 왜 예수를 부끄러워할까요? 예수를 믿으려면 먼저 자신이 못난 사람이 되어야 하기 때문입니다. 그래서 우리는 예수를 믿는다고 하기보다는 기독교를 믿는다고 합니다. 누가 '주일날 뭐 하십니까?'라고 물으면 '그냥 교회에 따라갑니다.'라고 말합니다. 그렇게 얘기하면 좀 덜 부끄럽게 느껴집니다. 예수를 믿고 누군가를 의지하고 산다는 게 부끄럽기 때문입니다. 누구나 다 자기를 자랑하며 살고 싶어 합니다. 그래서 우리가 하루

종일 하는 말 가운데 대부분이 자기 자랑입니다. 이것이 바로 '이생의 자랑'입니다.

예수를 믿든 안 믿든, 인간은 자기 자랑을 하고 싶어 합니다. 그렇지만 '예수를 믿는다는 것'의 의미가 자기의 자랑거리를 인정하지 못하게 하는 것이기에, 우리는 예수 믿는다고 말하기를 꺼리는 것입니다. 십자가는 더 부끄러워합니다. 그래서 적당한 선에서만 예수를 믿고, 한낱 장식으로만 십자가를 여길 뿐, 마음속으로는 예수와 십자가를 자꾸 멀리하는 것입니다. 예수도, 십자가도, 우리를 자꾸 귀찮게 하고, 우리가 내려가기를 원하기 때문입니다. 하지만 우리는 올라가고 싶은 마음에 그것들을 멀리하게 되는 것입니다. 그래서 높은 곳에 십자가를 걸어놓고, 십자가가 높은 곳에 그냥 있어 주기를 바랍니다. 그러나 십자가는 높은 곳에 있지 않고 제일 낮은 곳에서만 만날 수 있습니다. 이런 것들이 우리를 복음의 기쁨에서 자꾸 멀어지게 하는 것입니다.

## 구원 후 복음을 계속 만나지 못하는 몇 가지 이유

이제 우리가 죄인으로 내려가지 못하는 몇 가지 이유들을 좀 더 구체적으로 살펴봅시다.

복음을 접할 때 우리는 부끄러움 가운데 있었습니다. 드러난 죄와 상함 때문에 무척 힘들어했습니다. 그래서 거기에서 빨리 벗어나고 싶습니다. 다시 가난해지고 죄인이 되는 것이 너무 부담스럽고 싫습니다. 아픔을 피하는 것은 우리의 방어 본능입니다. 그것이 꼭 필요한 것이긴 하지만, 자신도 모르게 자기의 부끄럽고 아픈 것을 감춘 채, 계속 의롭고 강해지려고 합니다. 이것이 우리가 다시 내려가지 못하는 가장 큰 이유입니다.

또한, 은혜가 참 좋고 감사한 건 사실이지만 은혜를 계속 받는다는 것도 부담스럽습니다. 다른 사람에게 공짜로 무엇을 받을 때 처음엔 고맙지만, 나중에는 부담스럽듯이 말입니다. 설사 그런 마음이 없다 해도 '이 사람이 나의 진면목을 알게 되면 실망하고 떠날 텐데'라는 생각을 하게 됩니다. 그래서 무언가를 자꾸 하려고 합니다. 그 사람의 은혜에 보답할 수 있는 것을 하려 하고, 사랑받을 만한 무언가를 보여 주려 합니다. 부모와 자녀 사이에도 그런 것이 있습니다. 부모의 사랑을 받은 자녀로서, 자신이 공부도 잘하고, 착하고, 교회에도 잘 나가면, 부모에게 떳떳하지만 그렇지 못하면 불안한 것입니다.

우리는 하나님과의 관계도 이와 비슷하게 생각합니다. 하나님의 은혜가 너무 기쁘고 감사한데 생각해 보면 내가 한 일이 너무 없는 것 같습니다. 이것이 처음엔 위로가 되지만, 시간이 갈수록 점점 더 불안해집니다. '이래도 하나님이 나를 계속 축복하실까? 나를 미워하시지는 않을까? 실망하시지는 않을까?' 은근히 두렵고 불안합니다. 주변의 능력 있고 멋있는 사람에 비해 내 모습은 항상 초라하고 상해있는 것 같습니다. 하나님도 언젠가는 지쳐서 날 버리실 것만 같습니다. 그래서 내려가기보다는 뭔가 선물을 들고, 좋은 옷을 입고 올라가고 싶어 합니다. 그러면서 우리는 자신의 모습을 감추고 자기도 모르게 어느새 복음을 떠나게 되는 것입니다. 이것이 복음을 떠나는 두 번째 이유입니다.

때로는 자의 반 타의 반으로 우리의 문제가 드러날 때가 있습니다. 그러나 드러났다고 모두 십자가의 복음으로 나아가는 것은 아닙니다. 드러난 자신의 죄와 상함을 인정해야 복음 가운데로 나아갈 수 있는데, 이를 인정하고 싶지 않아, 오히려 복음을 거부하고 떠나는 경우가 많습니다. 우리는 흔히 드러난 감정의 내용과 대상을 혼동함으로써 여러 가지 문제를 초래합니다. 그래서 문제가 드러나면 우리는 원망부터 하게 됩니다.

'하나님 왜 나한테만 이런 고통을 주십니까? 하나님께서 나를 버리신 것입니까?'라며 자기를 정죄하거나, 하나님께 버림받을까 봐 두려워하고 낙심합니다. 그러나 사실은 하나님이 우리에게 상함과 고통을 주신 게 아닙니다. 우리 속에 이미 상함과 고통이 있지만, 그것을 모른 채 착각하며 사는 우리에게 바른 치유와 행복의 길을 깨우쳐 주시기 위해 하나님께서 그 상함과 고통을 잠시 드러내신 것뿐입니다. 의사가 환자의 병을 정확히 진단하고 드러낸 걸 가지고, 의사가 자기에게 그 병을 줬다고 원망하는 사람이 있을까요? 이처럼 하나님께서도 우리를 바로 진단하셔서, 우리를 치유하시려고 우리의 상함과 고통을 드러내시는 것뿐입니다. 이때 우리는 내가 아픈 자이고 죄인임을 고백하면서, 의사이신 예수님께 나아가야 하는데, 오히려 의사에게 돌을 던지고 원망하고 거부함으로써, 복음의 구원과 치유의 기쁨을 누리지 못하는 경우가 얼마나 많은지 모릅니다.

왜 그럴까요? 그것은 드러난 감정과 대상을 혼동하기 때문입니다. 버림받은 마음과 열등감과 죄의식이 드러날 때 그 상함의 내용으로 자기를 정죄하고 미워하고 학대함으로써 십자가의 용납하심을 누리지 못할 뿐만 아니라, 오히려 그 드러난 분노의 감정을 하나님께 향해 쏟아붓기 때문에 우리가 십자가의 복음 가운데 나아가지 못하는 것입니다.

또 하나님께서는 주위 사람들을 통해서 우리의 문제를 드러내실 때가 있습니다. 우리를 가난하게 하고 아프게 하는 것은 항상 가까운 사람들입니다. 특히 가족일 경우가 많습니다. 나와 별 상관없는 사람이 날 아프게 한다면, 그냥 잊고 안 만날 수 있습니다. 우리가 다른 사람들을 통해서는 옷을 안 벗기 때문에, 이렇게 매일 보는 가족을 통해 옷을 벗게 하시는 것입니다. 내가 피할 수 없는 남편과 아내 그리고 자녀를 통해 나를 드러내십니다. 이때 우리는 드러남을 통해 하나님 앞에 나아가 구원과 치유의 기쁨을 얻어야 할 텐데, 그러지 못하고 오히려 하나님과 그 사람을 원망합니다. 나는 온전한데 하나님과 그 사람이 나를 내려가게 했다고 생각하기 때문입니다.

그러나 사실 원망은 이미 내 마음속에 있었던 것입니다. 이걸 우리가 혼동해서는 안 됩니다. 내 마음속에 이미 있던 분노와 원망이 걸림돌이 되어 우리로 하여금 십자가 앞에 나아가지 못하게 하는 것입니다. 하나님이 원망스러운데 어떻게 하나님 앞에 나아가겠습니까? 하나님께서는 그것을 치유해 주심으로서, 우리로 하여금 하나님의 크신 사랑을 경험할 수 있도록 우리를 드러내시는 것인데, 우리는 아내와 남편 그리고 하나님을 도리어 원망하곤 합니다. 이스라엘 백성이 그랬습니다. 이스라엘 백성이 광야에서 한 일이 바로 현재 우리의 모습입니다. 그들은 불신과 두려움과 원망으로 복음을 보지 못했습니다.

그러므로 우리는 항상 깨어 있어야 합니다. 남편과 아내를 통해서 언제 또 내려가게 하실지 모르지만, 그럴 때에 열등감과 분노에 휘말리지 않도록 조심해야 합니다. 드러난 감정 때문에 십자가의 복음을 놓치기가 쉽기 때문입니다. 하나님께서 우리를 드러내시는 목적은 바로 우리를 치유하시는 데 있습니다. 사람을 미워하는 것은 일종의 심리적 방어입니다. 그 사람이 문제를 유발시킨 게 사실이라 하더라도, 내가 그를 원망하는 것은 내 속에도 역시 그런 마음이 있기 때문입니다. 그리고 그런 나의 죄를 인정하기 싫기 때문입니다. 내 속에 그런 문제가 없을 땐, 그 사람이 어떻게 해도 그것이 내게 그리 큰 상처가 되지 않습니다. 그 사람이 아니면 나를 드러낼 용사가 없기 때문에, 하나님께서 그 사람을 택하신 것뿐입니다. 남편과 아내는 그렇게 하나님께서 선택하셔서 만나게 하신 사람들입니다. 인간적인 감정이 격해지더라도 그것에 휘말리거나 머물지 마십시오. 그 감정에 빠지지 마시기 바랍니다. 사탄은 우리의 감정을 부추겨 분노의 축제를 벌입니다. 우리는 그 분노의 대상으로부터 빨리 예수님께로 나와야 합니다.

예수님께로 나아오면 불신과 미움이 치료되어, 복음의 기쁨 가운데 있게 됩니다. 얼마나 기쁜지 모릅니다. 우리는 내려가는 것을 두려워합니다. 이미 경험해 보았기 때문에 지긋지긋 해합니다. 그런데 우리가 두려워하는 것은 실제로 내가 내려가서 생겼다기보다는 내려가기 싫어하는 마음 때문입니다. 그러나 여기까지 내려와 있는 것이 죄인인 우리에게는 사실 당연한 것입니다. 이를 인정하면 사실 그렇게 아프지 않습니다. 두려워하지 마십시오. 그리고 사실은 내가 내려가는 것이 아니고 예수님이 내려가시는 것입니다. 예수님만이 버림받으셨고 예수님만이 죄인이 되셨습니다. 예수님만이 내려가셨고 예수님만이 찢기셨습니다. 우리가 믿음으로 나아갈 때, 성령님의 도우심으로, 그저 말씀을 통해, 내 속으로 내려가는 것뿐입니다.

하나님께서 늘 사람이나 환경을 통해서만 나를 드러내시는 건 아닙니다. 하나님께서는 우리가 무엇보다 먼저 말씀을 통해 내려가기를 원하십니다. 하나님께서 말씀을 주신 목적은 우리를 드러내시고 진단하시기 위해서입니다. 그러므로 우리가 말씀으로 스스로 잘 드러낼 수만 있다면, 하나님께서 굳이 환경과 사람을 통해 우리의 가죽옷을 그렇게 찢으실 필요가 없으신 것입니다. 말씀의 검이 할례의 검인데, 왜 굳이 세상의 검을 쓰시겠습니까? 사람의 검을 맞고 싶지 않다면 우리는 말씀의 검을 통해 매일매일 내려가야 합니다. 말씀 가운데 찢어져야 합니다. 그렇게 하면 두렵지 않습니다. 매일 말씀을 본다는 것은 치유적 큐티, 할례적 큐티를 통해 매일 하나님을 만나는 것을 의미합니다.

우리가 매일매일 복음 가운데 있기 위해서는 매일 말씀으로 내려가야 합니다. 말씀 속에는 매일매일 나를 내려가게 만드는, 나를 바로 볼 수 있게 하는 축복이 있습니다. 내가 이러한 축복을 사모할 때, 비록 성경을 잘 알지 못한다 할지라도, 하나님께서 말씀을 통해 나를 드러내 주십니다. 두려워하지 마십시오. 마귀가 나를 두렵게 하는 것이지, 내려가는 것이 결코 두려운 게 아닙니다.

우리가 매일 말씀을 보면서, 나를 드러나게 하시는 성령의 검과 말씀의 검을 적극 활용한다면, 하나님께서는 사람의 검과 이방의 검을 쓰시지 않습니다. 제일 아픈 것은 이방의 검입니다. 이스라엘 사람들은 말씀의 검을 제대로 사용하지 않고, 오히려 말씀을 자기를 가리는 옷으로 입었기 때문에 하나님께서 바벨론의 검과 앗수르의 몽둥이를 사용하셔서 그들을 드러내셨던 것입니다. 하나님께서는 우리를 사랑하시기 때문에 우리를 끝까지 드러내어 구원하기 원하십니다. 세상 사람들의 무자비한 칼이 아닌 사랑의 검, 할례의 검, 성령의 검, 말씀의 검으로 매일매일 우리를 드러내시고 치유해 주신다면, 이보다 더 좋은 게 어디 있겠습니까? 하나님께서는 이 모든 것들을 다 준비하셨습니다. 절대 어렵지 않게 하셨습니다. 복음 가운데 우리의 가죽옷을 조금 찢는 것은 그렇게 괴롭거나 아픈 게 아닙니다. 왜냐하면 예수님께서 이미 우릴 대신해 다 이루셨기 때문입니다. 우리는 그저 예수님을 믿는 믿음으로 하는 것뿐입니다. 내가 할 일은 오로지 '내가 죄인이며 상한 자이며 가난한 자임'을 고백하는 것뿐입니다.

그런가 하면 우리가 내려가지 못하는 또 다른 이유는 보상심리 때문입니다. 우리는 예전에 여기저기 헤매며, 많은 것을 잃어버렸기 때문에 빨리 무언가를 이루고 싶어 합니다. 새치기라도 해서 빨리 가길 원하지, 돌아가는 것을 원치 않습니다. 우리는 빨리 가기 위해서 어떻게 합니까? 자기의 自己義의 옷을 입습니다. 내려가는 수고를 하지 않고, 자기 노력으로 높은 곳에 올라가려 합니다. 율법과 자기훈련과 노력을 통해 자기의와 열매를 만들어 가는 것입니다.

겉으로 보면 하나님이 주셔서 만들어 가는 것인지, 자기 의지로 만들어 가는 것인지 쉽게 구분이 되질 않습니다. 그러나 확실한 것은 자기가 만들어 가는 사람은 언젠가는 지친다는 사실입니다. 반면 은혜로 만들어 가는 사람은 열매를 저절로 맺게 됩니다. 가만히 있어도 주님께서 다 해 주시기 때문입니다. 그런 사람은 평강과 안식의 복음 안에서 어렵지 않게 열매를 맺습니다. 그러나 자기가 만들어 가는 사람은 늘 긴장하고 삽니다. 늘 자신을 억압해야 하므로 피곤합니다. 그러다 언젠가는 자기 속의 상함과 쓴 물이 올라옵니다. 그럼 이를 감추려고 더 억압하다가 결국엔 그 쓴 물이 옆으로 터져 옆에 있는 사람들이 상처를 받습니다. 공적公的으로는 훌륭한 사람이, 옆에 있는 사람들에게는 상처를 주는 경우가 많습니다. 이는 자기 속을 억압하던 것들이 무너져, 옆에 있는 사람들을 향해 폭발되기 때문입니다. 속의 것이 썩어갈 때, 언젠가는 겉의 것도 다 무너져 내리게 돼 있습니다.

많은 경우 구원받은 이후 우리 신앙생활의 모습이 이와 같습니다. 속은 아픈 감정에 휩싸여 있으면서도 겉은 자기의로, 율법으로, 제자훈련으로, 내적치유로 또 다른 옷을 입고 있는 경우가 많습니다. 겉으로는 이러한 것들을 믿음으로, 예수의 이름으로 행한다고 말하지만, 진정 자신의 깊은 내면으로 내려가지 않는다면 그것은 복음을 떠나는 것입니다.

그래서 우리는 구원받은 이후, 우리로 하여금 복음을 떠나게 하는 온갖 상함, 마귀의 유혹과 혼돈, 그리고 거짓들에 대해 늘 깨어 있어야 합니다. 매일매일 말씀 가운데 우리를 드러내고, 성령의 검으로 자신을 할례하며, 가난한 자, 상한 자의 모습으로 빈손 들고 예수님께 나아가야 합니다. 드러나는 것은 부끄러운 것도, 잘못된 것도 아닙니다. 그것은 하나님께서 나를 버리시는 것이 아니라, 하나님께서 내게 원하시는 것입니다.

하나님은 여러분의 선물을 원하지 않으십니다. 그분은 여러분의 상한 심령을 원하십니다. 부끄러워하지 마십시오. 그리고 오해하지 마십시오. 하나님은 결코 여러분을 버리지 않으십니다. 하나님을 원망하거나 사람에게 분노를 품지 마십시오. 환경이 고통의 원인이 되기도 하지만, 더 중요한 것은 내 속에 문제가 있기 때문에 그 사건이 고통스럽게 느껴진다는 사실입니다. 하나님께서는 우릴 치유해 주시기 위해 우리에게 고통을 주시는 것뿐입니다. 이를 인정하고, 내가 치유될 것을 믿으며 하나님께 나아가야 합니다. 지금까지 훈련과 율법을 통해서 입었던 자기의의 옷을 말씀의 검으로 찢고 벗겨내야 합니다. (구원받은 후 우리가 얼마나 두꺼운 옷을 입고 사는지는 다음 장에서 자세히 공부할 것입니다.)

지금까지 우리가 복음을 얼마나 부끄러워하며 살아왔는지, 하나님의 치유 비밀을 얼마나 혼동하고 방황하며 살아왔는지 모릅니다. 더 이상 속아서는 안 됩니다. 우리 속에 있는 아픔들을 예수님께 드림으로써, 보석과 같은 생명의 기쁨이 우리에게 계속되도록 해야 합니다. 부끄러워하지 말고, 자신 속의 부끄러움을 예수님께 드러내시기 바랍니다. 말씀의 검으로 내면을 할례 하시기 바랍니다. 성령님께서 그의 검으로 여러분의 마음을 할례 해 주심으로서, 탕자의 모습으로, 버림받고 상한 마음으로 예수님께 나아갈 수 있길 바랍니다. 불순종한 요나와 같은, 방탕한 고멜과 같은 죄와 상함이 내 속에 있음을 인정하고 주님께 나아가시기 바랍니다. 내 속에 있는 분노와 원망, 모든 피해의식을 거두어 달라고 간구하기 바랍니다. '주여 내가 죄인입니다. 주여, 내가 상한 자입니다'라고 고백하기 바랍니다. 주님이 나를 찾고 계십니다. 나를 만나기 원하십니다.

나의 아픔이 도리어 내가 복음을 만나는 길이 됩니다. 내가 복음을 만날 수 있는 것은 나에게 상함과 죄가 있기 때문입니다. 그것이 없이는 하나님을 만날 수 없습니다. 내가 예수를 십 년 믿었든, 이십 년 믿었든, 평신도이든, 목사이든 상관없이, 예수님을 만나기 위해선 빈손 들고 나아가야 합니다. 오늘도 내 가죽옷을 할례 해야 한다는 말입니다.

　주님은 내 안의 상함과 죄를 찾으십니다. 주님 앞에서 그것을 드러낼 때, 오늘도 복음의 기쁨과 치유가 임할 줄 믿습니다. 우리가 주님 앞에 나가기만 하면, 그 누구도 우리를 정죄하거나 멸시하지 못합니다. 우리를 방해하지 못합니다. 왜냐하면, 주님이 우리를 용납하시며 대신해 주시기 때문입니다. 그러므로 더 이상 속지 말고, 매일매일 복음 앞에 나아가시길 간절히 바랍니다.

## 질문과 나눔

1. 처음 복음을 어떻게 만났습니까? 그때 자신은 어떠한 상태였고 복음이 어떤 위로와 기쁨이 되었습니까?
2. 구원 이후 어떤 모습으로 살아왔습니까? 주님을 어떻게 만나왔습니까?
3. 구원 이후 마음이 아픈 적이 있었습니까? 어떻게 아팠습니까? 원죄로 인한 아픈 마음의 본질을 경험한 적이 있습니까?
4. 이때 이를 극복하기 위해 신앙 외에 어떤 노력을 하였으며 그 노력이 어떤 도움이 되었습니까?
5. 이때 신앙적인 노력은 어떻게 하였습니까? 주님과 복음이 어떤 도움을 주었습니까?
6. 아픔의 이유가 무엇이며 신앙 안에서 아픔의 의미가 무엇이라고 생각하십니까?
7. 아픔을 감추기 위해 어떠한 옷과 방어로 살아왔습니까? 하나님께서 나에게 허락하신 옷은 무엇이라고 생각하십니까?
8. 주님께서 나의 옷을 찢으셨다고 생각되는 경험이 있습니까?
9. 구원 이후 자신의 죄와 아픔으로 주님과 복음을 다시 만나 본 적이 있습니까?
10. 구원 이후 마음으로 복음을 가까이하지 않았다면, 그 이유가 무엇인지 나누어 봅시다.

제 4 장

# 복음의 외적 장애 1
## —세상

* 롬 1:18-32

　　　　　　　　복음은 우리로 하여금 영원한 생명을 얻게 하는 구원의 능력입니다. 그러나 복음은 여기에만 머무르지 않습니다. 복음은 구원 이후, 우리로 하여금 이 세상에서 더 깊은 구원과 신앙의 성장을 이루어 나가게 하는 데 없어서는 안 될 중요한 지혜와 능력이기도 합니다. 그래서 복음은 우리가 처음 구원받았을 때뿐만 아니라, 그 이후 성화 및 영화에 이르는 모든 과정까지 한순간도 떠나서는 안 될 생명 같은 것입니다. 그래서 로마서 1장 17절에 "의인은 믿음으로 말미암아 살리라"라고 하셨는데, 여기에서 믿음이란 복음에 대한 믿음을 말하는 것입니다. 우리가 죄인이기에 예수 그리스도의 십자가 보혈이 아니면 결코 구원받을 수 없다는 복음에 대한 믿음이 구원 이후에도 여전히 계속되어야 한다는 것입니다.

　　하나님의 능력은 오직 예수 그리스도의 복음을 통해서만 우리에게 전달되고 임합니다. 복음은 우리를 구원받게 하는 능력일 뿐 아니라 매일매일의 삶에 있어서 구원과 치유와 소생의 능력이 됩니다. 우리가 처음 구원을 받은 이후, 더 깊은 구원과 치유에 이르지 못한 채, 로마교회 성도들처럼 흔들리고, 지치고, 열매가 없는 이유가 무엇일까요? 그것은 우리의 의식은 복음 가운데 있지만, 우리의 내면은 자기도 모르는 사이에 어느새 복음을 떠났기 때문입니다. 우리가 구원받은 이후에도 계속 자신의 내면을 십자가 앞에 드러내며, 십자가만이 나의 구원이요, 치유의 능력임을 깨닫고 계속 십자가 앞에 나아와야 하는데, 우리는 우리의 죄와 상함을 드러내는 것이 두렵고 부끄러워, 우리 속을 나의 능력으로, 세상 것으로, 또 하나님이 주신 것으로 감추려 하기 때문에, 우리가 복음에서 떠나게 되는 것입니다.

이제 앞으로 몇 장에 걸쳐서 우리가 왜 복음을 떠나게 되며, 우리가 복음 안에 지속적으로 거하지 못하게 하는 장애는 무엇인지 구체적으로 생각해 보겠습니다. 그 장애에는 외적인 것과 내적인 것이 있는데 그중 외적 장애를 먼저 살펴보려고 합니다.

본문 말씀은 그 장애 중 하나가 '세상'이라고 말합니다. 비록 우리가 구원은 받았지만, 세상을 떠나 세상으로부터 완전히 자유로운 것은 아닙니다. 구원 이후에도 우린 여전히 세상에서 살아야 합니다. 그러므로 우리가 세상과의 관계를 잘 이해해야만 복음 가운데 계속 머무를 수가 있는 것입니다. 그래서 구원받은 이후에 세상과 우리와의 관계에 대해, 즉 세상의 본질이 무엇인지, 구원받은 이후 우리가 어떻게 세상에서 자유로울 수 있는지, 또한 왜 세상이 복음 가운데 있는 우리에게 장애가 되는지, 외면적인 것뿐 아니라 내면적인 이유까지 생각해 보도록 하겠습니다.

## 세상의 본질 - 불의와 경건치 않음

> "하나님의 진노가, 불의한 행동으로 진리를 가로막는 사람의 온갖 불경건함과 불의함을 겨냥하여, 하늘로부터 나타납니다." — 롬 1:18

우리는 이 말씀을 '인간들의 죄에 대한 하나님의 심판'이라고 생각하기 쉽습니다. 그러나 아담과 하와, 그리고 그 이후의 인간이 범한 모든 죄는 예수님이 십자가를 지심으로써 다 용서되었습니다. 하나님께서 그 죄를 우리에게 물으신다는 것이 아닙니다. 여기서 불의하다는 것은 인간이 율법을 어긴 죄를 말하는 것이 아닙니다. 그것은 이미 하나님께서 다 용서해 주셨기 때문에 그 죄를 우리에게 다시 물으실 이유가 없습니다. 예수님이 오시기 전에 우리의 죄는 아담이 지은 죄였습니다. 그럼 예수님이 오신 다음엔 우리 죄가 무엇일까요? 그것은 예수를 믿지 않는 죄입니다. 바로 예수님을 거부하는 죄 말입니다.

> "그가 오시면, 죄와 의와 심판에 대하여 세상의 잘못을 깨우치실 것이다. 죄에 대하여 깨우친다고 함은 세상 사람들이 나를 믿지 않기 때문이요" — 요 16:8~9

죄에 대하여 성령님은 무엇을 책망하십니까? 우리가 원래 지었던 죄에 대해 진노하시고 심판하시고 책망하시는 것이 아닙니다. 우리가 지은 죄는 예수님께서 이미 다 해결하셨습니다. 하나님께서 이미 다 용서하셨으니까요. 예수님이 오신 이후, 우리에게 있는 유일한 죄는 '예수를 안 믿는 죄'입니다. 예수를 믿지 않으면 이전의 죄가 그대로 있으니까 본질적으로 과거의 그 불의한 죄들 역시 여전히 남아있게 됩니다. 그러나 하나님이 우리에게 물으시는 죄, 즉 '불의로 진리를 막는 죄'는 하나님의 이러한 구원의 방법, 즉 복음으로 우리를 구원하시는 이 방법을 거부하는 죄입니다. 복음으로만 우리가 의로워질 수 있음에도 불구하고, 복음을 거부하는 것이 우리의 죄라는 것입니다. 본질적인 아담의 죄 때문에 진노하시는 것이 아니라, 구원할 방법을 주셨는데도 그 방법을 거부하는 것 때문에 진노하시는 것입니다.

여기에서 '진리를 막는다'는 것은 무슨 뜻일까요? 이 질문에 답하기 전에, 먼저 성경에서 말하는 진리가 무엇인지부터 알아야 할 것입니다. 성경이 말하는 진리는 바로 '우리의 본질을 아는 것'입니다. 우리는 피조물이고 죄인이라는 것, 반면 하나님은 창조주이시며 구원주시라는 것이 진리입니다. 우리가 피조물이고 죄인이기 때문에 스스로를 구원할 수 없으며 영원히 죽을 수밖에 없다는 것, 그러므로 예수 그리스도의 십자가 외에는 우리를 구원할 방법이 없다는 사실이 바로 진리입니다. 예수님께서는 '나는 길이요 진리요 생명'이라고 하셨습니다. 이 말씀은 구원받을 수 있는 방법이 예수님밖에 없다는 뜻입니다. 그것 외에는 모두 허망하고 거짓되고, 결국 사라질 것이라는 뜻입니다. 그러나 진리는 영원합니다. 진리는 우리를 자유케 합니다. 진리는 우리에게 생명을 줍니다.

그러므로 여기에서 '불의한 행동으로 진리를 가로막는 사람'은 복음을 막는 사람, 즉 우리가 죄인이요, 상한 자라는 것을 인정하지 못하게 하고 그래서 우리가 십자가의 복음을 찾지 못하도록 방해하는 사람들을 말하는 것입니다. 성경 본문에서는 그들의 '불경건함과 불의함'에 대해 말하고 있는데, 이건 무엇을 의미할까요? 그것은 우리가 하나님 앞에 긍휼을 입어 십자가 앞에 나가야 하는데, 진리가 아닌 불의한 방법, 즉 세상의 방법을 제시하면서, 사람들을 진리 가운데로 나아가지 못하도록 방해하는 모든 악한 것들을 말합니다. 이에 대해 하나님께서 진노하신다는 것입니다. 이것이 바로 세상에 있는 악한 세력들의 본질입니다. 세상의 본질이 무엇입니까? 경건치 않음입니다. 자신을 '상한 자, 악한 자'라고 진심으로 고백하며 십자가 앞에 나아가지 못하게 하는 것이 세상 속에 있는 '불경건함과 불의함'의 본질이라고 할 수 있습니다.

> "하나님을 알 만한 일이 사람에게 환히 드러나 있습니다. 하나님께서 그것을 환히 드러내 주셨습니다. 이 세상 창조 때로부터, 하나님의 보이지 않는 속성, 곧 그분의 영원하신 능력과 신성은, 사람이 그 지으신 만물을 보고서 깨닫게 되어 있습니다. 그러므로 사람들은 핑계를 댈 수가 없습니다." — 롬 1:19~20

하나님께서는 이 세상과 인간들 속에 하나님의 사랑과 구원의 원리들을 알 수 있는 여러 가지 방법들을 드러내 주셨습니다. 우리가 구원의 진리를 깨달을 수 있도록 우리 내면에서 세미한 음성으로 말씀하십니다. 우리가 이 마음의 소리만 잘 들어도, 자신에게 솔직하기만 해도 진리를 깨달을 수가 있다는 말입니다.

우리는 언제 참 위로를 받고 언제 행복해지나요? 또 언제 고통스러운

가요? 그때마다 우리가 내면의 진실된 소리에 귀 기울일 수만 있다면 무엇이 진리인가 곧 깨달을 수 있습니다. 우리가 꼭 성경을 보지 않는다 하더라도, 우리 내면의 진실한 음성을 들으려고 애쓴다면, 그리스도의 복음의 진리를 언젠가는 만날 수 있는 것입니다. 우리는 각종 문화활동을 통해 마음속에 어떤 위로나 평안을 얻으려고 애씁니다. 물론 거기에서도 어느 정도 마음의 평안을 얻을 수 있는 건 사실이지만, 거기에는 분명 한계가 있습니다. 그래서 진정으로 고통과 평안이 무엇인지 알고자 하는 자는 우리를 고통으로부터 구원하여 평안 가운데로 인도해주는 유일한 길인 예수님을 만나게 되고 인정하게 됩니다.

인간의 생로병사, 성공과 실패의 원리들, 자연재해, 사계절의 변화 등 자연법칙들, 인체의 구조와 기능들, 그리고 최근 우리 사회에서 일어나는 재난과 정치적 사건 등 수많은 사건을 그냥 우연으로 보지 않고 그 속에서 참된 의미와 진리를 찾으려는 사람은 반드시 하나님의 음성을 듣게 될 것입니다.

> "사람들은 하나님을 알면서도, 하나님을 하나님으로 영화롭게 해드리거나 감사를 드리기는커녕, 오히려 생각이 허망해져서, 그들의 지각없는 마음이 어두워졌습니다."
> — 롬 1:21

이 세상에는 세상의 허무함, 그리고 인간의 무력함과 악함을 알고 인생 안에 구원이 없다는 것을 보면서도 구원주이신 하나님 앞에 나아가지 않고 오히려 자신의 욕심과 세상에 더 집착하고 계속 미련을 갖는 사람들이 있습니다. 이 말씀은 그 어리석은 사람들에 대한 것입니다. 그들의 생각은 허망해져서 하나님을 찾지 않을뿐더러, 오히려 더 고의적으로 세상을 따르는 것으로 진리와 구원의 길을 막고 거부합니다. 이처럼 확실하게 보여 줬는데도, 그들의 생각이 허망해지고, 그들의 마음이 지각없이 어두워져 하나님을 찾지 않습니다. 세상이 어떤지 뻔히 알면서도 계속 세상으로 갑니다. 인생이 얼마나 허망한지 잘 알면서도 또다시 그 속에서 가능성을 찾으려 합니다.

부도난 인생, 부도난 육신의 것! 하지만 누군가 우리를 대신해 이 부도를 해결할 수 있는 길을 열어 놓았음에도 불구하고 그들은 그 길을 거부한 채, 스스로 부도를 메워 보려고 이리저리 동분서주합니다. 스스로 할 수 있으리라고 믿으며 자기 무덤을 더 깊이 파고 있는 것입니다. 이것이 우리 인생의 모습입니다. 이를 내면적으로 좀 더 깊이 살펴보겠습니다.

## 진리로 나아가는 것을 방해하는 세상

진리가 무엇이라고 했습니까? 그것은 '내가 누구라는 것'을 바르게 깨닫는 것입니다. 바로 '나는 죄인이라는 것, 그래서 나에겐 구원이 없다는 것'을 깨닫는 것입니다. 즉 '예수 그리스도 안에서만 구원이 있다'는 것, 다시 말해서 '매일매일 십자가가 아니면 우리에게 참된 구원이 없다는 것'을 깨닫는 것입니다. 물론 우리 모두는 구원받을 때 이 진리를 깨달았습니다. 그러나 구원 이후 계속해서 자신의 죄와 상함을 드러내는 것이 힘들고 두렵기 때문에, 우린 나도 모르게 자신을 자꾸만 감추고 싶어합니다. 우리는 우리의 노력으로 결코 의로워질 수 없는데도 자신의 모습을 감춘 채, 스스로 의로워지려고 노력합니다. 우리에게 이러한 본능이 있는 것은 바로 우리의 연약함 때문입니다.

그런데 세상은 우리의 이 연약함을 이용해 우리에게 접근합니다. 세상이 위에서 말한 진리를 거짓되게 바꾼다는 것입니다. 세상의 본질이 무엇이라고 했지요? 세상의 본질은 '진리를 막는 불의'입니다. 세상의 불의는 우리가 죄인이라고 고백하며 십자가 앞에 나아가는 것을 가로막습니다. 세상의 것이 어떻게 우리가 십자가로 나아가는 것을 가로막을까요? 세상의 것은 우선 우리 자신을 감추어 줄 수 있습니다. 우리가 세상의 돈, 세상의 아름다움, 세상의 강한 것들을 많이 가지고 있을 때, 우리는 부끄럽지 않습니다. 그래서 우리는 늘 뭔가 있어 보이길 원합니다.

우리가 세상의 것들에 왜 그렇게 집착할까요? 그것은 불안하기 때문입니다. 세상의 돈이 왜 그렇게 많이 필요할까요? 먹을 것, 입을 것이 없어서 그럴까요? 아닙니다. 이는 돈으로 내면의 연약한 자신을 보상하고 싶기 때문입니다. 그것이 자신의 능력이 되기 때문입니다. 우리가 돈에 집착하는 이유는 단지 생존 때문이 아니라, 우리 속에 있는 다른 것들을 감추기 위해서입니다. 그런데 세상의 것이 우리의 죄성과 굶주림과 상함을 감추어 줍니다. 세상의 것이 우리가 진리 가운데 나아가지 않고 살 수 있게 해 주는 것입니다.

'우리가 궁핍하고 무력하고 두려움 가운데 있다는 것을 알고, 가난한 마음으로 예수 그리스도께 나아가야 함'을 깨닫는 것이 바로 진리인데, 세상은 반대로 우리 마음을 부요하게 만들어, 우리가 진리 가운데로 나아가지 못하게 만듭니다. 또한 세상의 것은 우리 속에 있는 굶주림과 아픔을 감추어 줄 뿐만 아니라, 그것들을 어느 정도 보상하고 채워주기도 합니다. 세상의 것이 나를 즐겁게 해주기도 하고, 슬픔을 기쁨으로 바꿔주기도 하니까요. 우리가 돈이나 눈에 보이는 아름다운 것들로 사람들을 만나, 그들에게 집착하고 그들을 소유하다 보면, 자신도 모르게 어느새 자기의 외로움과 버림받음, 굶주림을 잊게 됩니다. 이처럼 세상의 것은 나 자신을 보지 못하게 함으로써, 십자가에 나아갈 필요를 느끼지 못하게 합니다. 세상의 것이 나를 궁핍하지도, 애통해하지도, 부족하지도 않게 하여, 나로 하여금 십자가 앞에 나아가지 못하게 하는 것, 이것이 바로 불경건함과 불의함인 것입니다.

## 우리와 세상과의 관계 - 우상숭배

그런데 문제는 세상이 보이는 게 다가 아니라는 사실입니다. 세상의 뒤에는 어떤 세력이 숨어 조종하고 있습니다. 요한계시록에서는 이를 바벨론이라고 했습니다. 더 구체적으로 세상 속의 사탄과 음녀의 세력이라고 말합니다. 사탄과 음녀의 세력은 세상의 좋은 것들로 우리를 속이고 미혹합니다.

"사람들은 스스로 지혜가 있다고 주장하지만, 실상은 어리석은 사람이 되었습니다.

> 그들은 썩지 않는 하나님의 영광을, 썩어 없어질 사람이나 새나 네 발 짐승이나 기어다니는 동물의 형상으로 바꾸어 놓았습니다." - 롬 1:22~23

세상의 것을 보면 뭔가 이루어지는 것 같습니다. 자신이 강해지고 행복해지는 것 같습니다. 지혜로워지는 것 같습니다. 허나 사실은 우둔한 것입니다. 하나님께서는 예수 그리스도의 십자가 복음의 길을 통해 썩지 않는 하나님의 영광을 주시겠다고 약속하셨는데, 사람들은 그 약속을 저버리고 썩어 없어질 사람과 우상으로 바꾸어 놓았습니다. 복음을 통한 영원한 생명과 참 행복의 길을 거부하고, 눈앞에 보이는 세상의 것, 그 권세와 정욕과 명예를 더 사랑하여, 하나님의 영광을 썩어 없어질 것으로 바꾸어 버린 것입니다. 그런데 문제는 단지 우리의 사랑의 대상이 바뀐 것으로 끝나는 게 아니라, 그 사랑의 대상이 우상화된다는 데 있지요.

> "사람들은 하나님의 진리를 거짓으로 바꾸고, 창조주 대신에 피조물을 숭배하고 섬겼습니다. 하나님은 영원히 찬송을 받으실 분이십니다. 아멘" - 롬 1:25

우리는 세상을 내가 다스릴 수 있는 대상이라고 생각합니다. 얼핏 보면 우리와 세상과의 관계가 내가 주인이고 세상이 종인 주종관계이거나, 혹은 대등한 계약관계인 것처럼 보입니다. 그리고 나는 언제든지 그 계약을 파기할 수 있는 자유가 있다고 생각합니다. 그러나 성경에서는 우리와 세상과의 관계를 경배와 섬김의 관계, 즉 우상숭배의 관계라고 말합니다. 오히려 세상이 우리의 주인이며 왕이고, 우리는 세상의 종이 되어 섬기고 받드는 관계라는 것입니다. 이것이 바로 세상과 우리와의 관계의 본질입니다.

처음에 세상은 우리에게 아픔을 덮어 주는 옷으로 다가옵니다. 하나님께서도 본래는 우리에게 세상을 축복으로 주셨습니다. 돈과 사람이 있으면 얼마나 좋습니까? 나의 아픔을 감추어 주고 부족한 것들을 채워주니 얼마나 좋은가요? 이처럼 세상은 처음부터 나의 주인으로 오지 않습니다. 내가 나의 필요에 의해 세상의 도움을 받을 뿐이니까요. 처음에는 나를 주인으로, 혹은 필요에 의한 한시적 계약관계인 것처럼 생각됩니다. 마치 세상의 술과 같습니다. 처음 술을 마실 때는 기분이 좋습니다. 피곤할 때 술 한 잔 마시면 긴장이 풀리고, 열등감이 사라지고, 자신감이 생기고, 그 누구와도 자유롭게 이야기할 수 있고, 노래도 맘껏 부를 수 있고, 기분도 좋아집니다. 술은 우리에게 이러한 기쁨을 줍니다. 여기까지는 내가 주인이 되어 술을 마시는 것입니다. 그러나 조금 지나면 이 주종관계가 바뀌어 버립니다. 내가 주인이었던 것이, 이제는 내가 술의 종이 되어 버립니다. 처음에는 사람이 술을 마시지만, 곧 술이 술을 마시고, 다음엔 술이 사람을 마시는 것이지요. 이러한 술과 사람과의 관계는, 세상과 사람과의 관계와 마찬가지입니다.

어쩌다 이렇게 되는 걸까요? 그것은 우리 속에 상한 마음이 있기 때문입니다. 우리 속에 상함과 열등감이 있는 한, 내가 아무리 사랑과 격려를 받는다 하더라도, 내 안의 불신과 자책감으로 인해 그 사랑을 온전히 받아들일 수 없기 때문입니다. 이렇게 깨진 마음은 마치 밑 빠진 독과 같아서, 세상의 것으로 아무리 채워도 자신을 만족시킬 수가 없습니다. 처음에는 '백만 원만 있으면…' 하고 바라지만, 막상 백만원이 생기면 그 기쁨도 잠시일 뿐, 금세 그것도 부족하다고 느낍니다. 이백만 원, 삼백만 원이 생겨도 모자라는 것은 마찬가지입니다. 계속해서 더 크고 강력한 것을 찾게 됩니다. 술이 술을 마시는 것처럼, 돈에 대한 내성이 생기기 때문이지요. 예전만큼의 기쁨을 얻기 위해서는 예전보다 훨씬 더 많은 것들이 필요합니다. 그러다 그것이 채워지지 않으면 두려움과 금단 현상이 일어납니다. 있다가 없으면 불편해서 견딜 수가 없습니다. 열등감과 좌절감이 과거, 아무것도 없을 때보다 오히려 더 심해집니다. 이처럼 세상의 것이 처음에는 우리를 채워주는 것처럼 보이지만, 결국엔 먹지도 못할 당근을 보면서 달리는 말처럼 스스로 혹사시킬 뿐입니다. 이것이 바로 '포로되고 중독된 상태'이고, 우상숭배입니다.

이렇게 우리는 눈앞의 것들, 세상의 것들을 경배하고 섬기며 살아갑니다. 세상은 정말 무섭습니다. 처음엔 우리에게 좋은 걸 주는 것 같지만, 우리가 그것에 중독되는 순간, 그 모든 것들이 도리어 나를 다치게 하고, 억압하고, 잡아먹는 무서운 것이 되고 맙니다.

하나님께서는 왜 우리를 세상으로 가지 못하게 하시는 걸까요? 세상이 결국 우리를 더 아프게 하고 더 병들게 한다는 걸 아시기 때문입니다. 세상에서 더 상처받고 포로 됨으로써 망가질 걸 아시기 때문입니다. 그래서 하나님께서는 우리가 다시는 그렇게 되지 않도록 세상이 아닌, 십자가의 복음으로 인도하시는 것입니다. 우리는 우리의 모습을 십자가 앞에 다시 드러내는 것이 너무 두렵고 부끄러워, 우리를 덮어 줄 수 있는 세상의 좋은 것들을 자꾸 찾지만, 세상의 것은 본질적으로 우리를 구원하지 못할뿐더러, 우리가 복음 가운데 나가지 못하게 막는다는 것을 우리가 깨닫게 하시려는 것입니다.

## 하나님이 버려두시는 이유

하나님께서 이렇게 당신의 뜻을 알려주시고 경고해 주심에도 불구하고, 우리가 여전히 진리 가운데 나오지 않고 세상 가운데 있겠다고 고집을 부리면 어떻게 될까요? 하나님께서는 그들을 버려두시겠다고 하셨습니다.

> "이런 까닭에, 하나님께서는 사람들을 부끄러운 정욕에 내버려 두셨습니다. 여자들은 남자와의 바른 관계를 바르지 못한 관계로 바꾸고, 또한 남자들도 이와 같이, 여자와의 바른 관계를 버리고 서로 욕정에 불탔으며, 남자가 남자와 더불어 부끄러운 짓을 하게 되었습니다. 그래서 그들은 그 잘못에 마땅한 대가를 스스로 받았습니다." — 롬 1:26~27

우리가 세상 가운데 지나친 축복과 부유함을 갖고 있을 때, 그것은 오히려 하나님이 내버려 두시는 것(유기遺棄)일 수 있다는 걸 알아야 합니다. 하나님께서는 우리에게 축복도 주시지만, 때로는 우리의 본질과 십자가의 구원을 깨닫게 하시기 위해 곤고함도 주십니다. 그런데 우리는 이 곤고함을 원망합니다. 그리고 아무런 어려움 없이 그저 부유하고 건강하게 사는 사람들을 부러워합니다. 그러나 그것이 오히려 하나님께서 내버려 두시는 것일 수 있다는 사실을 알아야 합니다. 또한, 그로 인해 우리가 자칫 더 극심한 우상숭배와 죄악에 빠질 수 있다는 사실도 알아야 합니다.

본문 말씀은 그런 사람들이 결국 동성연애에 빠진다고 합니다. 여기에서 '동성연애'가 말 그대로 단순한 동성연애만을 가리키는 것이 아닙니다. '동성연애'의 영적 의미는, '피조물이 피조물을 사랑하는 것'입니다. 썩어질 것들이 썩어질 것들을 사랑하는 것이 영적 동성연애라는 것이죠. 그리고 그들은 이것으로 끝나지 않고 더욱더 악한 상태로 빠져듭니다.

> "사람들이 하나님을 인정하기를 싫어하므로, 하나님께서는 사람들을 타락한 마음자리에 내버려 두셔서, 해서는 안 될 일을 하도록 놓아두셨습니다." — 롬 1:28

이제는 그들이 사탄과 음녀의 포로가 되어 그들이 시키는 대로, 불의하고 추악하며 악의가 가득한 일을 하게 됩니다. 그러다 결국 그로 인해 다치고 죽게 됩니다. 더 나아가 그들은, '이와 같은 일을 하는 자들은 죽어야 마땅하다'는 하나님의 공정한 법도를 알면서도, 자기들만 이런 일을 하는 것이 아니라, 이런 일을 저지르는 사람을 두둔하기까지 합니다(롬 1:32). 자기만 아니라 다른 사람까지 끌어들여 자기 죄를 감추려는 것입니다. 이것이 바로 세상과 우리와의 관계입니다. 우리가 세상 속에 있을 때, 결국 어떻게 되는지 보여주는 것이지요.

이 세상이 좋은 것 같지만, 사실 얼마나 무섭습니까? 우리는 세상 속에서 별생각 없이 사람들을 만나고, 일하고, 돈을 벌며 살아갑니다. 하지만 세상 속에는 거센 죽음의 물결이 있다는 것을 깨닫고, 이렇게 흘러가는 세상 물결 속에 휩쓸리지 않도록 늘 깨어 있어야 합니다. 세상을 거슬러 올라가야 한다는 말입니다. 이게 무슨 뜻일까요? 가난해지는 것입니다. 그렇다고 빈민으로 살라는 뜻은 아닙니다. 세상에서 부유하게 살더라도, 매일매일 십자가 앞에서 세상의 옷을 벗고, 자신이 아무것도 아님을 깨달으며 살아야 한다는 것입니다.

우리는 그동안 위의 말씀들을 구원받기 이전에 우리가 관계했던 세상에만 적용하며 살아왔습니다. 그것도 물론 틀린 건 아니지만, 사실 이것은 구원 여부와 무관하게, 세상과 관계를 맺고 사는 모든 사람에게 해당하는 이야기입니다. 그러나 특별히 구원받은 성도들은 세상에 대해 더욱 깨어 있어야 하는 것은 물론입니다. 로마서는 구원받은 성도를 위한 글이기에, 구원받은 다음, 우리가 세상에서 어떻게 살아갈지에 대해 적용해야 할 말씀입니다.

## 구원받은 이후에도 계속 반복해서 떠나야 하는 세상

그렇다면 구원받은 이후, 성도들은 세상과의 관계를 어떻게 유지해야 할까요? 우리가 만약 구원받은 이후 가만히 멈춰 있다면, 우리는 부지중에 어느덧 위의 말씀처럼 세상에 휩쓸리고 말게 될 것입니다. 물론 우리가 구원을 받았다고 해서 세상을 완전히 떠나는 것은 아닙니다. 우리가 세상을 떠나는 데는, 외적으로 많은 시간이 필요합니다. 이스라엘 백성이 출애굽 하는데에도 많은 시간이 필요했습니다. 열 가지 재앙과 홍해 사건이 있었습니다. 하나님께서 능력이 부족하셔서 열 번의 반복이 필요하셨을까요? 아니지요. 그것은 우리에게 교훈을 주시기 위한 것이었습니다. 즉 세상이 그만큼 우리를 강하게 붙들고 있다는 것을 가르쳐 주시려는 것이었지요. 세상이 결코 우리를 쉽게 놓아주지 않는다는 것, 그리고 우리 역시 연약해서 세상을 쉽게 떠날 수가 없다는 것을 깨닫게 해 주시려는 의도에서 재앙을 열 번이나 반복해 일으키셨던 것입니다.

돈과 사람 없이, 세상의 좋은 것 없이, 과연 살아갈 수 있을까요? 우리는 세상을 쉽게 떠나지 못합니다. 먹고 사는 문제만이 아닙니다. 우리가 서울을 싫어하면서도, 서울을 쉽게 떠나지 못하는 것처럼 말입니다. 왜 그럴까요? 불안해서 못 떠납니다. 서울을 떠나면 자신만 뒤처지는 것 같고, 자녀들도 공부를 못하고 좌절할 것 같아 못 떠나는 것입니다. 또 세상의 마귀가 우리를 쉽게 놓아주지 않기 때문입니다. 그래서 우리가 세상을 떠나는 데에는 많은 시간이 필요합니다.

이스라엘 백성들이 열 가지 재앙과 홍해 사건을 통해, 외적으로는 애굽을 떠났지만, 그 후 또다시 광야 40년이 기다리고 있었습니다. 광야 40년의 목적은 무엇이었을까요? 그것은 그들이 내면적으로 얼마나 바로와 애굽에 묶여 있었는가를 보여주는 데 있었습니다. 하나님 나라에 들어가기 위해서는, 즉 외적으로만이 아니라 내면적으로도 자유함을 얻기 위해서는, 얼마나 많은 시간이 필요한지 모릅니다. 그들은 조금만 어려워도 애굽으로 돌아가자고 했습니다. 이것은 그들이 내면적으로 애굽에 얼마나 강하게 묶여 있었는가를 보여주는 단적인 증거입니다.

아브라함 역시 갈대아 우르의 본토, 친척, 아비 집을 떠나 가나안까지

가는 데 많은 시간이 필요했습니다. 새 기업 이삭을 얻기까지는 또 얼마나 많은 시간이 걸렸나요? 구원은 단 한 번에, 단순하게 이루어지지 않습니다. 많은 시간과 여러 단계의 과정이 필요합니다. 그러므로 우리가 구원받았다고 해서, 세상으로부터 완전히 자유로워졌다고 말할 수는 없는 것입니다. 우리는 구원받은 이후에도 계속 세상을 떠나야 합니다. 세상의 포로가 되지 않기 위해서, 세상으로부터 상처받지 않기 위해서, 그리고 세상으로부터 자유로워지기 위해서 계속 세상을 떠나야 하는 것입니다. 그렇다고 구원받은 이후 모두 산속으로 들어가라는 뜻은 아닙니다. 그렇게 하기도 어렵지만, 그렇게 한다고 세상을 떠날 수 있는 것이 아니기 때문입니다. 중요한 것은 자신의 내면에 십자가를 통한 진정한 자유함이 있느냐입니다. 그렇다면 세상 가운데 살더라도 자유로울 수 있습니다. 이처럼 구원이후의 성화 과정이란 세상으로부터 떠나, 세상으로부터 자유로워지는 과정을 말합니다.

## 내적 우상숭배와 교만

또 한 가지 주의해야 할 점이 있습니다. 그것은 구원 이후, 외적으로 세상으로 가지 않는다고 해서, 그게 세상을 떠난 거라고 할 수 없다는 것입니다. 왜냐하면, 우리에겐 여전히 내적 우상숭배와 교만이 있기 때문입니다.

"나는 네가 어디에 거주하는지를 알고 있다. 그곳은 사탄의 왕좌가 있는 곳이다. 그렇지만 너는 내 이름을 굳게 붙잡고, 또 내 신실한 증인인 안디바가 너희 곁 곧 사탄이 살고 있는 그곳에서 죽임을 당할 때에도, 나를 믿는 믿음을 저버리지 않았다. 그러나 나는 네게 몇 가지 나무랄 것이 있다. 너희 가운데는 발람의 가르침을 따르는 자들이 있다. 발람은 발락을 시켜서, 이스라엘 자손 앞에 올무를 놓게 하고, 우상의 제물을 먹게 하고, 음란한 일을 하게 한 자다. 이와 같이 네게도 니골라 당의 가르침을 따르는 자들이 있다." — 계 2:13~15

위의 말씀에 따르면 버가모교회가 우상숭배를 거부했다고 합니다. 그래서 순교까지 당했습니다. 그러나 하나님께서는 이 믿음의 교회를 책망하십니다. 발람의 가르침을 따르는 자들이 있었기 때문입니다. 발람의 가르침을 따랐다는 것은 우상의 제물을 먹었다는 뜻입니다. 그들이 믿음을 저버리지 않은 건 사실이지만, 한편으로 우상의 제물을 먹고 음란한 일을 행했던 것입니다.

그들이 외적으로는 우상숭배를 거부하였기에, 하나님께서는 여러 가지 세상적인 축복을 주셨습니다. 그러나 하나님 자신과 하나님께 드리는 예배보다 거기에서 생기는 부산물, 즉 세상의 것을 더 사랑했기에 하나님께서는 그들을 책망하신 것입니다. 그들이 우상숭배를 거부한 것은, 하나님을 진정으로 사랑하는 마음 때문이 아니라, 우상숭배를 거부한다는 사실로 자기 자신을 자랑하고, 그로 인해 얻는 축복을 더 사랑했던 것입니다. 결국 그들은 외적으로는 세상을 떠났지만, 내면적으로는 세상 것들(그것이 비록 신앙 안에서 얻은 것이라 할지라도)에 여전히 집착하고 있었음을 알 수 있습니다.

이것이 바로 구원받은 이후에 우리에게도 나타날 수 있는 문제입니다. 많은 사람이 구원받은 이후, 외적으로는 세상을 떠납니다. 그러나 내면적으로는 하나님으로부터 받은 축복, 그 부산물을 하나님보다 더 사랑하기도 합니다. 예수님의 제자들도 외적으로는 세상 것을 버리고 예수님을 따랐습니다. 베드로도 그물을 버리고 세상을 떠났습니다. 그러나 그들이 사랑한 것은 예수님이 아니라, 예수님의 능력이었습니다. 예수님 자체보다 예수님을 통해서 앞으로 얻게 될 하나님 왕국과 그를 통한 축복을 더 사모했던 것입니다. 이것이 새로운 우상숭배입니다. 그리고 버가모교회가 범했던 죄가 바로 이것이었습니다. 우리가 세상을 떠나기도 어렵지만, 세상을 떠났다 하더라도, 하나님 안에서 하나님께서 주시는 새로운 축복과 능력에 집착한다면, 그게 설사 하나님께 받은 것이라 할지라도 도리어 불의가 될 수 있다는 것입니다. 그것이 복음의 진리를 막는 장애가 될 수도 있다는 것이지요. 그래서 아브라함도 하나님께서 주신 모든 축복을 다 버리고, 다시 철저히 가난해졌던 것입니다.

## 교회와 사역 속에 들어오는 세상

이외에도 구원받은 이후, 그리스도인들이 세상과 관계하며 우상숭배하는 또 다른 방법이 있습니다.

"나는 네 행위와 네 사랑과 믿음과 섬김과 오래 참음을 알고, 또 네 나중 행위가 처음 행위보다 더 훌륭하다는 것을 안다. 그러나 네게 나무랄 것이 있다. 너는 이세벨이라는 여자를 용납하고 있다. 그는 스스로 예언자로 자처하면서, 내 종들을 가르치고, 그들을 미혹시켜서 간음하게 하고, 우상의 제물을 먹게 하는 자다." — 계 2:19~20

하나님께서는 두아디라교회에게 여러 사역과 사랑과 믿음과 섬김과 인내가 있는 것을 칭찬하셨습니다. 그러나 그들이 이세벨을 용납함으로써 간음과 우상의 제물을 먹는 죄를 범했다고 말씀하십니다.

어떻게 이런 일이 있었을까요? 또 이세벨은 누구일까요? 그리고 그들은 왜 이세벨을 용납했을까요? 하나님께서 칭찬하신 대로, 그들은 많은 사역과 프로그램을 진행했습니다. 이 모든 게 물론 하나님의 뜻을 이루기 위해서였습니다. 그러나 그 일을 행하다 보니 어쩔 수 없이 세상의 것이 들어온 것입니다. 그들은 사역을 진행하기 위해 복음 외에도 전문가들, 박사와 교수 그리고 그 밖의 사람들이 필요했던 것입니다. 세상의 물질과 경영방법이 필요했던 것입니다. 이처럼 우리도 교회 안에서 내적치유를 시행하기 위해 세상의 심리학이나 명상 같은 방법을 도입할 수 있습니다. 물론 이런 것을 도입하는 것 자체가 나쁘다는 얘기는 아닙니다. 교회가 세속적인 것이나 세속 학문에 대해 지나치게 닫혀 있어서는 안 됩니다. 모든 것을 주님께서 깨끗하게 하셨기 때문에 너무 성과 속을 구별할 필요가 없는 것입니다. 그러나 조심할 필요는 있다는 것입니다.

무엇보다 그 주체가 무엇인지 잘 아는 게 중요합니다. 모든 것을 하나님께서 주관하시고 허락하신 것으로 받아들이고, 하나님의 뜻과 영광을 위해 이러한 세속적 방법들을 사용하는 건 문제가 안 되지만, 이러한 과정에서 우리도 모르는 사이에 세상이 슬며시 주인이 되어 버릴 수 있다는 것입니다. 말로는 하나님의 영광을 위한다고 합니다. 그러나 그 안에서 복음이 사라지게 되면, 어느새 세상이 주인이 되어 버리는 것입니다. 겉으로는 하나님을 찾지만, 내용적으로는 세상과 물질 그리고 조직과 세상의 법에게 주인 자리를 내주는 교회가 적지 않습니다. 세상의 것 속에는 그들 주인인 이세벨이 있기 때문에, 이를 십자가의 복음으로 늘 끊지 않으면, 어느새 거짓 선지자가 교회를 지배하게 됩니다. 하나님의 일을 빙자해서 세상 것들이 교묘하게 선지자 노릇을 하게 된다는 것입니다.

교회가 세상과 담을 쌓아야 한다는 얘기는 물론 아닙니다. 단지 세상의 본질을 정확히 알지 못한 채, 세상의 것을 받아들이다 보면, 그리스도가 아닌 다른 것이 교회의 주인이 될 수 있다는 것입니다. 처음에는 교회가 세상의 것들을 관리하는 것 같지만, 5년, 10년 후엔 세상의 조직과 돈과 경영방법이 교회와 사역의 주인이 되어 버립니다. 그 결과 성령이 역사하시는 것도, 그리스도가 교회의 머리가 되시는 것도 불가능하게 됩니다. 세상의 본질을 모른 채 무분별하게 세상의 것들을 신앙과 교회 안에서 사용할 때, 우리는 그것들에 대해 포로로 묶이게 됩니다. 그 결과 교회 내의 복음이 병들게 됩니다. 무분별하게 도입한 세상 것들이, 교회 내에서 진리가 왕성해지고 성도들이 그리스도 앞으로 나아가는 것을 가로막는 불의한 도구가 될 수 있다는 것입니다. 그 결과 겉보기엔 근사할지 모르지만, 교회의 속이 계속 병드는 것입니다. 이름표만 예수 그리스도일 뿐, 하나님의 능력을 상실한 채, 세상 사람들과 다를 바 없는 교회와 교인들로 전락하고 마는 것입니다.

　세상 사람이란, 누구를 말하는 것일까요? 바로 세상의 종살이를 하고 세상을 숭배하는 사람들을 말합니다. 교회의 성도 역시 세상 사람처럼 바로와 애굽에 종살이할 수 있습니다. 바로가 이스라엘 백성들에게 '일주일에 한 번만 광야에 나가 예배드리고 돌아와 종살이를 계속하라'고 했던 것처럼 많은 교회와 성도들이 주일 하루는 모여 예배드리지만, 그들이 실질적으로 모시는 주인은 하나님이 아닌 세상이 되고 마는 것입니다. 남편을, 자식을, 돈을 주인으로 섬기며 살다가, 교회에 나가서는 잠깐 하나님이 주인인 것처럼 착각하고 다시 세상으로 돌아갑니다. 이런 사람들은 겉은 그리스도인이지만, 속은 세상 사람인 것입니다.

　우리가 겉으로는 축복도 받은 것 같고 능력도 있는 것 같지만, 우리의 내면은 복음을 잃어버렸습니다. 우리는 복음 안에 있는 능력과 평안함을 잃어버리고, 종살이하며 사느라 지쳤습니다. 이러다간 언젠가 우리 내면의 종살이가 겉으로 드러나면서, 비참하게 죽어 갈지도 모릅니다. 구원받은 이후에 별생각 없이 세상 가운데 살다 보면, 누구나 이렇게 될 수밖에 없습니다.

## 종말의 의미 - 세상의 허구적인 본질이 드러남

많은 사람이 종말에 대한 이야기를 합니다. 종말이 정확히 언제라고 얘기할 수는 없지만, 현재 종말적인 현상들이 많이 일어나고 있는 것은 사실입니다. 종말이 무엇일까요? 이 세상의 보이는 것들이 허물어지는 것입니다. 만일 우리가 구원은 받았지만, 세상 것에 여전히 묶여 있다면, 그렇게 아름답게 보이던 세상이 허물어질 때 우리도 환난을 당하지 않겠습니까? 충격을 받지 않겠냔 말입니다.

구약성경에 나오는 아브라함과 롯은 함께 갈대아 우르를 떠났습니다. 그들이 비록 구원은 받았지만, 구원 이후 어떤 시점에서 실패하고 다시 애굽으로 갔습니다. 그러나 하나님께서는 그들에게 용서와 축복을 베풀어 주셨습니다. 그 이후 아브라함과 롯은 정반대의 길을 가기 시작했습니다.

롯은 부유함이 있는 곳으로 갔고, 아브라함은 광야로 갔습니다. 신앙생활에서 이 기점이 아주 중요합니다. 아브라함에게 기득권이 있었지만, 그는 그것을 롯에게 주었습니다. 롯은 당연히 아브라함에게 양보해야 했지만, 그렇게 하지 않고 세상의 부유함을 선택했습니다. 아브라함과 롯은 이처럼 똑같이 축복과 은혜를 입었지만, 아브라함은 축복을 받은 후, 더 가난해지기 위해 황량한 광야로 간 반면, 롯은 더 부유한 곳으로 갔습니다. 그 기점에서 롯과 아브라함의 인생이 완전히 달라졌습니다. 롯은 점점 더 소돔과 고모라, 즉 세상의 본질 속으로 갔고, 아브라함은 세상을 떠났던 것입니다. 롯이 잡혀갔을 때 역시, 아브라함은 연합군을 격파하여 많은 축복과 권세를 취할 수 있음에도 불구하고, 또다시 그 축복의 기회를 포기하고 스스로 가난해졌습니다. 그는 십자가 앞에 더 무력해졌고, 계속해서 하나님 앞에 나아감으로써 이삭이라는 기업을 축복으로 얻고 믿음의 조상이 되었습니다. 하지만 롯은 소돔과 고모라의 멸망까지 갔다가 겨우 부끄러운 구원을 받았습니다.

소돔과 고모라의 멸망은 종말의 대환난과 같은 것입니다. 대환난 속에서도 믿는 사람들은 구원을 받을 것입니다. 그러나 '세상으로부터 얼마나 자유로운가'가, 종말에 당할 환난을 결정할 것입니다. 아브라함은 자신이 소돔과 고모라와 아무 관계가 없음에도 불구하고, 소돔과 고모라를 위해서 중보기도 할 수 있었던 사람이었습니다. 그는 하나님의 뜻에 맞추어 기도했던 사람이었습니다. 하나님의 사자가 그에게 나타나서 소돔과 고모라에 대한 계획을 이야기해 주는 그런 사람이었습니다. 마치 요한계시록의 요한과 같았습니다. 그러나 세상 가운데 있던 롯은 많은 부끄러움과 환난을 당하고 가족을 잃은 후에야 종말론적 구원을 얻었습니다. 부끄러운 구원입니다.

종말을 맞이하는 성도들의 자세는 어떠해야 할까요? 종말은 '아름다워 보이지만 실상은 거짓된 이 세상의 허구적 본질이 드러나는 것'입니다. 내가 비록 구원을 받았다 하더라도, 여전히 세상 가운데 묶여 있다면 종말의 때에 얼마나 큰 환난을 당하고, 얼마나 어렵게 구원을 얻겠습니까? 종말을 예비한다는 것은 무엇을 말할까요? 산속으로 들어가는 것일까요? 아닙니다. 성경은 우리가 진정 자유로워지는 유일한 방법을 말하고 있는데, 그것은 바로 십자가 어린양의 보혈의 피입니다. 이스라엘 백성들은 바로의 손에서 빠져나오려고 세상의 모든 방법과 능력을 동원해 봤지만 결국 실패했습니다. 하지만 나중에 아주 간단한 한 가지 방법으로 출애굽에 성공하는데, 그것은 바로 어린양의 보혈이었습니다!

## 세상을 이기는 어린양의 보혈

어린양의 보혈만이 이스라엘 백성을 출애굽 시킬 수 있었던 것처럼, 우리가 어디에 있느냐가 중요한 게 아니라, 우리의 심령에 어린양의 보혈이 있느냐가 중요한 것입니다. 어린양의 보혈만이 우리를 자유롭게 해 주며, 우리가 세상을 떠날 수 있게 해 주기 때문입니다. 즉 자신의 내면이 얼마나 가난하고 애통한지 알고, 주의 십자가 없이는 살 수 없음을 고백하며 사는 것이 중요하다는 것입니다. 사람을 만나고, 사역을 하고, 사업을 하지만, 그 속에서 '십자가와의 관계를 놓치지 않는 것'만이 그것들의 노예가 되지 않는 비결입니다. 처음에 아쉬운 마음으로 사람과 조직과 돈, 그리고 프로그램 등을 도입하지만, 나중에는 결국 그것들에 묶여서 아무것도 할 수 없는 지경에 이르게 될 수 있기 때문입니다. 물론 처음 일을 시작할 때에는 어느 정도 세상 것들이 필요한 게 사실입니다.

그렇다면 어떻게 해야 세상 것들에 포로 되지 않고 자유로우면서 그것들을 사용할 수 있을까요?

이스라엘 백성들은 출애굽을 하면서 세상 것들을 가지고 나왔습니다. 하나님께서 금은보화를 다 가지고 나오라고 하셨습니다. 애굽에 있던 것들을 다 버리고 나오라고 하지 않으셨습니다. 그러나 광야에서는 그런 것들이 아무 쓸모가 없었습니다. 결국, 그건 하나님의 성전을 짓는 데 사용되었습니다. 그리고 그것들이 하나님의 것으로 사용되기 위해서는 매일매일 거기에 피가 뿌려져야 했습니다. 제사장이 매일 번제를 드리면서 성전의 기물들에 피를 뿌려 거룩하게 했습니다. 우리 역시 하나님께 쓰임 받기 위해서는 십자가 앞에 나아가 그리스도의 피로 정결해져야 합니다. 내게 주신 세상의 많은 것들, 자녀와 기업과 프로그램과 달란트, 그리고 전문지식 위에 어린양의 보혈을 뿌려야 합니다.

보혈을 뿌린다는 의미가 무엇일까요? 나의 소유권을 포기하는 것입니다. 내가 죽으니 나의 소유도 더 이상 있을 수 없습니다. 내 자녀도 더 이상 내 소유가 아니고, 내 사역도, 내 지체도 더 이상 내 소유가 아닙니다. 모든 게 주님의 것입니다. 나의 소유권을 포기할 때, 그것은 더 이상 나를 묶을 수 없습니다.

사람을 만날 때에도 십자가의 복음 안에서 만나야만, 그 사람으로부터 자유로울 수 있습니다. 일을 할 때에도 마찬가지입니다. 복음 안에서 일을 하지 않으면, 내가 그 일에 묶여, 그 일이 나를 피곤하게 합니다. 그 일 때문에 상처를 받고 지치게 됩니다. 구원받은 이후에도 계속 십자가 복음 가운데 머물러 있어야만, 계속 새로워질 수 있습니다. 하나님께서 주시는 은혜와 능력 가운데 계속 거해야 합니다. 매 순간 깨어 있어서 진리가 무엇인지, 내가 누구인지를 깨달아야 합니다. 많은 은사와 축복이 있을지라도 그 자체가 진리가 아니라는 것을 깨달아야 합니다. 하나님이 많은 걸 주셨을지라도 그 앞에서 가난해져야 합니다. 예수 그리스도께서 날 위해 십자가에서 죽지 않으셨다면, 나는 아무것도 아니라는 것을 깨닫고 진리 가운데 나가야 하는 것입니다.

그렇게 할 때 하나님의 놀라운 능력과 은혜가 우리를 진리 가운데로 인도하실 것입니다. 오직 십자가의 복음을 통해서만, 우리가 세상에 묶이지 않고, 세상으로 인해 병들지 않으며, 오히려 세상을 다스리고 정복하며 살 수 있는 능력을 얻을 수 있습니다. 우리가 비록 세상에 살지만, 이런 진리 가운데 늘 깨어 있어야 합니다. 이 마지막 때, 세상은 얼마나 아름다운 모습으로 우리에게 다가옵니까? 얼마나 강한 모습으로 확실하게 다가옵니까? 그러나 우리는 세상의 본질을 알아야 합니다. 세상의 배후에 무엇이 있는지 알아야 한다는 말입니다. 마지막 종말을 향해 달려가는 이 시점에서, 세상이 무엇이라는 것을 반드시 깨달아야 합니다. 여러분 모두 복음의 능력을 갖추어, 주 예수 그리스도의 진리로 승리하시는 성도가 되시길 소망합니다.

## 질문과 나눔

1. 세상에서 어떤 것에 집착하고 있습니까?
2. 주님과 복음으로 나아가는 데 세상이 방해가 된 경험이 있습니까?
3. 세상이 나의 어떤 것을 감추어 주고 충족시켜 준다고 생각합니까?
4. 세상 것을 상실하여 좌절한 경험이 있습니까? 그때 어떠했습니까?
5. 세상과 중독 관계에 빠져본 경험이 있습니까?
6. 세상을 떠나기 위해 어떤 노력을 해본 적이 있습니까? 그 결과가 어떠했습니까?
7. 하나님의 축복과 능력을 얼마나 갈망하며 살았습니까? 이를 다른 사람들 것과 비교하며 집착한 적은 없었습니까?
8. 하나님께서 주신 것도 내려놓은 적이 있습니까?
9. 개인의 죽음과 종말을 어떻게 준비하고 있습니까?
10. 십자가 보혈을 통해 내려놓고 끊을 수 있었던 경험이 있었다면 같이 나누어 봅시다.
11. 자신이 경험한 진정한 가난함에 대해 같이 나누어 봅시다.

제 5 장

# 복음의 외적 장애 2
## – 자기의 自己義

* 롬 2:1-16

　　　　　　복음은 곧 예수 그리스도입니다. 우리 마음 가운데는 복음을 향한, 곧 주님을 향한 소원이 있습니다. 말씀대로 살고 싶은 소원이 있습니다. 그런데 무언가 장애가 있어 잘 되지 않습니다. 그 장애가 무엇인지 모른다면, 아무리 애를 써도 말씀대로 살기가 어렵습니다. 그러다 점차 지쳐가면서 더 낙심하게 되지요. 그래서 장애가 무엇인지를 잘 아는 것이 신앙생활에 아주 중요합니다. 잘해야 한다고 다짐하면서, 마음속의 욕심과 게으름을 정죄만 할 것이 아니라, 왜 잘 안되는지 그 원인을 살펴보고 연구해 보아야 할 것입니다. 이를 위해서는 복음을 다시 만나야 합니다.

　　일반적으로 로마서는 교리적인 책으로 알려져 있습니다. 그러나 사실 로마서는 우리가 신앙생활을 하는 데 겪는 어려움과 장애가 무엇이고, 그 장애의 원인과 해결방법은 무엇인지에 대한 아주 구체적인 적용 방안을 담고 있는 실천적인 책에 더 가깝습니다. 그런데 실천적인 내용을 행동적인 면으로 접근하기보다는 내면적으로 깊이 접근하고 있습니다. 그래서 로마서를 교리적인 내용으로만 생각해왔던 것입니다. 사실은 그 내용이 지향하는 것은 아주 구체적이고 실천적인 내용입니다. 그러나 내면의 원리를 알지 못하고 행동으로만 신앙생활을 하려고 하면 더 큰 문제가 생기기에 실천적인 문제들을 내면의 문제로 가지고 가서 복음으로 해결하도록 하여 바른 실천을 할 수 있게 하는 것입니다. 그래서 로마서에서는 내면의 문제를 이해하는 것과 이를 복음의 눈으로 다시 보고 회복하는 것이 아주 중요합니다. 복음은 교리적으로만 보면 아주 단순합니다. 그러나 내면에서 다시 보면, 복음에 대한 아주 깊고도 풍부한 본질을 이해하고 누릴 수가 있습니다.

## 복음의 또 다른 장애 - 자기의自己義

로마서 2장 1절에서 16절까지는 복음의 또 다른 장애에 대해 말씀하고 있습니다. 앞에서 복음의 첫 번째 장애가 세상이라고 하였는데, 이렇게 세상이 우리를 비복음적으로 만드는 것처럼, 우리를 유혹하는 또 한 가지의 불의가 있습니다. 그것은 겉보기에 전혀 불의하지 않고 의로운 것 같지만, 우리를 복음과 멀어지게 하는 속임수이기 때문에, 그 실체를 제대로 알고 경계해야 하는 장애입니다.

앞 장에서 우리는 세상이 얼마나 무서운지 생각해 봤습니다. 우리가 세상 가운데 있으면 결국 세상의 종이 되어 병들게 될 뿐만 아니라, 악한 죄를 범하게 된다고 했습니다. 그래서 우리는 세상을 떠나야 한다고 했지요.

흔히 사람들은 성경의 가르침에 의하든 아니든, 세상의 현상을 보고 자신들은 세상과 죄악 가운데 있지 않기 위해 노력합니다. 많은 사람들이 물질에 대한 욕심과 쾌락을 절제하고, 선을 행하며, 사회의 규범과 윤리를 지키면서 살려고 합니다. 앞에서 언급한대로 세상이 복음 앞으로 나가는 진리를 가로막는 만큼, 우리가 세상의 것들을 절제하면서 높은 윤리와 도덕적 기준으로 살 때, 훨씬 더 복음에 가까워질 수 있으리라 기대하는 것도 무리는 아닐 것입니다.

그러나 로마서 2장에서는 '결코 그렇지 않다'고 말씀하고 있습니다. 그런 사람이, 세상을 탐하며 죄를 범하는 사람보다 오히려 더 복음에서 멀어질 수 있다고 경고하고 있습니다. 바로 살려고 노력하는 것이 오히려 복음의 장애가 되다니, 쉽게 이해가 되지 않습니다. 어떻게 그렇게 되는 걸까요?

세상과 악한 것이 복음의 장애가 된다는 것은 쉽게 수긍이 가지만, 의롭고 선한 것이 도리어 복음의 더 큰 장애가 된다니 무척 혼돈스럽습니다. 겉으로 보아서는 전혀 이해가 안 됩니다. 이를 이해하기 위해서는 인간의 의義 안에 감추어진 내면을 보아야 합니다. 의는 분명 선하고 좋은 것이지만, 그 속에 숨어 있는 마음이 문제가 될 수 있기 때문에, 그 속의 마음을 봐야 한다는 것입니다. 그 선한 것 속에 있는 인간의 마음이 도대체 어떻기에 복음과 멀어지게 하는 것인지 이제부터 한번 살펴봅시다.

## 의로운 자의 내면

자기의가 있는 사람은 순결하고 경건한 삶을 살기 위해 노력하지만, 그렇게 한다고 해서 자신의 본질까지 변화시킬 수는 없습니다. 그래서 자기 본질 속에 있는 악하고 상한 것을 더 숨기고 억압하게 됩니다. 인간의 본질은 십자가로만 의로워질 수 있는데, 그 내적 본질을 감추고 겉으로만 의의 옷을 입어 거룩해지려 하는 것입니다. 그렇게 하면 하나님도 기뻐하실 것 같고, 남들의 인정도 받고, 자기 자신도 만족할 수 있기 때문입니다.

그런데 문제는 삶이 얼마 지나지 않아 금세 피곤해진다는 것입니다. 매일매일 자신을 지키며 산다는 것이 얼마나 피곤한지 모릅니다. 왜 그럴까요? 우리 속에 거룩한 것이 없기 때문입니다. 그래서 자기의 의지로 '거룩한 옷'을 만들어 입고 다니지만, 이게 얼마나 피곤한지 모릅니다. 돈이 없는 사람이 항상 좋은 옷을 입고 다니려면 얼마나 힘들겠습니까? 속에서는 늘 긴장하여, 진정한 기쁨과 평안이 없겠지요. 우리도 처음엔 하나님이 주시는 능력 가운데 은혜로 살지만, 점차 자신을 드러내지 않고 감춘 결과, 하나님의 은혜와 능력을 지속적으로 공급받지 못하게 됩니다. 마음이 열려야 예수님을 만나고, 예수님을 만나야 은혜와 기쁨을 공급받고, 은혜와 기쁨을 공급받아야 부유함과 힘이 넘치는데, 그렇게 하지 못하니 겉은 점점 피곤해지고, 속 역시 점차 썩어가고 죽어가는 것입니다.

그런 사람은 자신뿐만 아니라, 자기 주변의 불의한 세상과 사람들을 항상 멸시하고, 판단하고, 정죄합니다. 자기만 피곤하게 사는 게 아니라 주위 사람들까지 피곤하게 하는 것이지요. 늘 자신과 주위 사람들을 감시하다가 불의한 것이 발견되면 야단치고 학대합니다. 이들 주위에는 사람들이 없습니다. 자녀들조차 곁에 오려 하지 않습니다. 자기만 피곤하게 죽어가는 것이 아니라 주위 사람들까지 힘들게 하기 때문입니다.

게다가 이게 오랜 세월에 걸쳐 굳어지면, 금욕주의나 영지주의가 되어 항상 신령한 것만 추구하려 합니다. 세상의 모든 것들을 마귀나 사탄으로 생각하고, 모든 걸 다 음탕하고 악하게만 보는 것입니다. 또 종말론에 빠지기도 합니다. 그리고 이런 극단주의로 인해 다른 사람들을 더 심하게 정죄합니다. 성경은 이런 금욕주의나 영지주의, 율법주의, 종말론에 관해 많은 경고를 하고 있습니다. 그로 인해 결국 복음과 멀어지게 되기 때문입니다.

## 복음과 멀어지는 이유

그렇다면 자기의에 빠져 있는 사람들이 왜, 그리고 어떻게 복음과 멀어지는 걸까요? 이를 좀 더 구체적으로 생각해봅시다.

첫째, 복음을 만나려면 무엇보다 자기 상함과 죄가 먼저 드러나야 하는데, 그들은 자신을 억압하고 숨기기 때문에 예수님과 멀어질 수밖에 없는 것입니다. 자신은 예수를 위해, 예수를 닮기 위해 그렇게 산다고 하지만 그들 속엔 예수가 없습니다. 겉으로는 예수가 충만한 것 같은데, 정작 속에는 예수가 없는 것입니다. 흰옷을 입고는 예수님을 만날 수 없습니다. 죄가 있는 사람만이 예수님을 만날 수 있습니다. 아픈 사람만이 예수님을 만날 수 있습니다. 아픈 걸 숨기면 예수님과 복음에서 멀어집니다.

둘째, 자기의에 빠진 사람은 (적어도 겉보기에는) 자신이 의롭기에, 자신은 예수의 십자가와 관계없는 사람이라고 착각하기 때문입니다. 즉 자기기만에 빠지게 되는 것이지요. 세상에서 죄악 가운데 사는 사람들은, 당장은 아니더라도 언젠가 자신의 악함과 연약함을 인정하게 됩니다. 그 결과 예수님 앞으로 돌아갈 기회가 있는 것이고요. 그런데 자신이 예수로 충만하다고 착각하며 사는 사람들은 예수님을 만날 필요를 느끼지 못합니다. 이 착각이 얼마나 위험한지 모릅니다. 이들은 자신이 예수님과 함께 산다고 생각하지만, 실은 예수와 가장 멀리 있는 사람들입니다. 그뿐만이 아닙니다. 자신이 복음을 깨달을 수 있도록 도와주는 것들을 다 거부합니다. 우리가 자신의 모습을 보지 못할 때, 하나님께서는 우리의 자녀를 통해, 이웃을 통해 우리 자신의 모습을 보여 주시기도 합니다. 그러나 이들은 그때마다 그들을 정죄하고 판단하며 쫓아 버립니다. 그래서 그 누구도, 심지어 성령님조차 접근할 수 없게 만듭니다. 이런 사람들이 복음을 만나기란 정말 어려운 일이지요.

## 바리새인과 서기관의 내면

"율법학자들과 바리새파 사람들아! 위선자들아! 너희에게 화가 있다. 너희는 사람들이 들어오지 못하도록 하늘나라의 문을 닫기 때문이다. 너희는 자기도 들어가지 않고, 들어가려고 하는 사람도 들어가지 못하게 하고 있다. 율법학자들과 바리새파 사람들아! 위선자들아! 너희에게 화가 있다! 너희는 개종자 한 사람을 만들려고 바다와 육지를 두루 다니다가, 하나가 생기면, 그를 너희보다 배나 더 못된 지옥의 자식으로 만들어 버리기 때문이다. 눈 먼 인도자들아! 너희에게 화가 있다! 너희는 말하기를 '누구든지 성전을 두고 맹세하면 아무래도 좋으나, 누구든지 성전의 금을 두고 맹세하면 지켜야 한다'고 한다." — 마23:13~16

    예수님께서 책망하셨던 서기관들과 바리새인들이 바로 자기의로 사는 대표적인 사람들이었습니다. 천국 문은 복음을 말하는데, 그들은 자신의 복음의 문을 닫을 뿐만 아니라 다른 사람들도 그 문에 들어가지 못하게 막습니다. 하나님께서는 '자신의 상함을 드러낸 자'를 의인이라고 하시는데, 자칭 의인이라고 하는 서기관들과 바리새인들이 오히려 '자신의 상함을 드러낸 자들'에게 돌을 던집니다. 주님은 바다와 육지를 두루 다니시며 죄인들을 찾으시는데, 서기관들과 바리새인들이 주님께 가려는 이 사람들에게 돌을 던지며 못 가게 하니, 예수님께서 얼마나 화가 나시겠습니까? 어쩌면 차라리 죄를 지으며 세상에 사는 것이 그들보다 더 나을지도 모릅니다. 그편이 오히려 진정한 의인이 될 기회가 더 많을 테니까요.
    서기관과 바리새인 같은 사람들이 진정으로 의를 행하지 못하는 이유가 무엇일까요? 그것은 그들 속에 억압된 굶주림과 욕심이 있기 때문입니다. 그들 속에 죄와 상함이 해결되지 않은 채로 그대로 있는데, 그들이 어떻게 의를 행할 수 있겠습니까? 바리새인들은 겉으로는 의를 행하는 것 같았지만 속으로는 은밀하게 죄를 짓고 있었습니다. 그래서 하나님께서는 이 사람들을 그들의 행위로 심판하시겠다고 하셨습니다. 이런 사람들의 삶은 겉보기엔 참 성결하고 좋지만, 엄밀히 따져보면 아주 문제가 많습니다. 이런 사람들은 자기 자랑을 많이 합니다. 그리고 자기중심적입니다. 겉으로는 다 주는 것 같지만 사실 모든 걸 자신에게로 끌어당깁니다. 그래서 누군가 좀 섭섭하게 하면 그들을 정죄하며 분노를 터뜨립니다. 이런 사람은 또 굉장히 고집이 셉니다. 융통성이 없고 소유욕이 강합니다. 껍데기는 전부 하나님의 것으로 치장해 거룩해 보입니다. 그냥 치장하는 것으로 끝나지 않고 그것에 대해 강한 집착을 보입니다. 그래서 그것이 상실되면 얼마나 분노하고 정죄하는지 모릅니다. 이들은 다른 사람들을 하나님의 이름으로 심판합니다. 멀리서 보면 꽤 괜찮은 사람처럼 보이지만, 가까이에서 겪어 보면 전혀 다른 모습을 발견하게 됩니다. 배우자나 자녀들이 그들의 진면목을 가장 잘 압니다. 입으로는 성경대로 사는 것처럼 말하지만, 실제로는 나누고 섬기기보다 대접받고, 인정받고, 자랑하고, 자기 욕심 채우기에 급급합니다. 연약한 자를 돕고 가르친다고 하면서, 실제로는 그들을 소유하고 이용합니다. 자기 내면의 굶주림을 이런 식으로 채우는 것입니다. 하나님께서는 이런 자들을 심판하시겠다고 하십니다.

## 판단하고 정죄하는 사람의 내면

"그러므로 남을 심판하는 사람이여, 그대가 누구이든지, 죄가 없다고 변명할 수 없습니다. 그대는 남을 심판하는 일로 결국 자기를 정죄하는 셈입니다. 남을 심판하는 그대도 똑같은 일을 하고 있기 때문입니다. 하나님의 심판이 이런 일을 하는 사람들에게 공정하게 내린다는 것을 우리는 압니다. 이런 일을 하는 사람들을 심판하면서,

스스로 그런 일을 하는 사람이여, 그대는 하나님의 심판을 피할 수 있을 줄로 생각합니까? 아니면, 하나님께서 인자하심을 베푸셔서 그대를 인도하여 회개하게 하신다는 것을 알지 못하고, 오히려 하나님의 풍성하신 인자하심과 너그러우심과 오래 참으심을 업신여기는 것입니까? 그대는 완고하여 회개할 마음이 없으니, 하나님의 공정한 심판이 나타날 진노의 날에 자기가 받을 진노를 스스로 쌓아 올리고 있는 것입니다. 하나님께서는 각 사람에게 그가 한 대로 갚아 주실 것입니다. 참으면서 선한 일을 하여 영광과 존귀와 불멸의 것을 구하는 사람에게는 영원한 생명을 주시고, 이기심에 사로잡혀서 진리를 거스르고 불의를 따르는 사람에게는 진노와 분노를 쏟으실 것입니다. 악한 일을 하는 모든 사람에게는, 먼저 유대 사람을 비롯하여 그리스 사람에게 이르기까지, 환난과 고통을 주실 것이요, 선한 일을 하는 모든 사람에게는, 먼저 유대 사람을 비롯하여 그리스 사람에게 이르기까지, 영광과 존귀와 평강을 내리실 것입니다. 하나님께서는 사람을 차별함이 없이 대하시기 때문입니다. 율법을 모르고 범죄한 사람은 율법과 상관없이 망할 것이요, 율법을 알고 범죄한 사람은 율법을 따라 심판을 받을 것입니다. 하나님 앞에서는 율법을 듣는 사람이 의로운 사람이 아닙니다. 오직 율법을 실천하는 사람이라야 의롭게 될 것이기 때문입니다. 율법을 가지지 않은 이방 사람이, 사람의 본성을 따라 율법이 명하는 바를 행하면, 그들은 율법을 가지고 있지 않아도, 자기 자신이 자기에게 율법입니다. 그런 사람은, 율법이 요구하는 일이 자기의 마음에 적혀 있음을 드러내 보입니다. 그들의 양심도 이 사실을 증언합니다. 그들의 생각들이 서로 고발하기도 하고, 변호하기도 합니다. 이런 일은, 내가 전하는 복음대로, 하나님께서 그리스도를 내세우셔서 사람들이 감추고 있는 비밀들을 심판하실 그 날에 드러날 것입니다." — 롬 2:1~16

하나님께서는 남을 판단하고 정죄하는 사람을 바로 그 판단과 정죄함으로 심판하실 것이라고 말씀하십니다. 남을 판단하는 사람은 자신은 남을 판단할 만한 자기의 의가 있다고 생각합니다. 그러나 하나님께서는 속지 않으십니다. 우리가 남들을 악하다고 판단하고, 더럽다고 정죄한 바로 그 기준을 가지고 우리를 심판하시겠다고 하십니다.

우리가 다른 사람의 작은 티만 보아도 분개하면서 그들에게 돌을 던지는 이유가 무엇일까요? 그것은 우리 안의 큰 들보를 억압하고 살기 때문입니다. 내 속의 것을 감추기 위해서 그러는 것입니다. 자기 자신을 억압하고 학대하는 만큼 다른 사람을 더 정죄하고 비난하게 됩니다. 왜 남편이나 자녀의 모습을 참을 수 없는 것일까요? 그것은 자신을 감추려는 마음 때문입니다. 자기가 더 의로워지려는 마음 때문입니다. 내 속에 그들의 문제보다 더 큰 문제가 있기에, 그것을 숨기고 감추어야 하기 때문입니다. 즉 자기 내면의 문제가 클수록, 그리고 그 문제를 더 억압할수록, 다른 사람의 문제를 용납하기가 더 어려운 것입니다.

그러면 어떻게 해야 타인에 대한 판단을 멈추고 그들을 용납할 수 있을까요? 다른 사람을 의지적으로 용서하면 될까요? 천만에요. 그전에 자기 속의 들보를 인정하고, 그 들보를 먼저 뽑아내야 합니다. 우리 속에 들보가 있는 한 상대방의 티를 용서할 수 없기 때문입니다. 그렇다면 우리 속의 들보를 어떻게 뽑아낼 수 있을까요?

그것은 자신의 의지와 노력으로는 불가능합니다. 자신의 들보를 억압한다고 해서 해결되는 게 아니기 때문입니다. 무엇보다 먼저 자신에게 들보가 있음을 인정하고 용납해야 합니다. 그렇다면 우리가 자신의 상함과 더러움(들보)을 어떻게 용납할 수 있을까요? 그게 의지로 가능할까요? 천만에요. 나의 상함과 더러움은 오직 예수님만이 용납하실 수 있습니다. 우리는 오직 '예수님의 십자가 안에서 하나님께서 용서해 주신 것'을 경험할 때에만 자신을 용서할 수 있습니다.

우리의 분노를 치밀어 오르게 하는 사람에 대해 잠시 참거나 이해할 수는 있습니다. 그렇지만 그것은 용서가 아닙니다. 그것은 자신의 분노를 '이해理解'라는 상자에 잠시 넣어 둔 것일 뿐입니다. 그 일이 더 이상 나를 괴롭히지 못하도록 잊어버리는 것일 뿐이지요. 그러나 이해하는 것만으로는 안 됩니다. 급하고 심할 때는 그 상자가 터지고 그 안의 쓴 물이 쏟아져 나옵니다. 자기도 놀랍니다. 이해하고 용서하고 눈물로 기도했는데, 쓴 물이 어디에서 나오는 것인지 자신도 당황합니다.

## 진정한 용서

진정한 용서는 내 속의 들보가 예수님의 십자가로 깨끗이 씻겨지고 용납될 때만이 가능합니다. 다른 사람을 미워하고 정죄하는 것은 내 속에 들보가 있기 때문이니까요. 내 들보가 없어져야 그 사람의 티가 없어집니다. 그러므로 내가 누군가를 이해하고 용서했다고 착각해서는 안 됩니다. 세월이 흘러서 잊어버리거나, 윤리적으로 용서하는 게 가능하긴 하지만, 그것은 하나님이 원하시는 진정한 용서가 아닙니다. 진정한 용서는 십자가 안에서, 예수님과의 관계에서 이루어지는 것이기 때문입니다. 예수님 안에서 나 자신이 용납되었음을 믿음으로써, 내 속의 억압과 정죄가 없어질 때라야만 이웃에 대한 판단과 정죄와 미움도 진정으로 사라지기 때문입니다.

우리 속에 예수님과 복음이 없기 때문에 자신의 들보(죄와 아픔)가 억압받고 학대당하고 있었던 것입니다. 내가 의인이 되기 위해서 다른 사람들을 희생시킨 것입니다. 왜냐하면 우리는 누군가를 정죄할 때, 상대적으로 자신은 더 바르고 정당하다고 느끼기 때문입니다. 자신은 그와는 달리 괜찮은 사람이라고 느끼기 때문이지요. 하지만 사실 이것은 자신에게도 그 순간 똑같은 죄의 욕구가 있음을 보여 주는 반증일 뿐입니다. 그래서 다른 사람을 관심 있게 지켜보면서 정죄하는 것입니다. 이렇게 우리가 자신의 들보는 은밀하게 감추면서, 다른 사람을 희생양으로 만들어 예수님께 나아가지 못하도록 한다면, 그것은 자기만 죽는 게 아니라, 소인들까지 실족케 하는 죄를 짓는 것입니다. 상한 심령으로 나온 의인들에게 돌을 던져 실족케 하는 죄를 범하는 것이니까요. 자신은 더 많은 율법훈련을 받았다고 주장하며, 아버지 집에 들어오는 의인들을 실족케 하는 사람들은 연자맷돌을 매고 바다에 빠지는 게 더 낫다고 했습니다. 그게 얼마나 큰 죄이면, 물속에서 아예 다시 살아나올 수 없도록 무거운 돌을 매고 바다에 빠지라고 하셨을까요? 우리는 그 죄의 심각성을 잘 알아야 합니다. 복음의 구원을 가로막는 죄가 얼마나 무거우면, 사랑과 자비가 많으신 예수님마저도 '화 있을진저, 화 있을진저'라며 저주하셨을까요?

자신은 예수님과 가장 가깝게 있다고 자부하는 사람들이 실상은 예수님에게서 가장 멀리 떨어져 예수님을 대적하고 있습니다. 하나님께서 여러 선지자와 지혜 있는 자를 보내셔서 그들의 죄를 드러내려고 하셨지만,

그들은 하나님이 보내신 자들을 다 죽여 버렸습니다. 선지자들뿐만 아니라 예수님까지 죽여 버렸습니다. 왜 그랬을까요? 자기 속의 들보를 감추기 위해서였습니다. 사실 이것도 알고 보면 배후에서 사탄이 하는 짓입니다. 요한계시록 2장에서는 '자칭 유대인이라고 하는 자, 실상은 유대인이 아니라 자칭 의롭다고 하는 자, 마귀들'이 이런 짓을 한다고 말합니다.

우리의 신앙생활에는 양극화 현상이 있습니다. 선교와 교회사를 보아도 그렇습니다. 세속화와 극단적 경건주의라는 양극화 현상 말입니다. 세속화야 당연히 세상으로 가는 것이니까 복음을 떠나게 됩니다. 그런데 이에 반발하는 극단적 경건주의는 어떨까요? 얼핏 보면 이것이 복음 가운데 있는 것 같지만, 사실은 이 역시 결국 복음을 떠나게 만드는 요인이 됩니다. 역사상 영적으로 어려운 시기가 닥칠 때마다 이런 양극화 현상이 항상 일어났습니다. 지금 한국 교회에도 이런 분위기들이 있습니다. 복음을 떠나 점점 세속화되어 가는 흐름이 있는가 하면, 이에 맞서 경건과 순결과 윤리를 강조하는 반세속화운동도 있습니다. 물론 반세속화운동은 성경적입니다. 그러나 그게 진정으로 내면적 복음에 기초를 두고 있지 않다면, 이 두 가지 양극화 현상 모두 결국엔 복음을 떠나게 됩니다. 윤리운동이나 사회개혁운동, 순결과 성결운동 등이 극단적일 경우, 실제로는 복음을 떠날 수 있다는 말입니다. 즉 주일성수를 하는 사람이나 그렇지 못한 사람이나, 다 복음을 떠날 위험성이 있다는 것입니다.

그렇다면 우리가 신앙인으로서 이 세상 가운데에서 어떻게 살아야 할까요? 신앙인으로서 세속적으로 살 수도 없고, 그렇다고 경건하고 순결한 삶을 살아도 복음을 떠날 수 있다 하니, 우린 어떻게 해야 할까요? 세상 가운데에서 순결함을 어떻게 지킬 수 있을까요? 물론 우리가 세상 가운데 있어서는 안 됩니다. 그렇지만 외적인 성결 운동에 머물러서도 안 될 것입니다. 반세속화운동이나 문화개혁운동을 하는 것은 좋습니다. 이러한 운동이 필요하고 유익한 게 사실이니까요. 그러나 하나님께서 보시는 것은 우리의 내면입니다. 하나님은 우리의 외적 모습에만 기뻐하시지 않습니다. 내면을 억압한 채 외적으로 요란한 운동을 벌이는 것을 원하시지 않는다는 말입니다. 왜냐하면 그것은 앞에서 언급한 '의인과 바리새인들'의 문제를 반복하는 것일 뿐이기 때문이지요.

## 실제 삶에의 적용

그렇다면 실제 생활에서 이러한 문제를 어떻게 적용해야 할까요? 나 자신은 그렇다 쳐도, 자녀들은 어떻게 가르쳐야 할까요? 현시대는 자녀들이 자연히 세상 속으로 가고 세속화될 수밖에 없습니다. 그들에게 단순히 주일성수와 근검절약을 가르치고, 순결을 강조한다고 해서 그들이 따라올까요? 세속적인 TV와 인터넷을 차단하고 핸드폰을 못 보게 한다고 해서 이런 문제들이 해결될까요? 세상의 화려한 빛들이 너무 가까이 비추고 있는데, 그들의 눈을 가린다고 해서 그들이 경건과 순결을 지킬 수 있을까요? 부모가 언제까지 안 된다고 막을 수 있을까요? 과연 막는 게 가능하긴 한 걸까요? 부모 입장에서 참으로 심각하고 다급한 문제가 아닐 수 없습니다.

무엇보다 우리는 먼저 가능한 한 세상 속에 머물러 있어서는 안 됩니다.

세상으로부터 많이 떠나 있는 사람이 복음으로 쉽게 나아갈 수 있으니까요. 가난하다는 게 꼭 경제적인 것만을 말하는 건 아니지만, 그럼에도 불구하고 돈이 많으면 하나님 앞에 나가기가 어려운 게 사실이니까요.

저는 아침마다 번제를 드리는 기도를 합니다. 번제기도란 나 자신의 가죽을 벗기고, 내가 십자가에 연합하여 죽는 기도를 말합니다. 우리가 매일 이런 기도를 드려야 하는 이유는 우리가 너무나 세상에 빠져 살고 있기 때문입니다. 제 기도시간의 대부분은 내가 입고 있는 것을 벗고, 가난해지려 애쓰는 데 할애합니다. 하나님께서 우리에게 주신 여러 가지 축복의 옷들을 벗으려면 많은 시간이 필요합니다. 그런데 가난하면 벗을 것이 많지 않아 금방 주님께 나아갈 수 있기 때문에 중보기도에 더 많은 시간을 할애할 수 있는 것입니다.

우리는 세상 가운데 살고 있습니다. 그러므로 매일 세상을 벗어야 합니다. 욥은 축복을 많이 받았던 사람입니다. 그럼에도 불구하고 욥은 세상 가운데 머물러 있지 않기 위해, 자기가 받은 축복만큼 번제도 많이 드렸던 것을 볼 수 있습니다. 그러고 보면 외롭고 가난한 것이 하나님을 더 찾게 만드니, 결국 더 큰 축복이 되는 것 같습니다. 큰 권력이나 사업체를 가진 사람이 매일매일 십자가 앞에 나아가 그 많은 옷들을 벗는다는 게 얼마나 어렵겠습니까? 잘 벗어지지도 않을뿐더러, 벗는 데 시간도 많이 걸릴 테니까요. 또 종교인과 도덕적인 사람도 자신의 두꺼운 옷을 벗는 데 많은 시간과 노력이 필요합니다. 그러므로 물질적으로 적당히 가난하고, 너무 도덕적이지 않은 것도 축복일 수 있습니다.

이렇게 가난하고 덜 도덕적인 것이 은혜요 축복이라면, 하나님께서는 우리가 부유해지고 율법적으로 더 순결해지는 것을 원치 않으시는 걸까요? 결코 그렇지 않습니다! 하나님께서는 우리가 그 누구보다 부유해지길 원하십니다. 또 바리새인보다 더 완전한 율법을 이루길 원하십니다. 하나님께서는 '내가 완전한 것 같이 너희도 완전해야 한다'고 말씀하십니다. 어떻게 그게 가능할까요?

첫째로, 자신의 노력으로 그렇게 되는 것이 아니라, 열매로서 그렇게 되어져야 한다는 사실을 깨달아야 합니다. 나의 가난함을 주님 앞에 드리고, 내 안의 주님이 원하시는 대로 살면, 우리는 편안해집니다. 나 스스로 억압할 필요가 없습니다. 세상으로 가고 싶은데 그것을 억압한 채, 억지로 경건하게 사는 것이 아닙니다. 세상이 별로 좋지가 않고, 백화점의 좋은 물건들이 별로 욕심나지 않아 가지 않는 것 뿐입니다.

그렇다면 그런 것들을 멸시하는 게 열매일까요? 아닙니다. 그건 자기를 억압하는 데서 나오는 멸시입니다. 멸시가 아니라 불쌍히 여기는 마음이 생겨나야 합니다. 내가 백화점에 안 가는 것, 가난하고 경건하게 사는 것을 자랑하거나, 그렇지 못한 사람을 정죄하고 비난하는 것은 열매가 아닙니다. 그것은 자기억압이며 투사일 뿐입니다. 그것은 바른 성결과 경건이 아닙니다. 그럴 땐 빨리 자기 속의 들보를 보아야 합니다. 나도 백화점에 가서 물건을 사들이고 싶은 욕구가 있음을 인정해야 합니다. 좋은 옷을 입고 싶은 그 욕구들을 가지고 십자가 앞에 나아가야 합니다. 그 결과 십자가와 예수님 안에서 그것들이 열매로 자연스럽게 나타나야 합니다.

아직 열매가 없더라도 믿음으로 시작할 수 있습니다. 믿음은 자기억압이 아닙니다. 내 속의 불신과 두려움을 억압한 채, 주님이 하라는 것을 억지로 하는 것은 믿음이나 순종이 아닙니다. 베드로는 자기 속의 두려움을 억압하며 물 위를 걸으려고 했습니다. 그러나 그것은 성숙된 믿음이 아닙니다. 물론 처음에는 그런 믿음이 필요합니다. 의지적으로 '믿습니다'라고 고백하면 주님이 도와주십니다. 초보적인 믿음의 단계에서는 자기의 불신을 억압하고 의지적으로 믿기 마련입니다. 그러나 믿음이 성장한 다음에는 더 이상 자기억압이 있어서는 안 됩니다. 참믿음이란, 내가 할 수 없음을 인정하는 것입니다. 내 속에 불신과 두려움이 있음을, 정욕과 욕심이 있음을 주님께 드림으로써, 주님께서 해결해 주실 것을 믿는 것입니다. 주님에 대한 믿음으로 주님께 나아갈 때, 그것이 바로 복음적인 성결이 됩니다.

그래서 의인은 믿음으로 산다고 했습니다. 그러나 이러한 수준의 믿음에 도달하기까지는 많은 과정이 필요합니다. 우리가 말은 믿음으로 산다고 하지만, 아직도 내 속에 욕심이 있고, 내가 세상 가운데 있기 때문에, 믿음으로 사는 게 그리 쉽게 되지 않습니다. 바로가 우리를 쉽게 놓아 줄 리 만무하니까요. 내 속의 연약함과 두려움은 또 얼마나 큰가요? 내 연약한 믿음만으로 어떻게 매번 경건해지고, 세상으로부터 자유로워지고, 가난해질 수 있겠습니까? 하나님께서도 우리의 이런 사정을 잘 아십니다. 그러므로 우리가 이런 과정에서 실패했을 때, 세상 가운데 있는 자신의 모습을 용납할 수 있어야 합니다. 이런 과정을 통해 점진적으로 경건해져 가는 것입니다.

아브라함은 '떠남의 삶'을 살았습니다. 그러나 아브라함이 실제로 가나안에 도착하기까지는 많은 시간이 필요했습니다. 그는 혼자 떠나지 못했습니다. 아버지와 롯을 데리고 떠났습니다. 게다가 하란에서 무려 7년을 머물렀습니다. 본토, 친척, 아비의 집을 다 떠나지 못했습니다. 하나님께서도 이 모든 걸 단번에 다 요구하지 않으셨습니다. 아브라함의 아버지가 돌아가실 때까지 기다려 주셨습니다. 아브라함의 아버지가 돌아가신 후에 가나안에 가는 걸 용납하셨습니다. 이처럼 하나님께서는 우리의 연약함을 용납하십니다. 우리를 정죄하거나 거절하지 않으십니다. 아브라함이 가나안에 들어갔을 때, 모든 게 다 해결되었나요? 아니죠. 배가 고프니까 거기에서도 다시 세상 생각을 했습니다. 자기 속의 불신과 두려움이 올라오니까 옛날처럼 다시 애굽으로, 세상으로 내려갔습니다.

그때 하나님께서는 어떤 방법을 쓰셨나요? 아브라함의 수치를 드러내셨습니다. 그의 불신과 두려움을 드러내셨습니다. 하지만 하나님께서는 이렇게 아브라함의 드러난 것들을 정죄하지 않으시고, 오히려 바로를 통해 더 큰 축복을 주셨습니다. 빈손으로 내려갔던 아브라함이 얼마나 많은 축복을 받고 돌아왔나요? 그런데 여기에서 아브라함에게 중요한 변화가 나타납니다. 가나안으로 돌아온 다음에 롯을 떠나보냅니다. 롯은 자기 집안의 후사였습니다. 그런데 롯을 좋은 곳으로 보내 버립니다. 아브라함은 이렇게 물질과 롯 모두를 떠나보낸 것입니다.

아브라함은 어떻게 세상과 사람을 떠날 수 있었을까요? 그를 떠나게 한 힘이 무엇이었을까요? 하나님의 명령이나 힘이었나요? 아니죠. 우리가 의지하던 세상과 사람을 떠날 수 있는 것은 아이러니컬하게도, 우리가 떠나지 못함을 깨닫고 인정하는 것으로 가능합니다. 율법주의자는 율법을 가지고 의지적으로 세상을 떠나려고 합니다. 그러나 세상이 우리를 잡아당기는 힘이 우리의 의지보다 훨씬 더 강력하기에, 명령이나 율법을 가지고는 세상을 떠나는 게 불가능합니다. 세상보다 훨씬 좋은 무언가가 있어야 우리는 비로소 세상을 떠날 수가 있습니다. 그런데 하나님께서는 우리가 세상보다 더 좋은 은혜를 경험하게 해 주심으로써, 스스로 떠날 수 있게 해 주십니다. 아예 세상에 갈 필요를 느끼지 못하게 해 주시는 것입니다.

사마리아 여인도 세상의 물로 채우지 못하던 갈급함을 채움 받고 나서야 물동이를 집어던지고 과거의 삶을 청산할 수 있었습니다. 물론 그 이후 여인에게 아무 갈등이 없었던 것은 아니겠지만 예수님의 생수가 세상의 물보다 훨씬 더 좋으니까 세상을 떠날 수 있었던 것입니다.

할 수 없는 것을 억지로 하는 게 아닙니다. 할 수 있게 하는 그 힘은 바로 하나님의 용납하심과 은혜와 사랑입니다. 복음 속에 있는 하나님의 용납하심과 은혜와 사랑이 세상에서 경험한 그 어떤 것보다 좋다는 것을 알기에, 복음을 진정으로 경험한 사람은 진정으로 세상을 떠날 수가 있는 것입니다.

아브라함은 애굽에서 바로 그 복음을 만났습니다. 하나님께서 그의 연약함을 보시고 너그럽게 용납해 주신 바로 그 복음을 말입니다. 오히려 더 큰 축복을 주신 바로 그 복음을 말입니다. 너무 감사하고 기쁜 일이 아닐 수 없었습니다. 그래서 더 이상 물질에 집착하지 않고 롯을 떠나보낼 수 있게 된 것입니다. 예전에 외로울 때는 롯이 있어야 했지만, 이제는 롯보다 하나님이 더 큰 기쁨이 되었기 때문입니다. 돈이나 물질이 없어져도 더 이상 불안하지 않게 된 것입니다. 아브라함은 세상을 떠날 때마다 복음의 십자가 사건을 계속 경험했습니다. 그렇게 아브라함은 떠나는 삶을 살 수 있었던 것입니다.

　세상을 어떻게 이기고, 어떻게 떠날 수 있을까요? 십자가의 복음이 아니면 결코 떠날 수 없습니다. 십자가 복음에는 우리를 묶고 있던 것들을 끊는 능력이 있습니다. 그리고 그런 것들을 끊은 후에는 은혜와 사랑과 용서하심이 있습니다. 바로 이 '끊음과 은혜'가 우리를 치유하여 세상이 없이도 살 수 있게 해 줍니다. 사랑과 은혜로 떠나는 것이지 율법과 의지로 떠나는 것이 아닙니다. 복음으로만 떠날 수 있습니다.

　우리가 이것을 자녀들에게 어떻게 가르칠 수 있을까요? 같은 원리입니다. 자녀들을 세상으로부터 너무 격리시켜서는 안 됩니다. 그러면 아이의 마음에 상처가 생겨 오히려 마음이 닫히게 됩니다. 그 결과 아이 속에 예수님의 복음이 들어갈 수 없게 됩니다. 아이가 굶주리면 더욱더 세상에 대한 욕심을 갖게 됩니다. 그래서 언젠가는 아이가 세상으로 가게 됩니다. 부모가 언제까지 자녀를 쫓아다니며 막을 수 있겠습니까? 자녀가 세상에 묶이지 않도록 세상으로부터 보호해 줘야 하는 건 사실이지만 아이가 상처를 입도록 해서는 안 됩니다. 마음이 닫히지 않도록, 소외되지 않을 만큼은 용납해야 합니다. 용납해야만 마음이 열리기 때문입니다.

　그러나 무엇이 옳고 그른지는 반드시 교육해야 합니다. 세상이 어떤지 알아듣도록 가르쳐야 합니다. 하지만 그것들을 당장 실천하라고 강요해서는 안 됩니다. 때로는 용납하고 기다려 줄 필요가 있습니다. 용납하면서 그 속에 굶주려 있는 사랑과 은혜를 채워 줘야 합니다. 부모가 자기를 얼마나 용납하고 사랑해 주는지 알게 해야 합니다. 사랑이 없이 정죄만 하면 아이들은 죄의식을 가지고 세상으로 도망갑니다. 방황하게 됩니다. 하나님이 내게 주신 사랑과 용납하심과 은혜를 아이에게도 채워줄 때, 아이들은 무엇이 나쁜 것인지 스스로 자연스레 분별하게 됩니다. 그러면서 핸드폰 보는 것보다 부모님과 이야기하는 것을 더 좋아하게 됩니다. 우리가 세상에 가 있는 것보다 하나님 아버지께 나아가 기도하고 사랑을 나누는 것이 더 좋은 것임을 아는 것처럼 말입니다. 아이들이 인터넷에 빠져 있는 것은 부모의 사랑에 굶주려 있기 때문입니다. 사랑은 주지 않으면서, 무조건 정죄하고 금지하면 아이들은 반발하고 거부할 뿐입니다.

또한 아이들에게 정말 중요한 것이 무엇인지를 깨닫게 해 주는 게 필요합니다. 그렇게 하다 보면 자녀의 문제가 결국 자신의 문제였음을 깨닫게 됩니다. 부부의 문제이며, 부모의 문제라는 것을 깨닫게 됩니다.

결국 자녀가 얼마나 세상을 떠나느냐는 부모에게 달려있는 것입니다. 롯의 후손들과 아브라함의 후손들을 비교해 보십시오. 자녀들은 부모의 닮은꼴입니다. 부모가 참 기쁨을 어디에서 찾는지 자녀들은 다 압니다. 겉으로 굳이 드러내지 않아도 부모의 마음이 어디에 있는지 다 압니다. 내가 겉으로 아무리 경건하다 하더라도, 내 자녀가 세상 한가운데 있다면, 그것은 나의 속이 경건하지 않다는 사실에 대한 반증입니다.

내가 세상 사람들을 정죄하는 것은 나를 진단하는 거울과도 같습니다. 마찬가지로 나를 보게 하는 가장 좋은 거울이 바로 나의 자녀요, 나의 아내요, 나의 남편입니다. 남편이 술을 많이 마시는 대부분의 이유는 아내에게 있습니다. 그러므로 먼저 자기 자신을 돌아볼 필요가 있습니다. 세상에 굶주려, 그 굶주림을 세상에서 채우려 하는 자녀와 남편의 모습이 바로 나 자신의 모습인 것입니다.

이제 겉에 있는 자기의와 율법을 벗겨내고 그 속에 숨겨져 있는 방탕하고 악하고 불의한 자신의 모습을 볼 수 있어야 합니다. 이 모습 이대로 십자가 앞에 나아갈 때만이 진정으로 자신의 내면이 변화될 수 있습니다. 또한 내가 변화되어야만 나의 자녀, 남편, 아내도 변화될 수 있음을 깨달으며 늘 십자가의 복음을 사모해야 할 것입니다.

## 질문과 나눔

1. 바르고 성실하게 살아가면서 힘든 적은 없었습니까?
2. 바르지 않은 사람을 볼 때 어떤 마음이 듭니까?
3. 바르게 살려고 애쓰다가 자신이 바르지 못한 실수를 한 적이 있습니까?
   그때 자신에 대해 어떻게 생각하였습니까?
4. 율법주의나 완벽주의적인 사람을 보게 되면 어떤 마음이 듭니까?
   그런 사람으로 인해 힘든 적은 없었습니까?
   자신이 그렇다는 이야기를 들은 적은 없습니까?
5. 판단과 비판을 받은 적이 있습니까? 그때 마음이 어떠했습니까?
   왜 판단하는 것이 문제라고 생각하십니까?
6. 바르게 사는 것이 좋은 것인데 왜 예수님은 이런 사람을 책망하셨을까요?
7. 진정으로 바르게 사는 길은 무엇이라 생각하십니까?
8. 바르지 못한 사람을 용납하고 용서한 적이 있습니까?
   어떻게 그렇게 할 수 있었습니까?
9. 잘못한 사람을 믿어주며 기다려 준 적이 있습니까?
   그때의 반응과 결과가 어떠했습니까?
10. 자신을 얼마나 수용하고 용서하며 살아가고 있습니까?
    자신에 대해 얼마나 엄격하십니까?
11. 십자가의 용납과 용서를 경험한 적이 있으면 나누어 봅시다.

제 6 장

복음의 외적 장애 3
— 종교

* 롬 2:17-29

하나님께서는 우리를 죄와 어둠과 아픔으로부터 구원하시고 치유하시기 위해 놀라운 복음을 예비하셨습니다. 복음은 우리를 영원한 심판과 죽음으로부터 구원해, 하나님 나라로 갈 수 있게 해 주는 축복의 능력입니다. 복음은 또한 우리가 이 땅에 살면서 주님을 더욱 깊이 만날 수 있게 해 줄 뿐만 아니라, 우리를 늘 새롭게 하여 하나님의 나라가 하늘에서만이 아니라 이 땅에서도 이루어질 수 있도록 도와줍니다. 이 땅 어디든 복음의 씨앗이 떨어진 그 순간, 하나님 나라가 바로 이곳에서 시작되는 것입니다. 복음은 곧 하나님 나라의 능력이기 때문입니다. 이 땅이 비록 아직 어둠과 죄악 가운데 있는 게 사실이지만, 하나님께서는 이 땅에서부터 우리가 하나님의 자녀로서, 하나님의 나라를 누리며 살 것을 약속해 주셨습니다. 그런데 그 은혜를 바로 복음 가운데 주신 것입니다.

## 아픔은 복음을 누릴 마음을 찾아 준다

그럼에도 불구하고 우리는 왜 복음의 능력과 약속을 누리지 못하는 걸까요? 그것은 우리가 우리 자신의 마음을 잘 알지 못하기 때문입니다. 하나님이 만나기 원하시는 것은 다름 아닌 우리의 마음입니다. 성경은 '네 마음을 다하여 하나님을 사랑하라'고 말씀합니다. 사랑은 마음에서 시작됩니다. 마음이 담겨져 있지 않다면, 그 어떤 것도 의미가 없는 것이지요. 그래서 하나님은 우리의 마음을 원하시는 것입니다. 하나님께서는 복음이 우리 마음에 들어와, 우리의 마음을 먼저 변화시킨 다음, 그 복음을 통해 하나님의 나라가 임재하기를 원하십니다.

그런데 우리는 자신의 마음에 대해 너무 무지합니다. 왜 그럴까요? 마음에 대한 전문지식이 없어서가 아닙니다. 우리의 마음은 의식되지도 않고 보이지도 않기 때문입니다. 하지만 눈에 보이는 세상 것들은 그에 비해 너무 강력합니다. 그래서 우리는 우리의 마음보다는 보이는 것과 만져지는 것들에 더 집착하게 됩니다. 행복이 마음에서 온다는 것은 알지만, 마음이라는 것이 그때그때 보이는 게 아니기 때문에, 우리는 당장 눈에 보이는 물건이나 사람에게 묶이게 되는 것입니다. 또한 우리 마음속에 뭔가 좋은 것이 있다면, 보이지 않더라도 애써 들여다보려 하겠지만, 부끄럽고 상한 것들만 있으니까 애써 우리 마음을 외면하는 것입니다.

하나님은 우리의 마음을 찾기 원하시고, 복음이 우리 마음속에서 시작되기를 원하시는데, 복음은 어느새 우리의 마음이 아닌 우리의 의지 속에 존재하고 있습니다. 그러다 보니 하나님께서 만나기 원하시는 우리 마음은 소외되고 차단되어 어둠 가운데 있습니다. 그래서 복음이 우리의 표면적 삶에만 존재할 뿐, 우리의 내면은 복음으로부터 소외되어 계속 힘든 상태로 있게 됩니다. 마음이 힘드니 모든 것이 힘듭니다. 이처럼 우리는 죽은 후에 가게 될 하나님 나라만 소망할 뿐, 이 땅에서는 하루하루를 그저 힘들게 살아가고 있는 것입니다.

예수님께서는 분명히 '하나님의 뜻이 하늘에서 이루어진 것같이 땅에서도 이루어지도록 기도하라'고 하셨습니다. 이 말씀은 '어둠이 있고, 아픔이 있고, 죄악이 있는 우리 마음에서부터 하나님의 나라가 이루어져야 한다'는 뜻입니다. 그러지 않기 때문에 우리가 복음을 알기도 하고, 또 여러 가지 노력도 하지만, 마음속에 여전히 갈등과 번민이 계속되는 것입니다.

마음이 아프면 힘들지만 사실 아프지 않으면 우리는 평생 마음을 보지 못하고 살 수밖에 없을 것입니다. 몸이 아파야 병원을 가듯이 마음이 아파야 어쩔 수 없이 마음을 보게 되고 찾기 때문입니다. 마음을 찾아야 복음도 만나고 주님도 마음에서 만날 수 있습니다. 그래서 마음이 주님으로 움직이게 되면 신앙생활이 아주 쉬워집니다. 신앙생활의 문제는 마음이 풀리지 않아 생기는 것이기 때문입니다. 마음을 이해하고 정리해가면 갈등이 해결될 수 있습니다. 그리고 갈등을 해결하는 데 필요한 모든 장치가 복음 가운데 이미 다 들어있습니다. 하나님께서 이 모든 것을 이미 복음 가운데 상세히 설명해 주셨는데, 우리의 마음이 열리지 않아 보지 못했던 것입니다.

하나님께서는 우리의 연약함과 문제점들을 다 알고 계십니다. 그분은 우리가 구하면, 모든 것을 주시는 좋으신 아버지이십니다. 하지만 중요한 것은 '하나님의 구원의 진리는 가난한 자만이 들을 수 있다'는 사실입니다. '가난한 자'란 어떤 문제가 생겼을 때 다른 해결 방법이 없기에, 오직 하나님만이 해답을 주실 수 있다고 믿으며 하나님 앞에 나아가 구하는 자입니다. 우리가 겸손히 사모하는 마음을 가지고 하나님 앞에 나아갈 때, 하나님께서는 분명 복음 속의 놀라운 능력을 보여 주실 것입니다.

## 복음의 또 다른 장애 - 가장 강력한 방어인 종교

복음은 우리를 가난하게 만듭니다. 그래서 우리 내면—구원받아야 할 바로 그 영역—을 가지고 예수 그리스도의 십자가 앞에 나아가도록 해 줍니다. 하나님의 말씀과 진리가 우리의 내면을 계속 드러냅니다. 그래서 우리의 내면이 예수님을 만나게 해 주고, 예수님 속에서 새로운 구원과 치유를 얻게 해 줍니다. 그런데 우리 속에 부끄러움이 있어서 이 좋은 복음을 거부합니다. 게다가 세상은 힘과 화려함으로 우리의 아픈 것들을 감추어 주겠다고 유혹합니다. 세상의 것들이 복음 안의 진리와 치유법들을 보지 못하게 하는 것입니다. 그래서 우리가 세상에 그토록 집착하게 만드는 것입니다.

비록 우리가 세상 가운데 있긴 하지만, 우리는 이 세상이 의의 길이 아니라는 것쯤은 잘 알고 있습니다. 세상의 것으로는 우리의 근본적인 문제를 해결할 수 없다는 것도 잘 알고 있지요. 그래서 세상 것만 가지고 자기를 감추기에는 뭔가 부족하다고 느낍니다. 그래서 좀 더 새롭고 완전한 것으로 자기 문제를 감추려 합니다. 그것이 바로 자기의입니다. 자신의 윤리와 바른 행실로 내면을 감추려 하지요. 이것이 복음과 우리 사이를 더 멀어지게 만듭니다. 그런데 우리는 자기의로도 부족해, 여기에서 멈추지 않고 종교까지 동원합니다. 자기의 도덕과 선행, 윤리 위에 절대자의 능력과 권위까지 끌어들여 더 완전해지려고 하는 것입니다.

이것이 2장 17절부터 나오는 유대인의 이야기입니다. 여기에서 유대인이란 복음을 모르는 구약의 종교인들만을 지칭하는 게 아닙니다. 신약에서 유대인은 구원받은 후의 성도들을 가리키기도 합니다. 그러므로 우리도 신앙생활에서 이 말씀을 우리 자신에게 진지하게 적용해야 할 것입니다. 즉 우리의 신앙과 기독교가, 우리를 오히려 예수 그리스도의 복음으로부터 멀리 도망가게 만드는 도피와 방어의 수단이 될 수 있다는 것입니다. 세상보다 우리를 복음에서 멀어지게 하는 더 큰 장애가 자기의라고 했는데, 종교는 자기의보다도 더 강력하게 복음을 떠나게 만드는 힘이기 때문입니다. 역설적이지만 사실입니다. 어떻게 보면 복음과 가장 멀리 있는 사람이 복음적일 수 있습니다. 반대로 늘 십자가를 부르짖는 사람이 십자가와 가장 멀리 있을 수 있습니다. 그런가 하면 성령과 가장 멀리 있는 사람이 성령충만을 갈구하는 사람일 수 있습니다. 율법과 가장 멀리 있는 사람이 율법을 가장 열심히 지키는 자일 수 있습니다. 반면 스스로 거룩하고 순결하다고 주장하며 그런 류의 운동을 하는 사람이 정작 하나님께서 보시기엔 순결과 가장 거리가 먼 사람일 수도 있는 것입니다.

역사적으로도 그랬습니다. 예수님을 누가 죽였습니까? 메시아를 가장 기다리던 사람들이었습니다. 메시아를 기다리며 하나님의 말씀을 가장 많이 연구하던 사람들, 즉 하나님의 종인 서기관들과 바리새인들이 예수님을 죽인 장본인이었단 말입니다. 누가 예수님을 배신하고 팔았습니까? 예수님과 가장 가까이 지내며 예수님의 사랑을 받던 제자였습니다. 그러므로 우리는 '신앙'이 오히려 예수님과 멀어지게 하는 방어가 될 수 있음을 깨달아야 합니다. 가장 좋은 것이 가장 위험한 것이 될 수 있음을 알아야 합니다.

북한과 대치하고 있는 상황에서, 우리가 가장 두려워해야 할 대상은 북한의 군인이 아니라 우리 국민으로 위장하고 들어온 간첩입니다. 그것도 신분을 위장해 국가 요직에 들어가 있는 사람일 것입니다. 진정 애국자요, 지도자라고 생각하는 부류 속에 그런 사람이 있다면, 그야말로 극도로 위험한 상황일 것입니다.

신앙생활에서도 정말 위험한 사람은 드러내 놓고 죄를 짓거나 방탕한 사람이 아닙니다. 그런 사람은 복음과 가까워질 기회가 그만큼 더 많습니다. 바람직한 건 아니지만 그래도 그런 사람에겐 기회가 있습니다. 그러나 스스로 의롭다거나, 하나님과 가깝다는 종교인이 실제로는 복음과 멀리 있다면 그보다 안타까운 일이 없습니다. 이것이 남 얘기라고만 생각해서는 안 됩니다. 바로 나 자신이 그런 사람일 수 있다는 것을 겸허히 받아들이고 자신의 내면을 성찰해 봐야 합니다.

그래서 사도 바울은 선줄로 알면 넘어질까 두려워하라고 얘기하면서, 매일매일 처음 믿는 사람처럼, 처음으로 복음을 접한 사람처럼 겸손하게 십자가 앞에 나아가라고 권면하는 것입니다. 구원받은 이후, 우리는 여러 가지 종교적인 행위와 노력을 하게 됩니다. 찬양, 기도, 말씀, 은사, 선교 등등 많은 것들을 행합니다. 이러한 것들이 신앙에 많은 도움이 되는 건 사실이지만, 다른 한편으로 이로 인해 오히려 복음과 멀어질 수도 있다는 사실도 간과해서는 안 됩니다. 이러한 외적 행위들이 많아질수록 오히려 하나님과 멀어질 수 있음을 기억해야 합니다. 이런 것들이 자신의 문제를 감추는 데 있어서 세상의 물질보다 더 단단한 방어가 될 수 있기 때문입니다. 하나님도 깨뜨릴 수 없는 방어가 될 수 있단 말입니다. 겉으로는 늘 복음과 십자가를 외치지만, 그 내면은 복음과 가장 멀어질 수 있습니다. 이런 사람들은 자기만 그러지 않고, 남들까지 그렇게 만듭니다. 자기 속의 쓴 물과 상처로 인해 드러난 다른 사람들의 문제를 빌미삼아 그들에게 상처를 주고, 그들을 억압하며 실족하게 만듭니다.

"그런데 그대가 유대 사람이라고 자처한다고 합시다. 그래서 그대는 율법을 의지하며, 하나님을 자랑하며, 율법의 가르침을 받아서 하나님의 뜻을 알고 가장 선한 일을 분간할 줄 알며, 눈먼 사람의 길잡이요 어둠 속에 있는 사람의 빛이라고 생각하며, 지식과 진리가 율법에 구체화 된 모습으로 들어있다고 하면서, 스스로 어리석은 사람의 스승이요 어린아이의 교사로 확신한다고 합시다. 그렇다면 그대는 남은 가르치면서도, 왜 자기 자신은 가르치지 않습니까? 도둑질을 하지 말라고 설교하면서도, 왜 도둑질을 합니까? 간음을 하지 말라고 하면서도, 왜 간음을 합니까? 우상을 미워하면서도, 왜 신전의 물건을 훔칩니까? 율법을 자랑하면서도, 왜 율법을 어겨서 하나님을 욕되게 합니까? 성경에 기록한 바 '너희 때문에 하나님의 이름이 이방 사람들 가운데서 모독을 받는다' 한 것과 같습니다." ― 롬 2:17~24

위의 말씀에 '스승'이 나오는데 스승은 다른 사람을 가르치는 사람입니다. 그런데 그는 다른 사람을 가르칠 뿐, 자기 자신은 가르치지 않습니다. 다른 사람을 향해서는 손가락질하면서, 자기 자신은 감춥니다. 다른 사람을 가르치고 판단함으로써 자신이 더 의로워지려 합니다.

우리가 왜 다른 사람을 판단하며 상처를 줄까요? 그렇게 함으로써 자기의를 돋보이게 하려는 것입니다. 자기가 살기 위해서 '교사'라는 방어의 옷을 입는 것입니다. 자신이 복음과 십자가로부터 도망가기 위해 다른 사람까지 희생시킵니다. 이런 사람들은 말로는 복음과 그리스도를 전파할지 모르지만, 그리스도 안에 있는 진정한 생명과 사랑을 막습니다. '성경에 기록한 바, 너희 때문에 하나님의 이름이 이방 사람들 가운데서 모독을 받는다'라고 하신 말씀과 같습니다.

감추어진 죄와 욕심, 위선은 언젠가 다 드러나기 마련입니다. 옆에 있는 사람들은 다 아는 것을 자기 자신만 모르는 것뿐입니다. 자기만 하나님의 축복과 사랑 가운데 있는 줄로 착각하며 삽니다. 그래서 그 사람으로 인해 이방인(믿지 않는 사람들)중에서 복음이 얼마나 모독을 받고 장애를 겪는지 모릅니다.

예수를 전하기가 가장 어려운 사람이 누구일까요? 웬만한 사람은 전도를 꾸준히 하면 예수를 믿습니다. 그런데 끝까지 예수를 믿지 않겠다고 버티는 사람들이 있는데, 그들은 예수 믿는 사람으로부터 상처받은 사람들입니다. 예수 믿는 사람들에 대해 분노와 억울함이 많은 사람들입니다. 예수 이름을 전하는 것도 예수 믿는 사람들이지만, 전도를 방해하는 사람도 역시 예수 믿는 사람이라는 것입니다.

선교지에서 선교사들이 겪는 가장 어려운 문제는 불신자인 현지인들의 방해가 아니라, 같이 일하는 선교사들이라고 합니다. 다 그런 것은 아니지만 충분히 가능한 일입니다. 교회 내에서의 문제도 마찬가지입니다. 한국 교회가 외적으로는 성장한 반면, 첫사랑의 기쁨을 잃어가는 원인이 무엇일까요? 성도들이 자신의 내면을 돌보지 않았기 때문입니다. 우리 자신의 내면에 대해 우리 자신만 모르는 채, 속고 있는 것입니다. 우리의 삶이 변화되지 않으면 더 이상 교회가 성장할 수 없습니다. 그러므로 우리의 외적인 훈련도 중요하지만, 우리 자신의 내면을 겸허하게 들여다보는 것도 놓치지 말아야 합니다. 하나님께서는 우리의 중심을 보십니다. 하나님께서는 외모로 사람을 취하지 않으십니다.

저는 내적치유 강의를 하면서 이 '내적치유의 옷(내적치유 강사라는 신분을 방어로 사용하는 것)'을 벗기 위해 몹시 노력해 왔습니다. 제 강의의 수준과 저 자신의 치유의 수준은 별개이기에, 강의 내용을 저 자신으로 착각하지 않기 위해서 매일매일 저 자신을 들여다보려 노력했습니다. 저 자신은 몹시 연약하고 부끄러운 존재인데, 이 강의가 저 자신의 모습인 양 착각하며 살지 않으려고 매일매일 할례를 할 필요가 있었습니다. 우리는 속아서는 안 됩니다. 신앙생활을 열심히 하는 것도 중요하지만, 자신을 들여다보는 데 결코 게을러서는 안 됩니다. '신앙'이 나의 방어가 되고 옷이 되어서는 안 되기 때문입니다.

하나님께서도 이러한 위험을 이미 잘 알고 계실 텐데, 왜 우리에게 율법을 주셨을까요? 유대인들은 이 문제를 하나님께 따졌습니다. '왜 우리를 선택하셔서 축복하시고, 결국은 예수를 죽이도록 하셨는가? 이 모든 것을 다 알고 계셨을 텐데 왜 그러셨는가?' 하고 따진 것입니다. 하나님께서 유대인들을 선택하시고 율법을 주신 이유는 '신앙과 축복의 참뜻을 그들을 통해 먼저 보여 주시기 위함'이었습니다. 이제부터는 하나님께서 유대인들을 선택하셔서, 그들에게 말씀과 율법과 절기를 주신 참 이유를 생각해 보도록 하겠습니다.

## 하나님의 선택기준 – 가진 게 없고 내면이 드러난 자

하나님께서는 누구를 선택하셨나요? 이 세상 모든 인류는 다 죄인입니다. 이스라엘 백성만 유독 죄가 많은 것이 아닙니다. 그런데 하나님께서는 왜 이스라엘 백성을 택하셨을까요? 이스라엘 백성들은 그들 내면의 죄가 드러난 상태였습니다. 스스로 자랑할 게 없는, 부끄러운 사람들이었습니다.

　하나님께서 사람을 선택하시는 기준은 무엇일까요? 하나님께서는 모두가 좋아하고, 자랑할 것이 많은 에서를 선택하시지 않고, 욕심 많고 거짓말 잘하는 야곱을 선택하셨습니다. 그렇다고 야곱이 더 악하고 에서가 더 선하다는 얘기가 아닙니다. 에서도, 야곱도 하나님 보시기에는 다 죄인입니다. 그런데 야곱은 자기 아픔을 감추지 못하고 드러낸 자였습니다. 하나님께서는 이런 사람을 택하시는 것입니다.

　야곱은 하나님의 축복받기를 몹시도 사모했습니다. 그런데 하나님께서 그를 만나 주신 게 언제였나요? 그가 거짓말을 하고 집에서 도망 나왔을 때, 즉 가장 비참하고 아프고 외로울 때였습니다. 바로 이때 하나님께서 야곱에게 나타나셔서 그를 축복해 주셨습니다. 야곱은 이렇게 의외의 상황에서 나타나신 하나님을 뵙고 '어찌 하나님께서 여기에 나타나셨습니까?'라며 놀랐습니다. 왜 그랬을까요? '나같이 버림받고 악하고 방황하는 자를 어떻게, 왜 찾으셨습니까?'라고 생각했기 때문입니다. 하나님께서는 누구를 찾으십니까? 아무것도 가진 게 없이, 내면이 드러난 자를 찾으십니다. 또한 하나님께서는 이기적이고 악한 레위 지파에게 거룩한 제사장의 직분을 맡기셨습니다. 이것은 야곱의 경우와 마찬가지입니다. 왜 이런 사람들을 선택하셨을까요? 그것은 우리가 구원을 받아, 하나님이 입혀주신 의의 옷을 입고, 축복을 누릴 때 '네가 누구였는지를 기억하라'는 뜻입니다.

만약 하나님께서 에서를 택하셨다면, 에서는 자신이 용맹하고, 남성답고, 사람들에게 칭찬받기 때문에, 하나님께도 선택받았다고 생각했을 것입니다. 그 결과 더욱더 자신을 모르고 감추었을 것입니다. 하나님께서는 야곱이 버림받아 밑바닥에 있었을 때, 그의 어머니마저 그를 보살펴 줄 수 없는 상황에 처했을 때, 그를 만나 주셨습니다. 왜 그러셨을까요? 자신이 누구였는지를 기억하게 하시기 위함이었습니다. 앞으로 하나님이 좋은 것으로 입혀주시더라도, 자신이 누구인지를 잊지 않고 겸손하게 무릎을 꿇게 하시기 위함이었습니다. 하나님께서는 이런 사람들을 선택하시고 옷을 입혀주십니다.

그런데 우리는 그 반대로 가려 합니다. 너무 아프고 굶주렸던 과거 때문에, 더욱더 욕심을 부립니다. 그 아픔과 굶주림을 기억하려 하기보다는 감추고, 잊고, 보상받으려 합니다. 하나님께서 주신 축복의 길을 외면한 채, 반대로 가고 있는 것입니다. 과거를 기억하면서 더 겸손해져야 함에도 불구하고, 오히려 잊으려 하고, 잊기 위해 세상 것에 더 집착하고, 더 많은 요구를 하고 있는 것입니다.

하나님은 레위 지파를 하나님의 핵심 일꾼으로 부르시고는 그들에게 세상의 기업을 주시지 않았습니다. 레위인들이 세상의 기업으로 인해 '자기가 누구인지'를 보는 데 방해가 될까 봐, 가능한 한 일용할 양식만으로, 가난한 삶을 살기 원하셨습니다. 바리새인들 역시 겉으로는 청빈한 삶을 사는 듯 했지만, 대신 그들은 '하나님의 것'을 자기의 것으로 소유했습니다. 교역자들이 범하기 쉬운 잘못입니다. 하나님의 양들을, 교회를, 명예와 권위를 자기 것으로 소유하려 합니다. 다른 소유는 없지만, 하나님이 주신, 하나님의 것들을 자기가 소유함으로써 부유해지려는 것입니다.

## 자신을 볼 수 있도록 주신 것들 - 말씀, 절기, 이웃의 재난들

하나님께서는 당신의 백성들에게 말씀을 주셨습니다. 말씀을 통해 그들이 자신을 할례하고 드러내어 스스로를 돌아보게 하시려고 주신 것이었습니다. 그런데 왜 하필 이스라엘 백성이 출애굽 한 다음, 시내 산에서(가나안에 들어가기 전에) 말씀을 주셨을까요? 말씀을 그들 마음판에 새겨, 그들이 훗날 가나안에 들어가 살 때 자신의 모습을 잊지 않기를 원하셨기 때문입니다. 말씀을 지키지 못한 부분에 대해 애통해하며 성막으로 나아가, 말씀으로 자신을 할례함으로써 죄 사함과 치유를 받을 수 있도록 하기 위해서였습니다.

이처럼 하나님께서 우리에게 말씀을 주신 것은 아주 큰 축복입니다. 우리를 복음 가운데 거하게 하는 큰 축복이지요. 그런데 우리는 이 말씀을 자기를 드러내는 수단으로 삼기는커녕 오히려 자기를 억압하고 숨기는 옷으로 삼습니다. 심지어 다른 사람에게 상처를 주는 칼로 악용하기도 합니다. 우리에게 진정으로 치유와 구원을 주시는 말씀은 좌우에 날 선 검과 같습니다. 상대방을 깊이 벗기는 만큼 자신도 깊이 벗겨야 한다는 뜻입니다. 그러나 우리는 자기를 더욱 감추기 위해 한쪽만의 검으로 돌려 상대를 향한 칼날만 세웁니다. 자기에게는 말씀을 적용하지 않습니다. 그러면서 자기는 더욱 의인이 되려 합니다.

하나님께서는 또 광야에서 이스라엘 백성들에게 절기도 주셨습니다. 이스라엘 백성에게 광야는 무슨 의미할까요? 이스라엘 백성들에게 광야는 가나안에 가서 하나님의 축복을 받고 살 수 있도록 미리 준비하는 과정입니다. 하나님께서는 그들이 광야에서 일용할 양식만으로 가난하게 살게 하시면서, 여러 가지 절기를 지키게 하셨습니다. 왜 그러셨을까요? 그것은 우리가 자신이 누구였는지를 자꾸 망각하기 때문입니다. 그래서 절기를 통해서 기억하라고 하신 것입니다. 자신이 누구였는지를 기억하라는 뜻입니다.

예수님께서 열 명의 문둥병자를 고쳐 주셨는데 아홉 명은 그냥 가버리고 한 명만 돌아왔습니다. 자기가 누구였는지를 기억하는 사람, 그래서 감사함으로 돌아올 수 있는 사람이 단 한 사람뿐이었습니다. 우리는 어떻습니까? 우리 역시 고침을 받고 난 후, 내가 누구였는지를 어느새 잊어버리고는 부족한 것만 불평하며 감사할 줄 모르진 않습니까? 그래서 하나님께서는 우리에게 절기를 주신 것입니다.

　우리에게 절기란 무엇일까요? 신약에서 우리에게 '기억하라'고 하신 것이 무엇이었지요? 우리가 기억해야 할 가장 중요한 것은 성만찬입니다. 그 외에도 고난주일, 부활주일, 감사주일, 성탄절 등이 있습니다. 이러한 절기들을 통해 하나님께서는 '우리가 누구였는지' 그리고 '하나님의 은혜와 사랑이 얼마나 큰지'를 기억하라고 하시는 것입니다.

　70여 년 전 똑같이 해방을 맞이한 우리 동포가 북한에서는 굶주리고 있는데, 우리는 얼마나 큰 은혜를 누리며 살고 있는지를 기억하는 한, 우린 감사하지 않을 수 없는 것입니다. 고침을 받은 문둥병자처럼 매 순간 감사하게 됩니다. 예수님의 보혈이 아니면, 하나님의 오랜 기다리심과 사랑이 아니면 불가능한 그 은혜에 감사할 뿐이지요.

　그래서 우리는 절기를 가볍게 여기거나 형식적으로 지켜서는 안 됩니다. 우리가 매주 맞이하는 주일도 진실로 예수님을 기억하고, 복음과 십자가 안에서 쉴 수 있는 진정한 의미의 안식일이 되어야 합니다. 우리가 하나님이 주신 절기들을 통해 자신을 돌아보지 않을 때, 하나님께서는 어떻게 하실까요? 우리 삶 가운데서 말씀을 직접 경험하게 하십니다. 실제 나의 삶 가운데서 장막절을 지내게 하십니다. 실제 나의 삶 가운데서 고난주간을 겪게 하십니다. 실제 나의 삶 가운데서 성만찬을 경험하게 하십니다.

　하지만 사랑이 많으신 하나님께서는 우리가 직접 그런 사건들을 겪기 전에, 먼저 세상의 여러 가지 사건들을 보여주시고 들려주십니다. 세상의 사건들은 하나님께서 우리에게 보내시는 메시지입니다. 우리가 성경 말씀이나 절기 가운데서 우리 자신을 찾지 못하니까, 세상을 통해 자신을 돌아보도록 해 주시는 것입니다. 세상 사건과 나는 무관하다고 생각하기 쉽지만, 우리는 대형 건물의 붕괴나 화재, 지진이나 홍수, 그 밖의 각종 재난을 통해서 자신을 돌아보아야 합니다. 이번의 코로나의 재난도 마찬가지입니다. 이를 통해 우리가 누구였는지를 기억하게 하시는 것입니다.

> "형제자매 여러분, 어떤 사람이 어떤 죄에 빠진 일이 드러나면, 성령의 인도하심을 따라 사는 사람인 여러분은 온유한 마음으로 그런 사람을 바로잡아 주고, 자기 스스로를 살펴서, 유혹에 빠지지 않도록 조심하십시오." — 갈 6:1

세상에는 끊임없이 많은 사건이 일어납니다. 대체로 좋지 않은 일들입니다. 누군가 잡혀가거나, 망하거나, 다치거나, 죽는 일이 있을 때 우리는 그것을 남의 일로 여겨서는 안 됩니다. 또한 그런 사람을 비판하거나 정죄해서도 안 됩니다. 오히려 이웃에서 일어나는 여러 가지 사건들을 통해 내게 주시는 하나님의 메시지를 들을 수 있어야 합니다.

하나님께서는 왜 우리에게 고아와 과부와 장애인을 주셨을까요? 다 알 수는 없지만, 거기엔 분명 하나님의 뜻이 있습니다. 하나님의 뜻은 무엇일까요? 우리에게 남편과 자녀가 있음에도 불구하고, 우리의 영혼은 사실 고아나 과부와 같음을 보여 주시기 위함입니다. 고아와 과부는 자신의 모습을 잘 알기 때문에 착각하지 않고 하나님을 찾습니다. 행복하다고 착각하며 하나님을 떠나 있는 우리가 사실 그들보다 더 불쌍한 사람들입니다. 그들을 동정만 할 것이 아니라 우리 자신이 바로 고아와 과부임을 깨달아야 합니다.

예수님께서는 이 땅에 오셔서 많은 병자를 고쳐 주셨습니다. 왜 그러셨을까요? 물론 그들을 불쌍히 여기셔서 그러셨습니다. 그러나 중요한 것은 병자든 건강한 자든, 우리의 육신은 언젠가 흙으로 돌아간다는 사실입니다. 육신의 병을 고치는 것이 메시아가 오신 궁극적인 목적이 아닙니다. 암을 고쳐도 언젠가는 죽습니다. 중요한 것은 우리 영혼도 그들과 같은 병자임을 깨닫는 것입니다. 우리의 내면에 암이 있고, 냄새나는 문둥병이 있음에도 불구하고, 우리는 아직 이런 신체적인 병을 가지고 있지 않습니다. 이는 내가 건강해서가 아니라 예수님의 은혜라는 것을 알아야 합니다. 그래서 그러한 병을 앓고 있는 사람을 통해 아직 드러나지는 않았어도 자신 속에 같은 병이 있는지를 살펴보아야 한다는 것입니다. 예수님께서 어느 안식일 날, 태어날 때부터 장님이었던 사람을 고쳐 주셨습니다. 예수님은 이 사건을 통해 눈을 뜨고도 보지 못하는 우리 자신을 보길 원하셨습니다. 메시아를 앞에 두고도, 보지 못하고 깨닫지 못하는 우리의 장님 된 상태를 보길 원하셨던 것입니다.

그렇다면 실제로 고아요 과부요 장애인인 사람들은 자신을 어떻게 받아들이며 살아야 할까요? 자신이 죄가 많아서 그렇게 된 거라고 생각해야 할까요? 아닙니다. 하나님께서는 그들의 삶을 통해 하나님의 뜻을 이루시려는 것입니다. 고아나 과부라는 것 자체가 하나님의 메시지, 즉 복음을 들고 다니는 것과 같습니다. 부끄러워할 것이 아니라, 오히려 '나를 통해 많은 사람이 복음에 더 가까이 갈 수 있다'는 사역자로서의 긍지를 가져야 합니다.

이루 다 말할 수 없이 아프고 힘든 게 사실이지만, 그러한 처지에 있는 사람들에게는 하나님의 특별한 은혜가 있습니다. 아픈 삶 속에서 예수님을 찾고 만나는 모습을 통해 복음을 보여 주는 것입니다. 마치 문둥병자가 예수님을 만나고, 소경이 예수님을 만난 것처럼 누가 진정 문둥병자이고 소경인지를 건강한 사람들에게 보여 주는 것입니다.

하지만 이렇게까지 해도 우리가 자신의 모습을 깨닫지 못한다면, 하나님께서는 우리 자신이 직접 부끄러움과 수치와 질병과 사건을 겪게 하십니다. 이때 우리는 이것을 하나님의 징계로 여겨서는 안 됩니다. 물론 이러한 것들이 우리의 잘못에 대한 하나님의 징계요 채찍일 수도 있지만, 우리를 버리고 대적하시기 위한 징계와 심판은 결코 아님을 기억해야 합니다. 이러한 일들이 닥쳤을 때 우리는 '하나님께서 날 버리셨다'고 항의하거나 자기정죄감이나 학대에 빠지는 경우가 많습니다. 하지만 이것이 오히려 하나님의 선택이며 사랑임을 기억해야 합니다. 왜냐하면 하나님께서는 이렇게까지 해서라도 나를 절대 포기하지 않으시고 찾아오셔서, 복음 가운데로 인도하시려는 것이기 때문입니다. 그러므로 우리는 하나님께서 우리에게 주시는 사건을 겸허하게 받아들여야 합니다.

### 가난한 자에게만 들리는 복음

하나님의 구원과 복음의 말씀은 결국 귀 있는 자에게만 들립니다. '귀 있는 자'란 가난한 자를 말합니다. 복음은 가난한 자에게만 들립니다. 가난한 자란 꼭 물질적인 것을 의미하는 것은 아닙니다. 자기가 누구인 것을 아는 사람입니다. 보이는 것으로 자기를 감추지 않고 도망가지 않는 사람입니다. 가난하면서도 이러한 자기를 인정하지 않고 거부하고 원망하고 집착한다면 결코 가난한 사람이 아닙니다. 겉으로 부유하고 풍성하더라도 이것이 자신이 아니며 그 속에 아무것도 가진 게 없는 자신을 볼 수 있다면 가난한 자입니다. 그래서 가난이란 보이는 상태라기보다는 내적인 상태를 의미하는 것입니다. 이처럼 마음이 가난해야지만 복음을 들을 수 있습니다. 가난해지기 싫어하는 자는 복음을 듣기가 어렵습니다.

해답은 간단합니다. 내가 가난해짐으로써 주님 앞에서 나의 진면목을 바로 발견하기만 하면 모든 갈등과 모순은 쉽게 해결됩니다. 내 문제가 해결되지 않는 이유는 내가 누구인지를 인정하지 않기 때문입니다. 아무리 어려운 문제라도 우리가 주님 앞에 가난해지기만 한다면 다 해결됩니다. 우리가 가난해질 때 비로소 하나님의 음성이 들리기 시작하고 복음이 보이기 시작하기 때문입니다. 예수님께서 우리의 모든 문제를 이미 십자가에서 다 감당해 주셨기에, 이제 그 문제들이 나와는 더 이상 상관이 없어집니다. 예수님이 우리의 문제들을 다 가져가시는 것입니다. 우리는 그런 주님 안에서 참 위로와 평강과 안식을 얻게 되는 것입니다.

하나님께서 이스라엘을 택하시고 그들에게 종교와 율법을 주신 것은 그들이 자신이 누구인지를 철저히 기억함으로써 복음을 통해 하나님의 은혜와 축복을 누리게 하시기 위함이었습니다. 그런데 그들은 자기들에게 종교와 율법을 주신 뜻을 따라 하나님의 은혜와 자비 가운데 나아가기는커녕 도리어 자신을 감추고 자기의와 종교로 나아가려 했기 때문에 하나님께 버림받게 된 것입니다.

하나님께서 그들을 택하시고, 그들에게 율법과 종교를 주신 본래의 선한 뜻을 저버리고 거부하여 그들이 재난 가운데 있게 된 것입니다. 자신의 잘못과 죄를 인정하지 않고 오히려 하나님의 선하심과 자비를 공격하고 원망했기 때문입니다. 이처럼 자신의 모습을 깨닫지 못하고 거역한 종교인들에게는 하나님께서 재난을 주십니다. 그렇다고 이 재난이 하나님의 버리심과 심판을 의미한다는 뜻은 결코 아닙니다.

## 종말의 참된 의미와 진정한 할례

종말과 재난은 마지막이 아니라, 오히려 하나님께서 다시 구원해 주시는 자비의 기회가 될 수 있습니다. 하나님께서는 이처럼 종교 가운데 있는 자들을 끝내 포기하지 않으십니다. 그들이 다시 복음을 만나도록 끝까지 인도하시는 것입니다.

종말이란 우리가 자랑하고 의지하던 외적인 것들이 무너지고, 감춰져 있던 진정한 생명, 즉 복음의 능력이 밖으로 드러나는 시간을 말합니다. 그래서 종말은 9회 말 역전되는 야구 경기와 같습니다. 세상이 훨씬 더 온전하고 아름다운 것 같았는데, 예수님에 의해 대역전이 일어납니다. 예수님의 마지막 볼 하나로 세상의 아름다운 것들이 다 무너집니다. 보잘것없고 비천한 복음을 의지하던 사람들이 환호하며 영원한 생명을 얻는 것입니다.

요한계시록에서는 종말에 있을 여러 가지 심판, 즉 일곱 인 심판, 일곱 나팔 심판, 일곱 대접 심판에 대해 설명하고 있습니다. 그중 마지막 일곱 대접 심판은 불신자와 마귀들 그리고 세상에 대한 심판입니다. 그러나 일곱 인 심판과 일곱 나팔 심판은 세상과 우리의 자랑거리가 허물어지는 것을 통해 '우리가 죄인이며 세상이 허무하다'는 것을 깨닫게 하시려고 교훈으로 주시는 것으로서 아직 최종적인 심판은 아닙니다. 일곱 대접 심판이 오기 전, 마지막 역전의 가능성을 믿는 자에게 다시 한번 구원과 회복의 기회를 주시는 것입니다. 그 속에서 하나님께서는 구원하실 자를 또다시 구원하십니다.

그런데 이때 가장 끝까지 복음을 믿지 않고 버티는 사람들이 있습니다. 그게 누구일까요? 성경에서는 유대인이라고 말합니다. 유대인들은 세상이 그렇게 흔들려도 진리를 보지 못하고 버틴다는 것입니다. 그만큼 유대인들이 복음 가운데 구원받기가 어려운 것입니다. 종교가 방어가 되기 시작하면 하나님께서 아무리 말씀하셔도 들리지 않기 때문입니다. 로마서에서 말하는 유대인은 단지 구약의 유대인만을 의미하는 것이 아닙니다. 신약의 유대인, 즉 기독교인인 우리 자신도 포함됩니다. 그중에서도 특히 직분을 맡아 사역하면서 더욱 종교화된 기독교인들을 가리킵니다.

그렇다면 우리는 어떻게 종말을 준비하며 살아야 할까요? 맡은 직분대로 열심히 사역을 하는 것도 중요하지만, 그 속에서 자신이 누구인지를 깨닫고 할례를 행해야 합니다.

"겉모양으로 유대 사람이라고 해서 유대 사람이 아니요, 겉모양으로 살갗에 할례를 받았다고 해서 할례가 아닙니다. 오히려 속 사람으로 유대 사람인 이가 유대 사람이며, 율법의 조문을 따라서 받는 할례가 아니라 성령으로 마음에 받는 할례가 참 할례입니다. 이런 사람은, 사람에게서가 아니라, 하나님에게서 칭찬을 받습니다."

― 롬 2:28~29

유대인의 상징 중 대표적인 것이 할례로, 그들은 몸의 보이는 곳에 할례를 했습니다. 그러나 진정한 할례는 이면, 즉 마음에 해야 한다는 것입니다. 마음의 예수, 마음의 십자가, 마음의 복음이 더 중요하다는 것이지요. 하나님께서 우리에게 사역과 재능과 축복된 가정을 주셨지만, 그것이 본래 내 것이 아님을 기억하면서, 마음을 찢어 할례하고, 그 축복의 옷들을 벗고 마음의 번제를 드리라는 것입니다. 매일매일 말씀 가운데, 성령의 검을 통해 자신이 누구였는지를 기억하며 옷을 벗으라는 것입니다. 하나님께서 주신 것이 많을수록 마음에 더 깊은 할례를 하라는 것입니다.

진정한 생명과 평강과 행복은 외적인 것에 있지 않습니다. 마음속으로부터 예수 그리스도를 만나야 합니다. 나의 죄와 상함을 대신해 예수님께서 십자가에 돌아가셨음을 알아야 합니다. 그 어린양의 보혈을 느낄 때 우리에게 참 생명, 참 행복, 참 기쁨이 있습니다. 하나님께서 많은 걸 주실수록 우리는 이 번제의 시간을 더 철저히 가져야 합니다.

하나님께서 우리에게 많은 축복을 주실수록, 많은 능력과 은사와 사역을 주실수록, 많은 말씀을 주실수록, 우리는 겸손히 십자가 앞에 나아가 마음의 할례를 행해야 합니다. 십자가 외에는 내가 자랑할 것이 아무것도 없음을 고백해야 합니다. 주님이 나를 위해 십자가에 돌아가시지 않았다면 내게 무엇이 유익하겠습니까? 종말이 오면 껍데기들은 다 사라지고 말

텐데, 어찌 이 껍데기를 의지하고 자랑하겠습니까? 어찌 이 껍데기로 다른 사람을 심판하고 정죄할 수 있겠습니까? 하나님께서 주신 어떤 것이라도, 설사 그것이 종교라 할지라도, 설사 그것이 말씀이라 할지라도, 그 옷을 벗고 마음에 할례를 받아야 합니다. 내가 죄인이라는 것, 그리고 그런 나를 위해 예수님이 십자가를 지셨다는 것을 깨닫지 못하는 한, 우리가 믿는 종교와 말씀은 도리어 우리를 병들게 하고, 예수님으로부터 멀어지게 하며, 복음의 사역을 방해할 뿐입니다.

하나님의 은혜를 많이 받은 자일수록 매 순간마다 십자가 앞에 빈손 들고 나아가야 합니다. 예수님과 하나님의 사랑이 아니면 자신이 결코 살 수 없는 자임을 고백해야 합니다.

## 기도

주여, 당신은 오늘 우리에게 말씀의 검을 주셨습니다. 좌우에 날 선 그 검으로 내 마음의 가죽옷을 벗기는 할례를 행하게 하소서. 그 검을 다른 사람에게 적용하여 그들을 판단하거나 정죄하지 않게 하시고, 내 가슴과 마음을 할례하는 데 사용하게 하옵소서.

주여, 나의 모든 의의 옷과 자랑거리와 종교의 옷들을 벗게 하여 주옵소서. 내게는 많은 사람이 칭찬하며 기뻐하며 사랑해 주는 것들이 있습니다. 그러나 주여, 나를 가난하게 하옵시고, 착각하며 살지 않게 하옵소서.

사람들의 칭찬이 아니라 하나님께서 날 어떻게 보시는지 두려운 마음으로 생각하며, 내 마음의 귀를 열어 성령의 음성을 듣게 하여 주옵소서. 사람들이 박수쳐 주는 아름다운 것들에, 거짓된 것들에 머물지 않게 하옵소서. 내 속의 것들을 바라보며 내가 누구인가를 깨닫게 하옵소서.

오 주여, 내 속에서 죽어가고 있는 것들을 보게 하여 주옵소서. 내 속이 병들었으며 내 속이 고아요, 과부요, 소경이요, 문둥병자인 것을 보게 하여 주옵소서. 내 속이 창녀요, 내 속이 탐욕으로 가득 찬 세리인 것을 보게 하여 주옵소서. 내 속의 굶주림과 불신과 원망과 정욕을 보게 하시고, 애통하게 하여 주옵소서. 예수님의 십자가가 아니면 이 세상의 것들이 아무 소용 없음을 깨닫게 하여 주시고, 내가 왜 복음에서 떠났는지를 보게 하여 주옵소서. 나의 부끄러움 때문에, 나의 종교의 옷 때문에, 내가 복음에서 떠났음을 깨닫게 하여 주옵소서. 나의 율법의 옷, 사역의 옷을 벗게 하여 주시고, 나의 성실함의 옷을 벗게 하여 주옵소서. 나의 죄와 부끄러움들을 드러내게 하옵소서.

이 아픔들은 나를 버리심이 아니라 나를 사랑하심이오니, 오늘도 십자가 앞에 복종하게 하시고, 빈손 들고 나아가게 하옵소서.

진리로 주의 십자가 앞에 인도하여 주옵소서. 방해하는 모든 악한 것들을 허물어 주시고 멸하여 주사, 우리가 주의 십자가 앞에 나아오는 데 그 어떤 것도 방해할 수 없도록 해 주옵소서. 나 자신을 보게 하여 주시고, 십자가 안에서 진정으로 치유받게 하여 주옵소서.

## 질문과 나눔

1. 자신의 신앙생활에서 마음이 어느 정도 중요한 위치에 있습니까?
2. 신앙과 종교의 차이가 무엇이라고 생각하십니까?
   또한 자신에게는 어떠한 종교인의 모습이 있다고 생각하십니까?
   왜 종교인으로 가게 된다고 생각하십니까?
3. 종교인에게 받은 상처나 아픔을 경험한 적이 있습니까?
4. 하나님의 선택에 대해 어떻게 생각하고 받아들이고 있습니까?
5. 자신이 가장 어려웠을 때 만난 주님에 대해 나누어 봅시다.
   이를 얼마나 자주 기억하며 살아가고 있습니까?
6. 주님의 은혜를 어떤 때에 가장 깊이 경험하십니까?
7. 자신에게 아픔이 올 때 이를 얼마나 직면하며 살고 있습니까?
   직면하기 어렵다면 그 이유가 무엇이라 생각하십니까?
8. 삶이 가난하고 마음이 연약해질 때 어떠한 마음이 들었고
   이를 극복하기 위해 어떻게 하였는지 나누어 봅시다.

제 7 장

# 복음의 내적 장애 1
## ― 드러남

* 롬 3, 4장

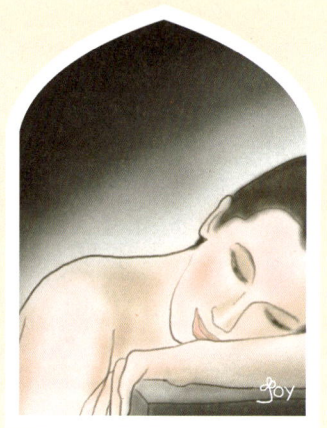

　　하나님께서는 우리에게 복음이 더욱 복음 되길 원하십니다. 구원만 받는 복음으로 끝나는 것이 아니라 복음을 통해 약속하신 하나님의 나라가 우리의 내면과 삶 가운데 이루어지길 원하시는 것입니다. 그런데 우리의 현실은 어떻습니까? 그 복음의 능력과 축복과 치유를 누리지 못한 채, 여전히 어렵고 피곤하고 아픈 가운데 신앙생활을 하고 있지는 않습니까?

　앞에서 우리는 복음의 장애가 되는 외적 요인들에 대해 살펴보았는데, 이제부터는 우리가 복음으로 가지 못하도록 막는 내적 요인들에 대해 살펴보도록 하겠습니다.

　그중 첫 번째 내적 장애는 드러남입니다. 우리가 계속 복음 속에 머물러 있기 위해서는 우리의 내면을 지속적으로 드러내야 합니다. 하지만 우리는 우리 내면이 드러날 때마다 너무 아프고 부끄럽다 보니, 이를 감추고 피하기 일쑤지요. 그 사이 우리는 어느새 복음과 멀어지고 마는 것입니다. 하나님께서는 이러한 우리의 연약함과 어려움을 너무나 잘 아십니다. 그래서 이에 대한 해결책도 준비해 주셨습니다. 이제 말씀을 통해 하나님께서 마련해 놓으신 해결책을 찾아보도록 하겠습니다.

## 내적 장애, 드러남 - 자신이 죄인임을 인정하지 않음

로마서 3장 1, 5절을 보면, 유대인들이 사도 바울에게 항변을 합니다.

> "그러면 유대 사람의 특권은 무엇이며, 할례의 이로움은 무엇입니까? ... 그런데 우리의 불의가 하나님의 의를 드러나게 한다면, 무엇이라고 말하겠습니까? 우리에게 진노를 내리시는 하나님이 불의하시다는 말입니까?" — 롬 3:1, 5

위의 질문은 마치 '가룟 유다가 무슨 잘못이야?' 하고 묻는 것과 같습니다. '어차피 예수님께서는 십자가에 달려 돌아가셔야 했고, 가룟 유다는 그 악역을 담당했을 뿐인데, 그게 왜 그의 잘못이지? 가룟 유다도 복음을 완성하는 데 일조한 것 아냐?'라고 항변하는 것과 마찬가지라는 거죠. '우리가 죄인이 된 것이 하나님의 공의를 드러내기 위함이라면, 그게 왜 우리 잘못이란 말야?'라는 궤변을 늘어놓는 것도 이와 마찬가지입니다.

유대인들이 '왜 하나님은 우리를 선택하셨는가? 그냥 이방인으로 있다가 구원받으면 되는데 하나님께서는 왜 굳이 우리를 선택하셨다가 버리시는가?'라고 항변하는 것은 마치 '우리에게 왜 선악과를 주셨는가? 차라리 우리를 창조하시지나 말지....'라고 하는 것과 같습니다.

결국 이 질문은 자기가 옳다는 것입니다. 그리고 하나님이 틀렸다는 것입니다. 자신을 합리화하고, 정당화하고, 끝까지 자신을 방어하려는 것입니다. 사도 바울이 끈기 있게 지적해 주어도 유대인들은 여전히 '하나님도 틀리지 않았느냐?'고 항변합니다. 하나님의 절대적인 의의 기준까지도 상대화시키고 자기 자신의 문제와 죄성을 감추려 합니다. 유대인들은 이처럼 자기 자신의 모습을 끝내 인정하지 않고 도망갑니다. 그래서 그들 문제가 해결되지 못하는 것입니다.

우리 자신이 죄인이고 피조물이라는 것을 인정만 하면 모든 문제가 순조롭게 해결될 텐데, 그렇게만 하면 모든 것이 축복이요 은혜가 될 텐데, 우리가 그것 한 가지를 인정하지 않기 때문에 우리는 혼돈과 모순에 빠져 헤어나질 못하는 것입니다. 우리의 모든 문제는 근본적으로 우리가 죄인이며 피조물이라는 것을 인정하지 않은 데서 생깁니다. 해결책은 우리가 그것을 인정하고 하나님 앞에 나아가는 데 있습니다. 지금 내가 누군가를 원망하고 있다면 그것은 아직도 나 자신이 의인이라고 믿기 때문입니다. 내가 누군가를 정죄한다는 것은 아직도 나 자신이 죄인임을 인정하지 않는다는 뜻입니다. 내가 누군가를 공격함으로써 나 자신을 상대적으로 더 의롭다고 주장하고 싶은 것입니다. 내가 누구인가를 깨달아야만 합니다. 여기에 바로 우리의 문제에 대한 근본적인 해답이 있기 때문입니다.

"그러면 무엇을 말해야 하겠습니까? 우리 유대 사람이 이방 사람보다 낫습니까? 전혀 그렇지 않습니다. 유대 사람이나 그리스 사람이나, 다 같이 죄 아래에 있음을 우리가 이미 지적하였습니다. 성경에 이렇게 기록되어 있습니다. '의인은 없다. 한 사

람도 없다. 깨닫는 사람도 없고, 하나님을 찾는 사람도 없다.'" ― 롬 3:9~11

위의 말씀에서는 의인이 하나도 없다고, 자기가 죄인이라고 깨닫는 자도 없다고, 그래서 하나님을 찾는 자도 없다고 합니다. 외적 조건이 어떠하든, 즉 구원을 받았든 받지 않았든, 목회자이든 평신도이든, 하나님 앞에서는 다 죄인이라는 것입니다. 우리는 외적인 조건과 행위를 가지고 사람을 판단하지만, 그것이 결코 전부가 아닙니다. 우리는 회개했는지 안 했는지, 말씀을 지켰는지 못 지켰는지... 이런 것들을 가지고 만족하거나 좌절하지만, 사실 이것들 또한 아무것도 아닙니다. 우리는 아무리 선행을 쌓아도 여전히 죄인입니다. 그 누구도 자신의 의를 가지고는 하나님 앞에 나갈 수 없습니다.

"'모두가 곁길로 빠져서, 쓸모가 없게 되었다. 선한 일을 하는 사람은 없다. 한 사람도 없다. 그들의 목구멍은 열린 무덤이다. 혀는 사람을 속인다. 입술에는 독사의 독이 있다. 입에는 저주와 독설이 가득 찼다. 발은 피를 흘리는 일에 빠르며, 그들이 가는 길에는 파멸과 비참함이 있다. 그들은 평화의 길을 알지 못한다. 그들의 눈에는 하나님을 두려워하는 빛이 없다.' 율법에 있는 모든 말씀이 율법 아래 사는 사람에게 말한 것임을 우리는 압니다. 그것은 모든 입을 막고, 온 세상을 하나님 앞에서 유죄로 드러내려는 것입니다." ― 롬 3:12~19

사람들이 겉으로는 선을 행하는 것 같지만, 본질적으로는 선을 행하는 자가 없다는 것입니다. 속이 썩어 있다는 것입니다. 겉으로는 웃고 좋은 말들을 하지만, 입술에는 독사의 독이 있고, 입에는 저주와 독설이 가득찼고, 발은 피를 흘리는 일에 빠른 게 인간의 모습이라는 것입니다.

우리가 아무리 종교를 논하고 율법을 지킨다 할지라도 우리의 내면은 이렇게 다 썩어 있는 것입니다. 그 열린 무덤의 냄새가 어디로 제일 많이 나오겠습니까? 입술로 제일 많이 나옵니다. 좋은 말을 하는 것 같지만 말로써 우리는 자기를 자랑하고 다른 사람들을 아프게 하고 정죄합니다. 우리가 아무리 감추어도 우리 속에 있는 굶주리고 상하고 썩고 악한 것이, 자기도 모르게 혀를 통해 드러납니다.

사실 우리는 하루 동안 그렇게 많은 말들을 할 필요가 없습니다. 무슨 할 말이 그리 많겠습니까? 우리가 하루 종일 하는 이야기 대부분이 무엇입니까? 자기 자랑이 아니면 다른 사람 흉보기입니다. 가령 30분 동안 말을 한다면, 처음 5분간은 교양 있는 척, 남을 위하는 척 말하지만, 나머지 25분간은 남을 깎아내리기 바쁩니다. 우리는 이런 우리 자신의 모습을 너무도 잘 모릅니다. 자기가 죄인이라는 사실을 모르는 것입니다.

우리가 선행을 하고 헌금을 하는 진짜 이유가 무엇일까요? 그것으로 내 죄를 무마하여 자기가 죄인임을 인정하지 않으려고 버티는 것입니다. 이렇게 헌금을 많이 했다는 것으로 자신을 위안하면서 한두 주는 잘 버틸 수 있습니다. 그러다 약효가 떨어지면 또 가서 봉사하고 한두 주일을 더 버팁니다. 스스로 괜찮은 사람이라고 위안하며 버티는 것입니다.

우리의 선행이 진정 그리스도의 의의 열매일까요? 우리는 그렇다고 착각하며 살아가지만, 사실은 전혀 그렇지 않습니다. 다른 사람을 판단하고 정죄하며, 나는 의인인 양 살아갑니다. 그러나 우리가 꼭 깨달아야 할 것은 바로 '우리가 우리 자신의 본질을 깨닫지 못하고 있다'는 사실입니다. 우리는 얼마나 많이 비교하며 살아갑니까? 내가 조금 괜찮다 싶으면, 불의가 드러난 자들을 얼마나 멸시하는지 모릅니다. 그러나 하나님 보시기에는 다 똑같습니다. 외적인 것을 갖춘 사람들을 그렇게 부러워할 필요가 없습니다. 경건하고 거룩하게 보이는 사람들을 그렇게 두려워할 필요가 없습니다. 목사나 죄수나 하나님 보시기에는 다 똑같습니다. 그렇다고 물론 자기 자신을 너무 멸시해서는 안 됩니다. 너무 교만할 필요도, 자책할 필요도 없습니다. 우리는 하나님 앞에서 누구나 다 똑같기 때문입니다.

우리가 하나님께 단 한 가지 구할 것이 있다면 그것은 하나님의 긍휼과 자비입니다. 회개하고 용서받았다 해도 우리는 본질적으로 죄인입니다. 우리가 본질적으로 죄인이기 때문에, 용서받았다고 해서 의인이 될 수는 없다는 뜻입니다. 모든 것이 하나님의 긍휼과 자비 덕분입니다. 내가 죄를 범하지 않은 것도 하나님의 긍휼과 은혜 덕분입니다. 하나님께서 우리를 불쌍히 여기시지 않았다면 우리 중 그 누구도 살아남을 자가 없을 것입니다. 하나님께서는 우리로 하여금 이 사실을 깨닫게 해 주시려는 것입니다.

"율법에 있는 모든 말씀이 율법 아래 사는 사람에게 말한 것임을 우리는 압니다. 그것은 모든 입을 막고, 온 세상을 하나님 앞에서 유죄로 드러내려는 것입니다. 그러므로 율법의 행위로는 하나님 앞에서 의롭다고 인정받을 사람이 아무도 없습니다. 율법으로는 죄를 인식할 뿐입니다." ─ 롬 3:19~20

우리가 이처럼 너무 자기 자신을 모르니, 하나님께서는 우리 모두가 죄인이라는 것을 깨닫게 해 주시고자 우리에게 율법을 주셨습니다. 여기에서 주목할 것은, 우리가 율법을 지켜 의롭다 함을 얻으라고 율법을 주신 것이 아니라는 사실입니다. 반대로 '율법을 통해 의롭다 함을 얻을 수 있는 사람은 아무도 없다'는 사실을 깨닫게 해 주시려고 율법을 주셨다는 것입니다.

그런데 왜 우리는 율법을 지켜서 의로워지려고 하나요? 그것은 율법의 목적이 아닙니다. 율법을 주신 목적은 '율법으로 의롭다 함을 얻을 육체가 없다'는 것을 깨닫게 하시려는 것입니다. 오로지 긍휼함을 입는 방법밖에 없다는 것을 깨닫게 하시려는 것입니다. 하나님께서 우리를 불쌍히 여겨 주셔야만 우리가 살 수 있지, 그렇지 않으면 결코 살 수 없는 존재임을 깨닫게 하시려는 것입니다. 그리고 이렇게 율법을 통해 드러난 우리의 모든 죄를 자기 아들이 대신하게 하시려는 것이었습니다. 우리 자신이 죄인임을 깨닫고 고백하기만 하면 의인이 되도록 해 주신 것입니다. 그럼으로써 우리가 의인의 길로 가게 해 주신 것입니다.

이것이 하나님의 구원이며, 하나님이 마련하신 새로운 의의 길입니다. 우리는 그 무엇으로도 의로워질 수 없는 존재임을 철저히 깨닫게 해 주시는 것이 바로 율법인 것입니다. 우리를 괴롭히고 학대하시려는 것이 아니라 하나님의 긍휼하심만을 바라보고 사랑을 깨닫게 하시려고 주신 것이 바로 율법입니다.

하나님께서는 이 귀한 율법을 유대인들에게 먼저 주셨습니다. 그렇게 선택받았다는 것이 얼마나 큰 축복인가요? 얼마나 큰 사랑인가요? 그런데 유대인들은 '유대 사람의 특권은 무엇이며, 할례의 이로움은 무엇이냐'

고 따지고 있습니다. 유대인들은 이 율법을 가지고 자기를 드러내기는커녕 이걸 가지고 도리어 자기 자신을 숨겼습니다. 말씀을 지키는 것으로 스스로 의인이 되려고 한 것입니다. 하나님 앞에 자신이 죄인임을 드러내지 않았습니다. 자신의 죄를 전혀 깨닫지 못했던 것입니다. 그들은 이렇게 율법을 잘못 사용했습니다.

유대인들은 하나님께서 자기들을 먼저 선택했다가 버리셨다고 했지만, 하나님은 유대인들을 버리신 적이 없습니다. 하나님께서 그들을 먼저 선택하시고 축복해 주셨는데, 그들이 그 축복을 바로 사용하지 않았기 때문에 버림받은 상태 그대로 있었던 것뿐입니다. 선택했다가 버리신 것이 아니라, 이미 버림받은 히브리 백성을 선택하셔서 축복의 율법을 주셨는데, 그들이 그것을 바로 사용하지 못해 버림받은 상태에 그냥 머물러 있었다는 말입니다.

하나님은 사실 우리를 버리신 적이 없습니다. 우리에게 시련을 주실 때에도 우리를 징계하시거나 버리시기 위해서가 아니라, 우리의 진면목을 드러나게 하심으로써, 우리를 참 구원의 길로, 은혜와 긍휼의 길로 가게 하시려는 것입니다. 이 모든 것이 우리를 사랑하시기 때문입니다. 우리 자신이 어떠한지 깨닫게 하셔서, 우리로 하여금 참된 복음, 참된 행복을 얻게 하시기 위한 하나님의 엄청난 사랑인 것입니다. 우리가 감당해야 할 모든 죄를 자기 아들이 대신 감당하게 하신 것입니다.

우리 내면의 모습이 드러날 때, 그때가 바로 우리가 예수님을 만나야 할 때임에도 불구하고 우리는 오히려 분노하고 원망함으로써 복음과 단절되고 맙니다. 유대인들도 그랬습니다. 자기 자신이 죄인이라는 사실을 보려 하지 않은 채, 자기 자신의 상한 부분만 보면서 하나님을 원망했습니다. 그들이 왜 하나님을 원망했을까요? 자기 속의 상한 것, 즉 버림받은 상처로 인해 '하나님이 나를 버리셨다'라는 생각이 들었기 때문입니다.

우리 내면의 모습이 드러난 후, 우리로 하여금 여전히 복음 가운데 나가지 못한 채 정죄와 분노와 낙심 가운데 머물게 하는 것이 바로 이 버림받음의 상처입니다. 하지만 하나님께서는 이러한 문제를 본질적으로 해결할 수 있는 방법을 주셨습니다.

## 참다운 믿음의 내용

그것은 바로 '믿음을 통한' 새로운 구원의 길입니다. 율법이 아닌 믿음입니다!

"그러나 이제는 율법과는 상관없이 하나님의 의가 나타났습니다. 그것은 율법과 예언자들이 증언한 것입니다. 그런데 하나님의 의는 예수 그리스도를 믿는 믿음을 통하여 오는 것인데, 모든 믿는 사람에게 미칩니다. 거기에는 아무 차별이 없습니다. 모든 사람이 죄를 범하였습니다. 그래서 사람은 하나님의 영광에 못 미치는 처지에 놓여 있습니다. 그러나 사람은, 그리스도 예수 안에서 얻는 구원으로 말미암아, 하나님의 은혜로 값없이 의롭다는 선고를 받습니다. 하나님께서는 이 예수를 속죄제물로 내주셨습니다. 그것은 그의 피를 믿을 때에 유효합니다. 하나님께서 이렇게 하신 것은, 사람들이 이제까지 지은 죄를 너그럽게 보아주심으로써 자기의 의를 나타내시려는 것이었습니다. 하나님께서 오래 참으시다가 지금 이때에 자기의 의로우심을 나타내신 것은, 하나님은 의로우신 분이시라는 것과 예수를 믿는 사람은 누구나 의롭다고 하신다는 것을 보여 주시려는 것입니다. 그렇다면 사람이 자랑할 것이 어디에 있습니까? 전혀 없습니다. 무슨 법으로 의롭게 됩니까? 행위의 법으로 됩니까? 아닙니다. 믿음의 법으로 됩니다. 사람이 율법의 행위와는 상관없이 믿음으로 의롭다고 인정을 받는다고 우리는 생각합니다. 하나님은 유대 사람만의 하나님이십니까? 이방 사람의 하나님도 되시지 않습니까? 그렇습니다. 이방 사람의 하나님도 되십니다. 참으로 하나님은 오직 한 분뿐이십니다. 그러므로 하나님께서는 할례를 받은 사람도 믿음을 보시고 의롭다고 하시고, 할례를 받지 않은 사람도 믿음을 보시고 의롭다고 하십니다. 그러면 믿음으로 말미암아 우리가 율법을 폐합니까? 그럴 수 없습니다. 도리어 율법을 굳게 세웁니다." — 롬 3:21~31

이제 하나님께서 새로운 의의 길—율법을 통하지 않고 믿음을 통해 가는 길—을 새롭게 주신 것입니다.

우리가 율법을 통해서 스스로 죄인이라는 사실을 인정하기만 하면, 우리가 짊어져야 할 모든 죄의 문제를 예수님께서 대신 짊어져 주십니다. 그 결과 우리는 하나님의 은혜로 값없이 의롭다 함을 얻는 것입니다. 우리는 그 어떤 행위나 노력으로도 의로워질 수 없습니다. 오직 믿음으로만 의로워질 수 있습니다. 처음 구원받을 때만이 아니라, 구원 이후 매일매일의 삶 가운데 우리 자신을 드러내고, 예수 그리스도가 나의 모든 드러난 것들을 대신 감당하심을 믿는 것으로 의로워진다는 말입니다. 이제 누구도 복음 안에서 자랑할 것이 없습니다. 인간의 그 어떤 자랑거리인들 우리를 의롭게 만들 수 없기 때문입니다. 우리가 자랑할 것은 스스로가 죄인임을 고백하는 것, 그리고 예수 그리스도의 십자가밖에 없습니다. 하나님께서는 자기를 더 많이 드러내는 자일수록 더 의롭다고 하십니다.

4장에서는 믿음의 본질에 대해 더 자세히 설명해 줍니다. 믿음으로 구원을 받는다고 했는데, 그렇다면 믿음이란 무엇일까요? 그리고 무엇을 어떻게 믿어야 하는 걸까요? 지금부터 이 중요한 질문들에 대한 대답을 찾아보도록 하겠습니다.

"그러면 육신상으로 우리의 조상인 아브라함이 무엇을 얻었다고 우리가 말할 수 있겠습니까? 아브라함이 행위로 의롭게 되었더라면, 그에게는 자랑할 것이 있었을 것입니다. 그러나 하나님 앞에서는 자랑할 것이 없습니다. 성경이 무엇이라고 말합니까? '아브라함이 하나님을 믿으니, 하나님께서 그를 의롭다고 여기셨다' 하였습니다." — 롬 4:1~3

창세기 15장 6절에 '아브람이 여호와를 믿으니 여호와께서 이를 그의 의로 여기시고'라고 했습니다. 여기서 아브라함이 믿은 믿음의 내용이 무엇입니까?

"이런 일들이 일어난 뒤에, 주님께서 환상 가운데 아브람에게 말씀하셨다. '아브람아, 두려워하지 말아라. 나는 너의 방패다. 네가 받을 보상이 매우 크다.'" — 창 15:1

우선, 이 말씀을 통해서 우리는 아브라함이 낙심과 불안과 표현치 못할 분노 가운데 있었음을 알 수 있습니다. 아브라함은 갈대아 우르를 떠난 후 하나님의 은혜 가운데 많은 축복을 받았습니다. 그러나 이제 롯도 떠나보냈습니다. 그는 또 사로잡힌 롯을 구하기 위해 목숨 걸고 좇아가 연합군들을 격파하는 등 믿음으로 많은 일을 행했습니다. 이제 이만하면 하나님께서 약속의 기업을 주실 때도 되었다고 생각했을 것입니다. 하지만 하나님의 약속은 여전히 이루어지지 않았습니다. 자식이 생기지 않았습니다. 이러한 가운데 그는 하나님에 대한 불신과 원망 그리고 자기 자신에 대한 무력함과 적군의 반격에 대한 두려움 가운데 있었던 것입니다.

그런데 그때 하나님께서 나타나셨습니다. 아브라함이 무력한 가운데, 분노와 두려움 가운데 있을 때에 하나님께서 임하셔서 말씀하신 것입니다. 그리고 하나님께서 그를 위로하셨습니다. 아브라함이 이렇게 무력한 모습을 드러내었을 때 하나님께서는 그의 믿음 없음과 원망을 야단치거나 꾸짖지 않으셨습니다. 오히려 하나님께서는 그렇게 볼품없는 아브라함을 데리고 밖으로 나가 말씀해 주십니다.

"주님께서 아브람을 데리고 바깥으로 나가서 말씀하셨다. '하늘을 쳐다보아라. 네가 셀 수 있거든, 저 별들을 세어 보아라.' 그리고는 주님께서 아브람에게 말씀하셨다. '너의 자손이 저 별처럼 많아질 것이다.'" ─ 창 15:5

하나님께서는 어린아이를 대하듯 친절하게 시청각교육까지 시키셨습니다. 하나님은 어린아이처럼 무력해진 아브라함을 정죄하거나 야단치지 않으시고 받아 주시며, 도리어 자신의 약속과 계획을 확인시켜 주셨습니다.

"아브람이 주님을 믿으니, 주님께서는 아브람의 그런 믿음을 의로 여기셨다."
― 창 15:6

'아브람이 주님을 믿으니'라는 말은 무슨 뜻일까요? 그것은 아브라함이 자기처럼 연약하고 무력한 자를 하나님께서 찾아 주시고 받아 주셨다는 사실을 믿었다는 것입니다. 즉 하나님의 사랑을 믿었다는 것입니다. 하나님의 용납하심과 선하심을 믿었다는 것이지요. 믿음의 첫 번째 내용은 바로 이것입니다. '주님께서는 아브람의 그런 믿음을 의로 여기셨다'라고 하셨듯이 하나님께서는 아브라함의 그런 믿음을 의로 여기신 것입니다.

"그러나 경건하지 못한 사람을 의롭다고 하시는 분을 믿는 사람은, 비록 아무 공로가 없어도, 그의 믿음이 의롭다고 인정을 받습니다. 그래서 행한 것이 없어도, 하나님께서 의롭다고 여겨 주시는 사람이 받을 복을 다윗도 다음과 같이 말하였습니다. '하나님께서 잘못을 용서해 주시고 죄를 덮어 주신 사람은 복이 있다. 주님께서 죄 없다고 인정해 주실 사람은 복이 있다.'" ― 롬 4:5~8

이 역시 믿음에 대한 이야기입니다. 우리가 경건치 못하고 게으를 때에도 하나님이 우리를 불쌍히 여기시고 용납하시고 사랑하신다는 이야기입니다. '내가 일한 것이 없음에도 불구하고 나를 의롭게 여기심을 믿는 것'이 믿음이라는 것입니다.

이 믿음이 왜 중요할까요? 율법을 통해서 우리의 문제가 드러나면 우리는 본능적으로 부끄러움과 버림받음의 두려움을 갖게 됩니다. 그러나

'이 문제를 드러내신 것은 하나님께서 나를 정죄하고 버리기 위해서가 아니라, 나를 받아주시고 축복하시기 위해서야.'라는 사실을 믿는 것이 바로 하나님께서 의로 여기시는 믿음입니다. 즉 믿음이란 '아무런 받아줄 가치가 없는 나를 받아주신다'는 사실을 믿는 것입니다. '내게 어떤 죄와 상함이 있다 해도 하나님께서는 여전히 나를 찾고 기다리신다'는 것을 믿는 것입니다.

> "아브라함이 할례라는 표를 받았는데, 그것은 그가 할례를 받지 않은 상태에서 이미 얻은 믿음의 의를 확증하는 것이었습니다. 그래서 그는 할례를 받지 않고도 믿는 모든 사람의 조상이 되었으니, 이것은 할례를 받지 않은 사람들도 의롭다는 인정을 받게 하려는 것이었습니다." – 롬 4:11

할례라는 표는 믿음의 의를 확증하는 상징으로 하나님 사랑의 증거입니다. 할례는 드러남입니다. 그런데 이스라엘 백성들은 할례를 거꾸로 행했습니다. 할례로 오히려 자기를 감추었던 것입니다. 믿음이 아닌 행위로써 할례를 행했기 때문입니다.

복음의 첫 번째 내적 장애는 우리의 아픈 것이 드러날 때, 우리가 그 아픔에 휩싸여 드러내심의 뜻을 놓치는 것입니다. 그 결과 복음으로 가는 길마저 놓치는 것이지요. 그렇다면 이 드러남의 장애를 어떻게 극복할 수 있을까요? 그것은 깨어 있는 믿음으로만 가능합니다.

우리는 자신의 모습이 드러날 때 하나님을 원망하고 자기를 정죄합니다. 그럼에도 불구하고 하나님께서는 왜 굳이 우리의 아픔을 드러내실까요? 우리가 마음속에 아픔을 가지고 있는 한, 하나님께서 아무리 잘해 주셔도 하나님을 누릴 수가 없기 때문입니다. 내 속에 버림받음의 마음이 있으면, 내 속에 분노가 숨겨져 있으면, 내 속에 열등감이 있으면, 하나님께서 아무리 내게 사랑 고백을 하셔도 우리는 그저 도망만 다닐 뿐 그 사랑을 누릴 수가 없습니다. 아가서의 말씀대로 '은밀한 바위틈'에 숨어서 나오지 않아(아가 2:14) 하나님의 나라를 누릴 수가 없기 때문입니다. 하나님께서는 나를 버리신 적도, 멀리 떠나신 적도 없습니다. 내 상처가 그렇게 느끼도록 할 뿐입니다.

하나님께서는 우리 내면의 상처를 드러내셔서 예수님의 십자가 보혈의 능력으로 치유하시길 원하십니다. 그 상처가 치유되어야 내가 하나님을 바로 만날 수 있기 때문입니다. 우리가 바로 옆에 계신 하나님을 멀리 계시다고 느끼는 이유는 우리 속의 열등감과 피해의식 때문입니다. 이것을 치유 받지 않으면 그 피해의식으로 인해 항상 하나님을 원망하게 됩니다. 하나님께서는 우리를 선택하셔서 축복하시려고 우리에게 다가오시는데, 우리는 자신이 드러날 때의 감정과 하나님을 혼동하여 하나님께 모든 것을 투사해 버립니다. 그 결과 하나님께서 우리를 더 깊이 만나지 못 하도록 숨거나 거부해 버리는 것입니다.

그래서 하나님이 가장 원하시는 것은 무엇보다 우리의 믿음입니다. '나의 아픔과 연약함이 아무리 드러난다 하더라도 하나님께서는 그 모든 것을 용납하고 사랑하신다'는 믿음을 원하시는 것입니다. 그러므로 드러난 우리 내면의 문제는 사실 하나님의 사랑을 보여 주는 통로입니다. 그것은 하나님께서 우리에게 참된 구원과 행복과 치유를 주시기 위해 예비하신 것이기 때문입니다.

하나님께서는 탕자를 기다리는 아버지처럼 지금도 자신을 드러내고 돌아오는 자를 기다리시며 기뻐하십니다. 그러므로 이제 내 안의 그 어떤 것이 드러나더라도 두려워하거나 혼돈하지 말고, 나를 있는 모습 그대로 받아 주시는 나의 친구 예수님께 나아가시기 바랍니다. 성경에서는 바로 이 믿음을 의라고 한 것입니다.

'의로운 행위'가 의가 아니라, '의로움이 없지만 받아주신다는 것을 믿는 것'이 의라는 것입니다. 자기의 문제를 드러낸 후, 그것을 주님께 드리기만 하면 의로워진다니, 이 얼마나 쉽습니까? 하나님께서는 우리의 드러난 아픔과 연약함을 이렇게 멋지게 해결해 주십니다!

### 십자가와 부활에 대한 참다운 믿음

두 번째로, 아브라함의 믿음에 관한 다음 말씀을 통해 참다운 믿음이 무엇인지 살펴보겠습니다.

> "이것은 성경에 기록된 대로 '내가 너를 많은 민족의 조상으로 세웠다' 함과 같습니다. 이 약속은, 그가 믿은 하나님, 다시 말하면, 죽은 사람들을 살리시며 없는 것들을 불러내어 있는 것이 되게 하시는 하나님께서 보장하신 것입니다. 아브라함은 희망이 사라진 때에도 바라면서 믿었으므로 '너의 자손이 이와 같이 많아질 것이다' 하신 말씀대로, 많은 민족의 조상이 되었습니다. 그는 나이가 백 세가 되어서, 자기 몸

이 이미 죽은 것이나 다름없고, 또한 사라의 태도 죽은 것이나 다름없는 줄 알면서도, 믿음이 약해지지 않았습니다. 그는 하나님의 약속을 믿고 의심하지 않았습니다. 오히려 그는 믿음이 굳세어져서 하나님께 영광을 돌렸습니다. 그는 하나님께서 스스로 약속하신 바를 능히 이루실 것이라고 확신하였습니다. 그래서 하나님께서는 이것을 보시고 그를 의롭다고 여겨 주셨습니다. '그가 의롭다는 인정을 받았다'는 말은, 아브라함만을 위하여 기록된 것이 아니라, 하나님께서 의롭다고 여겨 주실 우리, 곧 우리 주 예수를 죽은 사람들 가운데서 살리신 분을 믿는 우리까지도 위한 것입니다. 예수는 우리의 범죄 때문에 죽임을 당하셨고, 우리를 의롭게 하시려고 살아나셨습니다."— 롬 4:17~25

하나님께서 의롭다고 여기신 것이 무엇입니까? 우리는 믿음으로 하나님께 나아가지만, 내 모습 속에 아직도 죄가 그대로 있음을 보게 됩니다. 하나님께서 용납해 주셨다고 했음에도 불구하고, 내 속에 여전히 상처와 죽음밖에는 아무것도 없음이 느껴집니다. 이것은 마치 아브라함이 하나님을 믿었지만, 현실은 자신이 점점 나이가 들어가고, 허전하고, 무력하고, 자기에게 남은 것이라곤 죽음밖에 없었던 것과 같습니다. 그런데 아브라함은 '없는 것들을 불러내어 있는 것이 되게 하시는 하나님'을 믿었습니다. '희망이 사라진 때에도 바라면서' 믿었던 것입니다. 자기 몸이 이미 죽은 것이나 다름없고, 또한 사라의 태도 죽은 것이나 다름없는 줄 알면서도, 믿음이 약해지지 않았습니다.

그러면 우리는 무엇을 믿어야 할까요? 예수님이 나 대신 죽으심으로써 예수님의 부활의 생명이 내 안에 있게 된다는 사실을 믿어야 하는 것입니다

다. 다시 말해서 '예수 그리스도의 십자가와 부활을 믿는 믿음'이 바로 두 번째 믿음의 내용인 것입니다.

첫 번째 믿음은 '나의 문제가 드러났을 때에도 주님은 여전히 나를 사랑하시니, 내가 그 사랑 안에서 예수 그리스도께 나아가, 난 가진 게 아무것도 없다는 것, 그리고 나의 죄악들을 십자가 앞에 드릴 때 주님이 십자가 안에서 바꾸어 주신다'는 것을 믿는 것이었습니다.

그런데 두 번째 믿음은 '예수님께 나의 무력한 자궁을 드리면, 예수님께서 십자가에서 죽으신 후 다시 새로운 생명으로 태어나실 때, 내 자궁 속에 새로운 생명을 주신다'는 사실을 믿는 것입니다. 이것이 바로 십자가와 부활에 대한 믿음입니다. 십자가를 믿는 믿음 안에서 바랄 수 없는 것을 바라는 믿음입니다. 그러기 위해서는 나의 절망과 죄와 버림받음을 먼저 드려야 합니다. 그럴 때 주님의 사랑과 용서하심으로 우리가 변화될 것입니다. 예수님이 죽으시고 다시 살아나심으로써 아브라함의 믿음이 우리 속에서 이루어지는 것입니다. 우리에게 어떠한 문제가 있다 할지라도 십자가는 우리의 모든 문제를 확실히 해결할 수 있기 때문입니다!

## 치유는 우리가 먼저 믿음으로 하나님의 용납하심과 은혜의 품에 안길 때 일어난다

우리는 이 두 가지 믿음을 거꾸로 하기 때문에 실패합니다. 많은 사람이 하나님께서 먼저 자신의 문제를 받으시고 이를 믿음으로 해결해주신다고 믿기보다는, 자신의 문제를 스스로 먼저 해결해야 하나님께서 받아 주신다고 믿습니다. 그러나 하나님께서는 우리가 우리의 문제가 해결되지 않은 상태에서 먼저 하나님께로 나오기 원하십니다. 우리가 하나님께 나아가 그 품에 안기면, 하나님께서는 의와 사랑 가운데 우리의 깊은 곳을 드러내 주십니다. 그리고 완전한 용서를 받습니다. 그러나 탕자의 비유를 보면, 탕자가 회개하여 스스로 아버지의 용서를 선택하고 결정하여 스스로 종으로 일하겠다고 했습니다. 스스로 문제를 해결하여 아버지의 품으로 들어간 것입니다. 온전한 품에 안긴 것은 아닙니다. 우리도 마찬가지입니다. 먼저 회개하고 자신이 자신의 문제에 대해 선택하여 해결한 다음, 하나님 품으로 들어가겠다고 합니다. 그래서 우리는 하나님 품에 들어갔지만, 아들의 신분을 누리지 못하고 스스로 종의 신분으로 살고 있는 것입니다. 하나님의 집에 있지만 아직 완전히 용서받지 못하고 삽니다.

그래서 또다시 죄를 짓지 않으려고 늘 긴장하며 삽니다. 하나님께서 날 또다시 야단치시고 버리시지는 않을까 늘 불안에 떨며 삽니다. 하나님께서는 우리가 선택하고 해결하는 이런 식의 회개를 원치 않으십니다. 우리를 위하여 자기 아들을 희생시키시기까지 우리를 사랑하신 하나님께서 우리가 왜 종으로 살기를 원하시겠습니까?

하나님께서는 우리에게 자신의 사랑과 영광을 주시기 원하십니다. 그러므로 우리는 먼저 하나님 품으로 나아가야 합니다. 하나님께서는 탕자가 돌아왔을 때 진정 회개를 했나 안 했나 시험해 보지도 않으셨습니다. 오는 대로 그저 받아 주셨습니다. 아무것도 묻지 않고, 가장 좋은 옷을 입혀주시고, 가락지를 끼워주시며, 잔치까지 베풀어 주셨습니다. 이 정도면 장자가 화낼 만도 합니다. 그러나 하나님께서는 이 어리석은 방법을 택하셨습니다. 다 용서해주실 뿐만 아니라 축복까지 해 주셨습니다. 왜 그러셨을까요? 탕자가 하나님의 긍휼하심과 사랑을 느낄 수 있게 해 주시려고 그러셨던 것입니다.

우리의 마음이 언제 진정으로 열리나요? 긍휼함을 입을 때입니다. 사랑을 입을 때입니다. 탕자는 회개하고 종으로 들어가 살려 했지만, 아버지는 자기를 용서해 주시고 좋은 옷을 입혀 주셨습니다. 그때 그의 마음이 어땠을까요? 다시 아들의 신분으로 회복된 것을 떳떳이 즐길 수 있었을까요? 잔치를 마냥 즐거워하기만 했을까요? 아버지께 얼마나 부끄러웠겠습니까? 통회하는 마음이 얼마나 컸겠습니까? 그는 그 어느 때보다 더 깊이 회개했을 것입니다. 그의 마음이 아버지의 사랑으로 인해 진심으로 변화되고 겸손해졌기 때문입니다.

이처럼 하나님께서는 우리를 마음 깊은 곳까지 완벽하게 치유해 주시기 위해 복음 가운데서 빈틈없이 준비하고 계십니다. 중요한 것은 우리 스스로 먼저 자신의 문제를 해결하고 난 후, 하나님 품에 가려고 해서는 안 된다는 것입니다. 우리의 죄악과 문제들을 예수님의 보혈로 해결한다 해도 우리 마음속에는 여전히 정죄감이 남아 있습니다. 여전히 하나님에 대한 두려움이 남아 있습니다. 그러나 하나님은 우리가 두려움과 정죄감 가운데 머물러 있길 원치 않으십니다. 하나님은 이러한 우리의 문제를 누구보다 더 잘 알고 계십니다.

그러므로 우리는 먼저 하나님의 용납하심과 은혜의 품에 안겨야 합니다. 있는 모습 그대로 하나님 품에 안겨야 합니다. 하나님께서는 우리의 죄 있는 모습 그대로, 상한 모습 그대로 받아 주시고 축복해 주십니다. 그 하나님의 받아 주시는 사랑 가운데 거하시기를 바랍니다.

하나님께서 처음에 율법으로 우리를 드러내실 때, 우리가 그 드러난 것을 가지고 하나님의 품으로 나아가면, 하나님께서는 당신의 사랑으로 우리 마음속 더 깊은 곳의 상처까지 드러내셔서 예수 그리스도의 십자가 앞에 가져가게 하십니다. 그래야만 우리에게 깊은 치유가 있게 됩니다. 그리고 하나님을 두려워하거나 무서워하지 않게 됩니다. 그러한 가운데 하나님의 자녀로서 하나님의 나라를 누릴 수 있게 됩니다. 회개도 하나님 품 안에서 이루어져야 합니다. 먼저 회개한 다음에 하나님께 나아가려 하면 온전한 치유가 있을 수 없습니다. 우리가 하나님의 은혜의 품 밖에서 회개를 먼저 한 후 하나님께 다가갈 경우, 우리에게 하나님은 무서운 하나님이 되고, 우리 마음은 정죄감을 떨쳐버릴 수가 없습니다. 그리고 그 정죄감 안에 우리가 용서받아야 할 죄와 부족함이 억압되어 진정한 은혜의 용서를 체험하지 못하게 됩니다. 중요한 것은 회개를 하되, 하나님의 사랑과 은혜 가운데 해야 한다는 사실입니다.

우리 속의 어떤 문제가 드러나든, 그 문제를 예수님의 십자가 앞에 드리기만 하면 됩니다. 그러면 내 속의 그 어떤 상함도 주님의 좋은 것으로 바뀝니다. 슬픔이 기쁨으로, 눈물이 웃음으로, 죄가 하나님의 의로 바뀝니다. 이 얼마나 놀라운 복음입니까? 하나님은 우리를 구원하시기 위해 철저히 준비하시고 계획하셨습니다. 빈틈없이 하셨습니다. 우리가 할 거라곤 아무것도 없습니다. 우리가 할 것은 그저 하나님의 사랑과 신실하심을 믿는 것뿐입니다. 내 속에 어떤 것이 드러난다 하더라도, 예수님께서 이미 십자가에서 대신하셨기에 우리는 일어설 수가 있는 것입니다. 두려워하지 마십시오. 이것이 드러남에 대해 하나님이 준비하신 능력과 은혜의 길입니다.

하나님은 얼마나 자상하시고 좋으신 분인가요? 우리의 드러남을 책망하시거나, 부끄럽게 만드시거나, 우리 스스로 해결하도록 내버려두지 않으시고, 하나님의 사랑과 예수님의 십자가와 부활을 통해 이처럼 편안하고 쉽게 해결할 수 있도록 해 주셨으니 이제 우리가 더 이상 무엇을 걱정하며 주저하겠습니까? 우리의 내면 드러내기를 망설이거나 부끄러워해서는 안 됩니다. 그것이 바로 의로워지는 길, 축복으로 가는 길이기 때문입니다. 우리는 더 이상 부끄러울 것도, 책망받을 것도 없습니다. 우리가 받아야 할 부끄러움과 책망을 예수님께서 대신 당하셨기 때문입니다. 그것을 믿기만 하면 이 은혜가 내 것이 됩니다. 복음을 방해하는 모든 장애를 해결할 수 있는 능력과 방법이 복음 안에 이미 예비되어 있습니다. 복음은 이렇게 좋고도 완전한 것입니다. 하나님 자신이 그렇게 좋고 완전하신 분이시기 때문입니다. 우리를 사랑하시는 하나님께 감사와 영광을 올려 드립니다!

## 질문과 나눔

1. 자신의 잘못과 수치가 드러날 때 마음이 어떠합니까? 이러한 마음을 어떻게 해결합니까?
2. 정죄와 버림받음이 올라올 때 마음이 어떠합니까? 이를 어떻게 해결합니까?
3. 주님의 자비와 용서를 경험한 적이 있습니까? 이때의 마음은 어떠했습니까?
4. 자신의 수치와 부족함을 숨기고 보상하기 위해 어떤 노력을 해본 적이 있습니까?
5. 하나님께서 자신을 버렸다고 생각해 본 적이 있습니까? 이를 어떻게 극복하였습니까?
6. 자신의 감정에 깊이 빠져 본 적이 있습니까? 감정과 상황을 혼돈한 적이 있습니까? 어떻게 그 감정에서 빠져나왔습니까?
7. 내가 신앙에서 믿고 있는 것의 핵심이 무엇이라고 생각하십니까? 믿음의 본질이 무엇이라 생각하십니까?
8. 주님의 용서와 의를 믿고 경험한 적이 있습니까? 완전한 의인으로서 당당함을 느끼고 있습니까?
9. 주님의 용서를 통한 십자가의 사랑을 경험한 적이 있으면 나누어 봅시다.

제 8 장

# 복음의 내적 장애 2
## — 버림받음

* 롬 5:1-11

　　　　때로 우리는 살아가면서 나 혼자인 것 같아 힘들 때가 있습니다. 또한 하나님도 멀리 계신 것처럼 느껴질 때가 있지요. 그러나 사실은 그렇지 않습니다. 우리가 죽음의 절망 가운데서 아무것도 할 수 없었을 때, 무력한 죄인이었을 때, 하나님께서는 이미 우리의 이런 상황을 다 아시고, 우리를 사랑하셔서, 우리를 위한 구원과 치유의 계획을 세우시고, 엄청난 자기희생을 감수하시면서까지 우리에게 구원과 치유의 길을 주셨습니다. 이것이 바로 복음입니다.

　　하나님이 어찌 우리를 모르시겠습니까? 그러기에 우리가 아프고 힘들 때마다 하나님의 구원과 치유를 확신하며, 그런 하나님께 나아가는 것이 바로 믿음입니다. 하나님 앞에 나아갈 수 있는 자격도, 조건도 안 되는 자신의 상태를 바라보는 게 아니라, 오로지 하나님의 사랑과 자비만을 바라보고 나아가는 것이 믿음이라는 것입니다.

　　"그러므로 우리는 믿음으로 의롭다 하심을 받았으므로, 우리 주 예수 그리스도로 말미암아 하나님과 더불어 평화를 누리고 있습니다. 우리는 또한, 그리스도로 말미암아 지금 서 있는 이 은혜의 자리에 믿음으로 나아오게 되었으며, 하나님의 영광에 이르게 될 소망을 품고 자랑을 합니다. 그뿐만 아니라, 우리는 환난을 자랑합니다. 우리가 알기로, 환난은 인내력을 낳고, 인내력은 단련된 인격을 낳고, 단련된 인격은 희망을 낳는 줄을 알고 있기 때문입니다. 이 희망은 우리를 실망시키지 않습니다. 하나님께서 우리에게 주신 성령을 통하여 그의 사랑을 우리 마음속에 부어 주셨기 때문입니다. 우리가 아직 약할 때에, 그리스도께서는 제 때에, 경건하지 않은 사람을 위하여 죽으셨습니다. 의인을 위해서라도 죽을 사람은 거의 없습니다. 더욱이 선한 사람을 위해서라도 감히 죽을 사람은 드뭅니다. 그러나 우리가 아직 죄인이었을 때에, 그리스도께서 우리를 위하여 죽으셨습니다. 이리하여 하나님께서는 우리들에 대한 자기의 사랑을 실증하셨습니다. 그러므로 지금 우리가 그리스도의 피로 의롭게 되었으니, 그리스도로 말미암아 하나님의 진노에서 구원을 얻으리라는 것은 더욱 확실합니다. 우리가 하나님의 원수일 때에도 하나님의 아들의 죽으심으로 말미암아 하나님과 화해하게 되었다면, 화해한 우리가 하나님의 생명으로 구원을 얻으리라는 것은 더욱더 확실한 일입니다. 그뿐만 아니라, 우리는 또한 우리 주 예수 그리스도로 말미암아 하나님을 자랑합니다. 우리는 지금 그로 말미암아 하나님과 화해를 하게 된 것입니다." — 롬 5:1~11

우리가 믿음으로 의롭다 하심을 받았지만, 하나님의 구원 계획은 단지 여기에서 끝나지 않습니다. 하나님은 우리와 함께 평화를 누리길 바라십니다. 그리고 우리가 더 큰 은혜로 들어가 하나님의 영광을 바라고 즐거워하기를 원하십니다. 처음 믿은 구원은 단지 시작에 불과합니다. 갈수록 점점 더 풍성해지는 기쁨과 화목함이 있다는 것입니다.

결혼식과 신혼여행 때에만 즐겁고 기뻤다가 그 후로는 그냥 재미없이 일상에 묻혀 사는 것이 원래 결혼의 뜻이 아닙니다. 결혼 생활에 아픔과 어려움이 있는 게 물론 사실이지만, 결혼식과 신혼여행은 단지 결혼 생활의 시작일 뿐, 살아갈수록 더욱 좋고 행복해지는 것이 원래 결혼의 뜻일 것입니다. 하나님께서는 분명 우리가 이렇게 살기를 원하십니다.

신앙생활도 마찬가지입니다. 하나님에 대한 첫사랑, 처음 은혜받았던 때, 그토록 재미있었던 기도와 봉사를 생각하며 그리워만 할 것이 아닙니다. 신앙생활은 과거지향적인 것이 아닙니다. 하나님께서는 우리의 결혼 생활뿐만 아니라 신앙생활도 과거보다는 현재가, 현재보다는 미래가 더욱 기쁘고 깊어지도록 하셨습니다.

그러나 현실은 그러지 못하다는 것이 우리의 솔직한 고백일 것입니다. 그렇다면 우리의 신앙생활이 왜 더 깊어지지 못하고, 오히려 예전보다 더 못한 상태에 머물러 있을까요? 이제 그 이유를 살펴보고자 합니다.

## 구원 후 더 큰 기쁨을 누리지 못하는 이유

우리가 복음 안에서 어떻게 신앙생활을 해야 기쁨과 재미를 느낄 수 있는지 머리로는 잘 알고 있지만, 그게 실생활에서는 잘 되지 않는 게 사실입니다. 열심히 기도하지 못해서, 믿음이 약해서, 훈련을 안 받아서, 의지가 부족해서, 내가 못나서... 그렇다는 원인분석을 하고는, 이를 극복하기 위해 또다시 노력하고 애쓰다 더욱 지치고, 결국에는 자포자기까지 하게 되는 경우가 많습니다.

그러나 우리의 신앙이 왜 깊어지지 않는지 그 이유를 정확히 알고 해결하면 의외로 문제가 쉽게 해결될 수 있습니다. 하나님께서 우리의 이런 어려움들을 이미 다 아시고 준비하셨기에, 우리가 하나님의 해결책을 알고 그대로만 적용하면 사실 아주 쉽습니다.

먼저, 우리는 구원을 받고 의롭다 함을 받았지만 본질적으로 죄와 상함은 그대로 있다는 사실을 알아야 합니다. 구원을 받은 후에도 우리 속에는 여전히 불신과 두려움과 죄와 죄의식이 있습니다. 물론 우리가 의롭다 칭함을 받은 게 사실이지만, 우리 속에 여전히 구원받지 못한 부분이 있어서 그렇습니다.

의롭다 함을 받고 난 후, 우리 내면에 어떤 일이 생길까요? 우리가 하나님을 경험하고 나면 하나님과 자기 자신이 너무 비교되기 시작합니다. 어둠 속에 있을 때는 자기가 누군지, 자기에게 무슨 문제가 있는지 모릅니다. 그런데 빛을 비추니까 이제 자기를 깨닫기 시작합니다. 말씀을 보니까 자신이 누군지를 알게 됩니다. 하나님을 경험하고 나니까 자신이 얼마나 아팠는지 알게 되는 것입니다. 그런데 문제는, 우리가 이렇게 자신을 알기 시작하면 아픔을 내놓아야 하는데, 우리는 자기의 본모습에 더 부끄러움을 느껴 우리는 본능적으로 자신을 가리기 시작한다는 것입니다. 부끄러움을 느끼면, 아무 생각할 틈도 없이 본능적으로 그것을 가리고, 억압하고, 학대하게 되기 때문입니다. 죄인 된 우리가 거룩한 하나님을 만날 때 본능적으로 보이는 반응입니다.

북한에 있는 사람들은 자기 자신이 얼마나 묶여 있고 가난한지 모릅니다. 강냉이죽 먹는 것을 당연한 것으로 여기며 삽니다. 그러나 가끔 외국에 다녀오거나 방송을 듣는 사람들은 자기들이 어떻게 살고 있는지를 압니다. 남한의 생활을 경험해 본 사람들은 더 잘 알 것입니다. 자기가 얼마나 속고 살아왔는지 말입니다.

　그런 것처럼 우리도 어둠 속에 있을 때에는 자신의 형편을 모르고 지내다가, 하나님의 영광 가운데 그 은혜와 사랑을 경험하게 되면서 점차 자기 자신의 모습이 어떠한지 깨닫게 됩니다. 이때 우리는 한편으로는 본능적으로 자기를 감추고 억압하지만, 다른 한편으로는 그러한 은혜와 사랑을 놓치지 않기 위해 노력합니다. 누가 시켜서 하는 것이 아닙니다. 그분의 사랑이 너무 좋은 걸 알았기에 옛날로 돌아가고 싶지 않은 것입니다. 하나님을 기쁘시게 하고 그 사랑을 계속 받고 싶은 것입니다. 하나님의 인정과 사랑을 받고 싶어서, 본능적으로 자기 속에 있는 것들을 감추고, 율법을 지키려 합니다. 사랑 가운데 거하기 위해서 열심을 냅니다. 또 교회에서도 그렇게 가르치고 훈련합니다.

　그런데 문제는 그러다 보면, 처음에 성령님이 힘을 주셔서 은혜로 하던 신앙생활이, 점차 시간이 지남에 따라 스스로 의의 옷을 입으려 하면서 조건적으로 변질되기 시작한다는 것입니다. 그러면서 내가 성령님보다 앞서 가려 합니다. 하나님이 주신 축복과 능력에 집착하며, 그것을 놓치지 않으려고 노력합니다. 그리고 그 환상 속에 자기 문제를 숨깁니다. 자기 열등감과 버림받음 등의 문제들은 덮어둔 채, 하나님을 놓치지 않는 데에만 집중합니다. 이런 과정은 하나님의 의롭다 하심을 받은 우리에게 나타나는 무의식적이고 반사적인 반응입니다.

우리는 이러한 노력을 통해 하나님께서 약속하신 축복을 누릴 수 있으리라 기대하지만, 사실은 우리가 노력하면 할수록, 겉으로 열심히 신앙생활을 하면 할수록, 속으로는 참 기쁨과 능력이 사라져감을 느끼게 됩니다.

왜 그럴까요? 그 이유는 자기 자신을 드러내어 십자가로 가지 않기 때문입니다. 그 결과 하나님께서 주시는 능력과 은혜를 받지 못하는 것입니다. 그러면서 하나님께서 약속하신 더 깊은 구원에서 점점 더 멀어지게 됩니다. 자기 자신의 모습이 어떠한지 깨닫기는 하지만, 이를 자꾸 억압하고 학대하기 때문에 십자가와 만나지 못하게 됩니다. 십자가가 없이, 그리스도의 복음 없이 어떻게 하나님과 화목할 수 있겠습니까? 나의 죄와 상함이 해결되지 않고 여전히 있는 채로, 하나님 앞에서 인정받고 사랑받으려 애쓰고 노력한다면 얼마나 피곤하고 힘들겠습니까? 하나님께 버림받을까 봐 불안해하고 긴장하며 노력한다면, 거기에 무슨 화평이 있고, 무슨 기쁨이 있겠습니까?

처음에는 자녀로 살면서 좋았는데 점차 종이 되어 버린 꼴입니다. 자녀로서 당당히 누리지 못하고 피곤하게 살고 있는 형국입니다. 하나님께서는 우리가 말씀을 통해 십자가 복음 앞에 나아와 예수님께 모든 것을 맡기고 십자가 안에서 화목하기를 원하십니다. 하나님의 은혜와 화평 가운데 거하며 기쁨을 나누길 원하십니다.

그런데 자기를 드러냄이 없고, 십자가가 없으니 화목함도 없고 말씀도 제 기능을 못 하는 것입니다. 오히려 하나님의 말씀을, '자신을 버리시는 것'으로 오해합니다. 좋은 집안에 시집간 여자가 남편이나 시어머니의 뜻을 곡해하는 것과 같습니다. 기침 소리만 들어도 나무라는 것으로 여깁니다. 온통 피해의식뿐입니다. 하나님께서 우리에게 원하시는 것은 종으로 피곤하게 사는 게 아닌데 말입니다. 그러니 하나님께서 보시기에 얼마나 답답하시겠습니까? 집안일 할 사람이 필요해서 신랑이 신부를 맞이하는 것이 아닌데, 신부는 늘 일에만 치어 사니, 신랑이 얼마나 안타깝겠습니까? 하나님 마음이 바로 그렇습니다.

## 우리를 드러내어 축복하시기 위한 환난과 시련

그러나 하나님께서는 여기에서 포기하시지 않고, 어쩔 수 없이 우리에게 새로운 처방을 내리시는데 그것이 바로 환난과 시련입니다. 3절의 내용과 같이 우리가 구원받은 이후에 반드시 환난의 과정을 겪게 됩니다. 하지만 사실은 하나님께서 이 환난의 과정을 통해 엄청난 축복을 준비하시는 것입니다. 즉 우리가 하나님께 더 깊이 들어가게 하십니다.

그런데 우리는 또 이것을 잘못 이해하여 방황하고 좌절하며 하나님의 뜻을 벗어납니다. 그래서 우리는 무엇보다 환난과 시련의 의미를 잘 이해할 필요가 있습니다. 환난과 시련을 허락하신 하나님의 뜻과 계획을 알아야만 그분이 주시는 치유와 축복을 누릴 수 있기 때문입니다.

환난이 무엇입니까? 그것은 내가 의지하고 자랑하던 것, 내가 지키려고 노력하던 것, 내가 집착하던 것들이 흔들리는 것입니다. 내가 쌓아 올린 것들이 깨어지고 무너지는 것입니다. 있으나 마나 한 것이 무너지면 환난이라고 느끼지 않습니다.

하지만 내가 집착하던 것이 깨어지고 없어지면 불안합니다. 이는 우리가 자신의 문제나 상함을 그것들로 감추고 있었음을 의미합니다. 흔히 우리는 아끼고 사랑하던 어떤 것이 없어졌기 때문에 고통스럽다고 생각하지만, 사실은 그렇지가 않습니다. 그동안 그것으로 자신의 문제를 감추고 있던 게 드러났기 때문에 힘이 드는 것입니다. 돈을 잃거나 자녀가 실패할 때, 그게 왜 그토록 큰 시련으로 느껴질까요? 그동안 그것들을 자신의 열등감이나 두려움을 감추어 주는 덮개로 사용해 왔기 때문입니다. 그것들이 자신의 내면적 문제와 결부되어 있기 때문에, 그것을 잃는 게 시련이 되는 것입니다. 시련이라는 것은 외적인 사건 그 자체보다는, 그 사건이 내게 미치는 충격을 의미합니다. 아무리 작은 일이라도 내가 충격을 받는다면, 그것이 바로 내게는 시험이며 시련이 되는 것입니다.

누가 봐도 큰 시련인데, 내가 그에 흔들리지 않고 충격을 받지 않는다면 그것은 내게 환난이 아닙니다. 그러나 아무리 사소한 일이라도 큰 충격으로 받아들이는 사람은 어쩔 수 없이 많은 환난과 시련 속에 살 수밖에 없습니다. 그러므로 우리는 시련이 갖고 있는 내적의미를 이해할 필요가 있습니다. 시련이 나를 아프게 하는 게 아니라, 시련을 통해 그동안 내가 감추고 있던 것들이 드러나기 때문에 아픈 것입니다.

하나님께서는 우리가 무언가에 집착해, 은혜와 화목함을 누리지 못한 채, 종처럼 피곤하게 사는 것을 안타까워하십니다. 그래서 우리 자신의 모습을 드러내시기 위해, 우리가 다시 복음으로 나아갈 수 있게 하시기 위해, 그동안 우리를 덮고 있던 뚜껑을 잠깐 열어서 보여 주시는 것입니다.

아픈 줄 아시지만, 우리가 다시 십자가 앞에 나오게 하시기 위해, 우리가 감당할 만큼만 흔드시는 것입니다.

그런데 우리는 비명을 지릅니다. 내 속에 있는 두려움과 불안으로 인해 한탄합니다. 하나님이 나를 버리셨다고 생각하며 자신을 정죄하고 학대합니다. 그동안 지키지 못했던 이런저런 율법들을 떠올리며 그에 대해 하나님이 심판하시는 것으로 오해합니다. 어차피 처음부터 다 지키지도 못할 율법이었는데, 그걸 못 지킨 걸 가지고 자신을 정죄합니다. 큐티를 빼먹은 것, 십일조를 빼먹은 것, 거짓말한 것, 남을 정죄한 것 등의 죄를 찾아내어 자책하며 열등감에 빠집니다.

그러면서 한편으론 그동안 자신이 하나님께 열심히 충성했지만 이렇게 환난을 당한 것에 대해 하나님을 원망합니다. 그렇게 한참 원망하다가 다시 하나님이 두려워져 또다시 자신을 책망합니다. 이렇게 하나님을 향한 원망과 자신을 향한 자책을 무수히 반복하는 것입니다. 그러다가 '나는 왜 이것밖에 되지 못할까?'라며 자신을 다시 정죄하고 책망합니다. 그래서 우리는 시련을 당하면 정신없이 힘들어지고 당황하는 것입니다.

그러다 심하게는 하나님께서 자기를 버리셨다는 생각에, 자기가 과연 구원을 받은 것인지 회의를 갖기도 합니다. 이렇게 영적인 문제와 심리적인 문제, 상황적인 문제들이 복잡하게 결부되면 간혹 우울증에 빠지기도 합니다. 완전히 무력해져서 기도나 큐티조차 못하게 되는 것이지요.

하나님께서 우리에게 환난을 주시는 이유가, 과연 우리를 이토록 무력하게 만드시려는 걸까요? 천만에요. 하나님께서 우리에게 환난을 허락하신 것은 그런 이유에서가 아닙니다. 원래는 간단하게 해결될 수 있는 문제인데, 우리가 자신의 감정에 걸려 넘어지고 휘말려 방황하는 것뿐이지요. 그래서 과거에 크게 은혜받고, 열심히 믿으며 봉사하던 사람이 시련 가운데 넘어지면, 방황도 더 심하게 하게 됩니다.

이러한 문제들에 대한 하나님의 뜻이 무엇인지 이제부터 좀 더 정확히 살펴보겠습니다.

## 하나님의 전적인 축복과 은혜

하나님께서 우리에게 환난을 주시는 본래의 목적은 무엇일까요? 우리는 일반적으로 '하나님의 말씀을 지키면 축복을 받고, 지키지 않으면 징계와 시련을 당한다'고 생각합니다. 물론 이것이 단순히 우리 생각만은 아닙니다. 하나님께서도 그런 약속의 말씀을 많이 하셨으니까요. 그러나 문제는 이 말씀을 표면적으로만 이해해서는 안 된다는 것입니다. 이 말씀을 주신 하나님의 더 깊은 뜻을 알아야 합니다. 무엇보다 '우리가 하나님의 말씀을 잘 지켜야 하나님의 축복을 받을 수 있다'는 생각 자체가 본질적으로 잘못된 것입니다.

5~7절 말씀처럼 하나님께서는 우리가 아직 연약할 때에, 경건치 않을 때에, 아직 죄인 되었을 때에 자기 아들을 희생시키셨습니다. 생명은 하나뿐입니다. 두 번 다시 돌이킬 수가 없습니다. 하나님께 하나밖에 없는 독생자 예수 그리스도, 그 단 하나뿐인 생명을 희생시키실 수밖에 없었다면, 적어도 그 죽음이 값져야 하지 않겠습니까? 그 죽음으로 인해 큰 열매를

맺어야만, 예수 그리스도의 죽음이 적어도 어떤 의미와 보람을 갖지 않겠 냐는 말입니다.

이처럼 하나님께서 예수 그리스도를 우리 대신 죽게 하신 것은, 하나 님 입장에서는 엄청난 모험과 투자였습니다. 인간들이 죄를 깨닫지도 못 하고, 회개하지도 않고, 하나님께서 무엇을 준비하셨는지도 모른 채, 죄악 가운데 있을 때 하나님께서는 우리를 위하여 독생자를 희생시키셨기 때문 입니다.

우리는 우리에게 피해를 끼친 사람이 회개하고 애원을 해도 사실 용서 하기가 어렵습니다. 그런데 하나님께서는 자기 죄도 모르고 회개치도 않 는 가장 무가치한 인간들을 위해 자기 아들을 희생시키신 것입니다. 만약 인간들이 회개하지 않으면 애꿎은 아들만 잃는 것입니다. 얼마나 비효율 적이고, 무모한 계산입니까? 누가 그런 투자를 하겠습니까? 그런데 하나 님께서는 아무것도 깨닫지 못하는 죄인들을 왜 이렇게까지 사랑하시고 구 원하시려는 걸까요? 이 얼마나 큰 축복인가요?

창세기 3장을 보면, 아담과 하와가 죄를 범하고 숨어 버렸습니다. 자기 죄를 깨닫지 못하고 도망간 것입니다. 그런데 하나님께서 아담을 찾으셔 서 물으셨을 때, 아담은 도리어 적반하장으로 하나님을 원망합니다. 하나 님이 만드신 여자 때문에 이런 일이 벌어졌다고 변명합니다. 전혀 회개하 지 않습니다. 그런데 하나님께서는 이런 그들에게 가죽옷을 입혀 주셨습 니다. 아무것도 깨닫지 못하고 원망하며 분노하는 인간들을 징계하지 않 으셨습니다. 하나님께서는 인간에게 자신의 생명을 주어, 천사보다 더 존 귀한 존재로 만드셨는데, 그 인간이 하나님을 배신한 것입니다. 그럼에도 불구하고 징계하지 않으시고 오히려 가죽옷을 입혀주셨습니다. 그런데 인간은 자기가 본래 흙이었다는 자기의 본질조차 잊은 채, 선악과를 만드신 하나님만 원망합니다. 하나님께서는 이 배은망덕한 인간들을 당장 멸망시킬 수도 있으셨지만, 오히려 그들을 위해 자기 아들을 희생시키셨습니다. 게다가 우리의 아픔을 불쌍히 여기시고, 그 아픔을 가죽옷으로 덮어 주셨습니다.

우리를 구원해 주신 것만으로도 감사한데, 하나님께서는 우리의 아픔을 덮어 주시기 위해 가죽옷까지 주십니다. 우리에게 좋은 가정과 부모를 만나게 하시고 좋은 용모와 지혜를 주십니다. 그런데 우리는 이것이 우리가 뭘 잘해서 받은 축복이라고 생각합니다. 얼마나 큰 착각입니까? 이러한 축복들이 우리가 하나님을 기쁘게 해서 얻은 것입니까? 우리가 율법을 잘 지켰기 때문에 얻은 것입니까? 그렇게 생각하면 큰 착각입니다. 우리가 얼마나 하나님을 거절하고 괴롭혔는지를 생각해 본다면, 그깟 말씀 좀 지키고 의를 행한 것은 눈에 보이지도 않을 작은 티끌에 불과하니까요. 하나님께서 율법을 지키면 축복해 주시겠다고 말씀하신 것은 우리에게 무언가를 가르치시기 위한 것이며, 우리를 축복하실 구실을 찾기 위한 것에 불과합니다. 부모가 자식에게 가르침을 주는 것과 마찬가지입니다. 자식을 가르치면서 무언가를 덤으로 주고 싶은 마음과 같습니다.

우리가 율법을 잘 지켜서 축복받는 것이 아닙니다. 기도를 많이 했다고 축복받는 것도 아닙니다. 그것은 단지 하나님께서 교훈으로 보여 주시는 것일 뿐입니다. 하나님께서는 우리를 축복하기 원하셔서 그런 구실들을 만드시는 것일 뿐, 그것이 축복의 실제적인 이유는 아니란 말입니다.

사실은 우리가 율법을 지키는 것 자체가 하나님의 은혜요 축복입니다. 우리를 축복하시기 위한 하나님의 자비이고 사랑입니다. 그래서 우리가 잘못한 것들은 눈감아 주시고, 조금 잘한 것들을 애써 찾아내셔서 축복해 주시는 것입니다. 우리가 율법을 다 지켰기 때문에 축복을 주시는 게 아닙니다. 모든 것이 하나님의 은혜와 긍휼 덕분입니다. 우리가 자격이 있어서 축복을 받았다고 생각하면 큰 오산입니다. 오직 은혜로 인한 것입니다. 살아 있는 것도 은혜요, 구원받은 것도 은혜입니다. 하나님은 이처럼 우리의 밑바닥까지 아시면서도, 우리를 징계하지 않으시고 축복해 주시는 분이십니다.

## 시련과 환난 – 계약이 아닌 사랑의 관계

그렇다면 우리에게 닥치는 시련과 환난의 의미는 무엇일까요? 우리가 뭔가 잘못했기 때문에 하나님께서 징계하시는 걸까요? 앞에서도 언급했듯이 우리가 이미 본질적으로 더할 수 없는 죄인이었을 때에도 하나님께서는 우리에게 일방적으로 은혜와 사랑을 베풀어 주셨습니다. 그런데 우리가 조금 잘못했다고 해서, 하나님이 우릴 버리실까요? 우리의 밑바닥까지 다 아시면서도 자기 아들을 희생시키신 분인데, 우리가 조금 잘못했다고 해서 그걸로 우리를 징계하실까요? 그런 분이 어떻게 자기 아들을 희생시킬 수 있겠습니까?

분명 축복에는 인과관계가 있습니다. 징계에도 분명한 이유가 있습니다. 하나님께서는 우리가 잘못했을 때 그것을 깨닫게 하시려고 우리에게 징계와 채찍을 내리시는 게 사실입니다. 그것을 부인하자는 게 아닙니다. 다만 징계와 채찍 속에 있는 하나님의 깊은 마음을 이해해야만 우리가 거기에 바르게 반응할 수 있다는 것입니다.

주인이 종에게 내리는 징계와 부모가 사랑하는 자녀에게 내리는 징계는 그 내용이 다릅니다. 그래서 중요한 것은 우리가 그 징계를 그 둘 중 어떤 종류의 것으로 받아들이느냐 하는 것입니다. 축복이나 시련을 단순히 우리의 잘못에 대한 인과관계로 생각하거나, 아니면 하나님께서 우리를 싫어해서 버리시는 것으로 받아들인다면 하나님과 우리는 주인과 종의 관계일 뿐입니다. 그것은 계약관계입니다. 그러나 부모 자식 관계는 다릅니다. 자식이 잘하면 칭찬받고 잘못하면 야단맞는 게 당연합니다. 그러나 이것 때문에 부모 자식 관계가 유지되거나 깨어지는 것은 아닙니다.

하나님께서는 우리와 계약관계를 맺으시려고 자기 아들을 희생시키면서까지 우리를 구원하신 게 아닙니다. 그분은 우리와 더 깊은 관계, 즉 사랑과 은혜의 관계를 맺길 원하십니다. 그런데 우리는 축복과 환난을 계약관계의 관점으로만 보고, 그에 대해 감사하거나 회개합니다. 이러한 태도는 하나님의 깊은 뜻을 알지 못하는 데서 기인합니다.

욥기에서 욥의 친구들이 하는 이야기가 바로 그랬습니다. 그들의 말은 하나도 틀린 게 없었습니다. 매우 성경적이기까지 합니다. 그러나 그들은 하나님의 깊은 뜻을 알지 못했습니다. 그래서 하나님께서 그들의 말을 거절하셨던 것입니다. 하지만 욥은 어땠습니까? 그가 끝까지 친구들의 말에 항변하며 부르짖은 것은 무엇입니까? 욥은 자기가 누구인지를 이미 알고 있었습니다. 자신이 과거에 축복을 받은 것은 자신의 의 때문이 아니라 하나님의 일방적인 은혜 때문이라는 것을 알고 있었던 것입니다.

그래서 그는 번제를 드렸던 것입니다. 자기 자녀들이 그것을 모를까 봐, 자녀들을 위한 번제까지 함께 드렸던 것입니다. 번제라는 것은 자기가 누구인가를 기억하고 깨닫는 행위입니다. 그 축복 속에서도 욥은 자기가 누구인지를 잊지 않았던 사람입니다. 본인이 아무런 은혜와 축복을 입을 만한 자격이 없는데도 하나님께서 자기를 의롭다 하시고 축복해 주셨음을 매번 번제를 통해 확인함으로써, 하나님을 향한 감사와 은혜가 넘쳤던 것입니다. 그래서 욥은 하나님께서 그 모든 축복을 거두어 가셨을 때, 그동안 주신 것만으로도 충분히 감사하다고 생각했기 때문에 하나님을 원망할 수 없었던 것입니다.

다만 욥이 하나님께 질문했던 것은 '그동안 나는 하나님께 의롭다 하심을 입어 축복을 받았었는데, 왜 새삼스럽게 나의 본질로 인해 날 다시 버리셨을까?'라는 것이었습니다. 그것은 '과거에도 내 본질은 피조물이며 죄인이었지만, 하나님께서 나를 불쌍히 여기셔서, 내가 번제를 통해 보혈을 의지해 하나님 앞에 나아갈 때 나를 의롭다 여기시고 은혜와 자비 가운데 살게 하셨는데, 왜 이제 와서 그 자비를 거두시고 나를 죄인 그대로 보시는 걸까? 지금까지 덮어주셨던 것을 이제 와서 갑자기 왜 벗기시는 걸까?'라는 질문이었습니다. 욥은 하나님의 긍휼과 사랑과 은혜에 늘 감사하면서 살았는데, 하나님께서 갑자기 그 긍휼하심과 의롭다 하심을 거두어 가시니, 그 이유를 알 수 없어 그런 질문을 했던 것입니다.

하나님께서는 욥을 다시 흙으로 돌아가게 하셨습니다. 욥이 아파한 것은 바로 그것이었습니다. 욥은 자기가 의롭다고 주장한 것이 아니라, 하나님이 은혜를 거두어 가신 것에 대해 슬퍼한 것입니다. 자기 자신이 죄인인 줄 알고 번제를 드릴 때마다 하나님께서 기뻐 받으시며 자비를 베푸셨는데 왜 갑자기 그 자비를 멈추신 것인지, 아버지의 사랑에 대해 호소하고 있는 것입니다. 그러나 욥의 친구들은 그렇지가 않았습니다.

하나님께서는 우리가 회개하기를 원하십니다. 그러나 우리가 하나님의 사랑의 마음을 이해하지 못한 채 회개만 한다면, 우리와 하나님과의 관계는 계약에 의한 주종관계밖에 되지 않을 것입니다. 하나님은 '회개와 용서'라는 '계약'을 통해 우리와 관계 유지하기를 원치 않으십니다. 그럴 경우, 우리는 하나님을 단지 두려움의 대상으로만 만날 뿐, 하나님의 깊은 축복과 진정한 성품을 만나지 못하기 때문입니다. 우리의 죄성과 열등감을 억압한 채 긴장상태로 하나님을 만난다면, 하나님께서 우리에게 약속하신 화목함과 영광과 기쁨 가운데 들어가지 못하기 때문입니다.

하나님은 이러한 회개를 원치 않으십니다. 환난이 있을 때 잘못을 회개해야만 하나님의 용서와 축복을 받을 수 있다는 식으로 하나님을 편협하게 오해해서는 안 됩니다. 우리가 겉으로만 회개할 경우, 사실 그 회개의 배후에는 여전히 하나님께 버림받았다는 상처와 하나님의 징계를 두려워하는 마음이 그대로 남아 있어, 이 상태로는 하나님과 화평을 누릴 수가 없습니다. 이것은 종의 신분으로 하나님께 나아가는 것입니다. 하나님께서 진정 원하시는 것은 우리가 버림받을까 봐 두려워 억지로 회개하는 게 아니라 하나님의 사랑을 깨닫고 받아들이는 것입니다.

하나님께서는 결국 욥에게 뭐라고 응답하셨습니까? 욥의 질문이 옳았다고 하셨습니다. 하지만 욥의 친구들이 회개와 환난에 대해 갖고 있던 태도는 틀렸다고 하셨습니다. 하나님께서 우리에게 욥기를 주신 이유는 우리가 율법에 의한 계약관계로 하나님을 만나는 게 아니라, 그보다 더 근원적인 밑뿌리, 즉 하나님의 긍휼과 사랑과 은혜를 만나게 해 주시기 위함입니다. 그것이 바로 시련과 환난에 대한 진정한 하나님의 뜻이기 때문입니다.

3절에서 5절까지의 말씀은 우리가 환난을 자랑해야 한다고 합니다. 우리가 죄인이었을 때, 그때 이미 우리를 위해 자기 아들을 희생시킨 하나님의 사랑을 기억한다면 우리는 환난 중에서도 희망을 갖게 되고 기뻐할 수 있다는 것입니다.

우리가 시련을 당할 때 가장 힘든 게 무엇입니까? 하나님의 징계와 버리심에 대한 두려움입니다. 그렇지만 두려움 때문에 하나님 앞에 나아가 회개하고, 잘못을 무마해 보고자 노력한다면, 하나님과 진정으로 화목한 관계를 갖기는 어려울 것입니다. 그러므로 우리가 회개하기 전에 꼭 먼저 기억해야 할 것은 '왜 나에게 이러한 시련과 어려움을 허락하셨는지' 하나님의 뜻을 헤아려 보아야 한다는 것입니다. 내가 이보다 훨씬 더 잘못했을 때에도 날 그토록 사랑하셔서 자기 아들을 내 대신 희생시키셨음을 기억해야 합니다. 그리고 이 시련을 '내가 잘못해서 하나님이 날 버리신 것'으로 오해하지 말고, 이 시련을 통해 나의 내면의 문제를 드러내시려는 것임을 깨달아야 합니다. 즉 하나님의 아들이 내 문제를 대신 감당해 주셨기에, 하나님께서는 여전히 날 용서하시며 사랑하신다는 것을 다시 한번 기억하고 믿어야 하는 것입니다.

자녀와 물질과 세상에 대해 집착하고 있는 한, 우리는 하나님의 영광과 평화를 누릴 수 없기에 하나님께서 너무도 안타까우셔서 우리를 잠깐 흔드신 것뿐입니다. 우리를 이미 사랑하셨고, 더 사랑하시려고, 우리의 내면의 문제를 드러내어 복음과 십자가 앞에 나아가게 하시려고, 그래서 더 좋은 것을 누리게 하시려고 시련을 주신 것입니다.

여기에서 '내가 하나님보다 세상에 더 집착한 걸 벌하시려고 시련을 주시는 게 아닌가? 그렇다면 이 역시 내가 잘못하면 응징 받는 계약관계가 아닌가?'라는 질문을 할 수도 있을 것입니다. 물론 하나님께서 우리가 세상에 대해 집착하는 것을 깨닫게 하시려고 시련을 주시는 것은 사실이지만, 그것은 결코 우리가 미워서 징계하시거나 버리시는 게 아닙니다. 반대로 우리를 너무나 사랑하시기 때문에 안타까우셔서 바른길로 인도하시려는 것입니다. 더 좋은 것을 주시기 위한 하나님의 사랑입니다.

하나님은 우리의 모든 사정을 다 알고 계십니다. 우리가 회개하지 않았을 때에 이미 그토록 우리를 사랑하셨습니다. 그러므로 우리가 시련을 만났을 때, 무엇보다 먼저 하나님의 사랑과 용납 앞에 나아가야 합니다. 자신의 죄를 먼저 다 회개한 다음에 나아가려 한다거나, 잘못을 먼저 다 시정한 다음에 나아가려 해서는 안 됩니다. 하나님께서 환난을 통해 우리의 부끄러운 모습을 깊이 드러내실 때, 우리는 이를 다시 원상 복구해 달라고 기도하기보다는, 우리의 이 부끄러운 모습을 대신해 주시고 용서해 주시고 축복해 주시는 하나님을 알게 하시려고 이 환난을 주셨음을 믿고 하나님 앞에 담대히 나아가야 합니다. 그럴 때 우리는 환난 가운데서도 오히려 즐거워하고 기뻐하며 희망을 가질 수 있는 것입니다.

## 장애를 극복하는 바른 믿음

하나님께서 그토록 우리를 용서하시고 사랑하시는데, 여러분은 무엇이 부끄러워 정죄감을 갖습니까? 우리는 하나님의 사랑을 믿고 나아가야 합니다. 두려워하지 말고 담대하게 믿음으로 나아가야 합니다.

우리가 가져야 할 첫 번째 믿음은 하나님의 긍휼하심을 바라보는 것입니다. 우리가 하나님의 긍휼하심을 믿고 하나님 앞에 나아갈 때, 이를 방해하는 내 속의 문제들이 있습니다. 바로 정죄감과 두려움과 열등감입니다. 우리가 믿음으로 하나님께 나아가고자 할 때 이런 마음들이 장애가 되는 것입니다. 하지만 이러한 감정들을 하나님과 결코 혼동해서는 안 됩니다. 이것은 내 속에 감추어져 있던 상한 마음입니다. 이것이 있는 한 우리는 하나님과 화목함을 누릴 수 없습니다.

우리가 하나님의 생명과 사랑을 떠나 홀로 남겨졌을 때 생긴 게 바로 우리의 상한 마음입니다. 그래서 우리는 이 아픔을 더 깊은 하나님의 은혜와 사랑을 통해 치유받아야 합니다. 하나님께서는 우리를 아름다운 포도원으로 초대하셔서 같이 누리기를 원하십니다. 그런데 우리 내면의 상처인 작은 여우가 온통 포도원을 헤집고 다니며 하나님을 만나지 못하게 합니다(아 2:15). 하나님께서는 이 작은 여우를 잡아야 한다고 말씀하십니다.

하나님께서는 이미 우리를 사랑하고 사랑과 축복을 나누어 주실 준비를 하고 계십니다. 하나님께서는 예수 그리스도를 통해 화목케 하는 길들을 다 열어 놓고 계시는데 우리 속에 있는 상처와 아픔이 하나님의 사랑을 만나지 못하게 방해하는 것입니다. 우리는 그 상처와 아픔을 드러내어 예수 그리스도의 십자가 보혈로 치유 받으면 됩니다. 내 속의 모든 상처와 아픔을 예수님이 대신 받으시고 당하셨는데, 우리가 왜 그 아픔을 다시 당할 필요가 있겠습니까? 예수님이 십자가에서 다 당하셨다는 것을 믿고 십자가에 드리기만 하면 치유받을 수 있습니다. 오직 십자가를 통해서만이 하나님과 우리가 화목케 될 수 있습니다. 오직 십자가를 통해서만이 우리가 하나님의 아름다운 동산에서 하나님과 함께 기쁨과 사랑을 나눌 수 있게 됩니다.

하나님께서는 이를 위해 우리의 속을 드러내시는 것입니다. 그런데 우리는 하나님과 내 감정을 혼동합니다. 단지 내가 버림받았다고 느끼는 것뿐인데, 그 버림받음의 감정을 '하나님이 날 버리셨어'라는 생각과 혼동하여, 하나님에 대해서 계속 두려워하고 분노함으로써 점점 하나님과 멀어집니다. 그렇게 우리를 속이는 게 누구일까요? 마귀입니다. 마귀는 우리의 감정을 자극해서 우리가 하나님을 만나지 못하도록 혼동을 줍니다. 그러므로 우리는 늘 깨어 있어야 합니다.

그런가 하면 우리가 가져야 할 두 번째 믿음은 우리 속에 어떤 상함과 아픔이 있다 할지라도 예수 그리스도의 십자가 안에서 깨끗해질 수 있다는 믿음입니다. 내 속의 불신이 믿음으로, 분노가 용납과 사랑으로, 열등감이 자신감으로, 버림받음이 하나님의 용납에 대한 확신으로 바뀐다는 것을 믿는 것입니다. 이렇게 될 때 마침내 우리는 하나님과 화목케 되어 사랑과 기쁨을 누리게 됩니다.

하나님과의 화목과 사랑과 기쁨은 반드시 환난을 통해서 주시는 것은 아닙니다. 때로는 하나님께서 이러한 것들을 말씀을 통해서 주시는데, 이

때에는 말씀이 우리에게 시련이 됩니다. 말씀으로 우리의 내면이 드러날 때, 우리는 그 드러난 것을 가지고 담대히 하나님 앞에 매일매일 나아가야 합니다. 두려워해서는 안 됩니다. 하나님의 은혜를 입고 나면 하나님의 더 큰 사랑 가운데 가고 싶어집니다. 그러나 만약 우리 속의 부끄러운 것을 감춘 채, 하나님이 기뻐하시는 것을 행하려는 본능만 따른다면 우리는 하나님의 사랑에서 점점 멀어지게 될 것입니다.

## 버림받음을 드러냄으로!
### - 더욱 가까이 만나는 하나님의 사랑과 치유

우리가 어떻게 해야 하나님의 영광과 사랑 가운데 더 깊이 들어갈 수 있을까요? 우리의 버림받아 마땅한 것들이 드러날 때에 하나님의 영광과 사랑으로 더 깊이 들어갈 수 있습니다. 우리가 버림받아야 할 이유를 숨긴 채, 하나님이 기뻐하시는 것들을 억지로 행함으로써 하나님과 화목해질 수 있다고 생각하는 것은 착각일 뿐입니다.

    내가 의를 행한다고 해서 과연 하나님과 화목해질 수 있을까요? 하나님은 속지 않으십니다. 하나님은 내 속의 버림받음과 죄를 이미 알고 계십니다. 그래서 하나님은 그것을 그냥 드러내라고 하시는 것입니다. 그것 때문에 우릴 버리시는 게 아니라 더욱 사랑하십니다. 좋고 의로운 것을 통해서 하나님과 화목해지는 게 아니고, 버림받아야 할 것을 통해서 화목해질 수 있다는 사실을 기억해야 합니다. 버림받음을 두려워하지 마십시오.

버림받아야 할 때마다 오히려 그것을 계기로 하나님의 사랑을 누리십시오. 버림받아 마땅한 것, 부끄러운 것들이 드러날 때마다 하나님께 나아가면 됩니다. 예수님이 내 모든 것을 대신하셨는데 걱정할 게 뭐가 있겠습니까? 우리는 '역설적으로 버림받으려' 애써야 합니다. 그것이 하나님과 화목해지는 길, 곧 복음을 누리는 길입니다.

　우리의 속은 부끄러운 것으로 가득 차 있습니다. 하지만 그것들로 인해 오히려 하나님께 사랑받을 수 있다는 것을 알아야 합니다. 하나님께 사랑받을 수 있는 자격은 버림받을 조건이 많은 것입니다. 우리 속에서 사랑받을 조건을 찾으려면 피곤하고 고생스럽지만, 버림받을 조건을 통해 하나님과 화목할 수 있다니 이 얼마나 안심이 됩니까? 세상의 원리로는 불가능한 일이지만 '하나님 안에서는 가능하다'고 믿는 것이 바로 믿음입니다. 그리고 이것이 복음입니다. 내가 알든 모르든, 드러내든 감추든, 하나님은 이미 내 속사정을 다 알고 계십니다. 그리고 그 아픔을 같이 아파하십니다. 그 어두움을 같이 고통스러워하십니다. 하나님이 어떤 분이신가요? 우리 인간들을 어떻게 구원하시고 치유하실지 그 방법을 궁리하시다가 자기 아들을 희생시키신 분입니다. 나의 못된 것, 병든 것, 악한 것을 다 아시면서도 나를 사랑하신 분입니다.

　모든 문제를 해결할 방법을 이미 다 주셨는데 왜 자신의 문제를 감추고 고통스러워합니까? 나의 내면이 드러날 때 왜 하나님을 원망하고 분노합니까? 속지 마십시오. 하나님은 사랑이십니다. 우리를 송사하는 것은 마귀입니다. 우리에게 정죄감을 주는 마귀의 소리에 속지 마십시오. 하나님은 나를 다 알고도 사랑하셨습니다. 내가 회개치 않았을 때에도 이미 나를 사랑하셨던 분입니다. 우리가 조금 죄지었다고 우리를 버리고 징계하시는 분이 아닙니다. 내 속의 버림받은 마음이 그렇게 믿도록 만들 뿐입니다. 이 버림받음의 마음을 찾아서 예수 그리스도의 십자가 앞에 드리면 하나님의 사랑을 다시 누릴 수 있습니다!

## 질문과 나눔

1. 갈수록 더 깊어지고 좋아지는 관계를 경험한 적이 있습니까?
   주님과의 관계는 어떠합니까?
2. 구원 후 자신의 본질적인 모습을 본 적이 있습니까?
   그때 자신의 반응은 어떠했습니까?
3. 구원 후 환난과 시련을 겪은 적이 있습니까?
   그때 자신과 하나님에 대해 어떠한 마음이 들었습니까?
4. 환난과 시련의 신앙적인 이유가 무엇이라 생각했습니까? 이를 극복하기 위해 어떤 신앙적인 노력을 하였으며 그 결과는 어떠했습니까?
5. 하나님께 원망과 화를 내 본 적이 있습니까? 이를 어떻게 해결하였습니까?
6. 하나님과 자신이 계약관계인지 은혜와 사랑의 관계인지 생각해 봅시다.
7. 하나님의 용서와 사랑을 경험한 적이 있습니까? 어떠했습니까?
8. 하나님께 버림받았다고 생각한 적이 있습니까?
   사람으로부터 버림받은 적이 있었습니까?
   이러한 아픔이 신앙에 어떠한 영향을 미치고 있는지 생각해 봅시다.
9. 자신 속에 버림받음의 아픔이 올라올 때 어떻게 하십니까?

제 9 장

복음의 외적 장애 3
— 죄

* 롬 5:12-6:23

우리는 환경이나 주변 사람들로 인해 답답함을 느낄 때가 있습니다. 스스로 벗어날 수도, 해결할 수도 없는 환경 가운데 묶여서 헤어나지 못할 때, 우리는 그 환경을 벗어나면 자유로워질 거라 생각합니다. 물론 그럴 수도 있겠지만 더 근본적인 문제는 환경이 아닌, 우리 자신에게 있음을 알아야 합니다.

우리가 답답함을 느끼는 것은 우리 속에 자유가 없기 때문입니다. 우리 내면에 자유가 있지 않는 한, 어떤 환경에 있다 해도 우리는 또다시 묶이게 됩니다. 하나님께서는 우리의 내면이 묶여 있는 것을 우리 스스로 보게 하시려고 우리에게 그러한 환경을 허락하신 것인지도 모릅니다. 그러므로 우리는 환경을 탓하면서 환경을 변화시켜 달라고 기도하기보다는 먼저 내 속에서부터 자유와 치유를 얻도록 해 달라고 기도해야 합니다. 사도 바울은 사방에서 우겨 싸임을 당하여도 갇히지 않는다고 자신의 자유로운 모습을 표현했습니다. 우리는 어떻게 이 자유를 얻고 누릴 수가 있을까요? 바로 복음을 통해서입니다. 복음은 우리 속의 갇힌 것을 찾아 이를 보혈의 능력으로 해방시켜 줌으로 우리가 그 문제와 함께 외적인 환경과 관계로부터도 자유하게 해주는 것입니다.

우리는 앞 장에서 복음이 무엇인지, 그리고 우리가 복음의 놀라운 축복과 치유를 누리지 못하게 하는 장애요인이 무엇인지 살펴보았습니다. 그 장애요인 중 하나가 우리 속의 버림받음의 상처라고 했습니다. 우리에게 버림받음의 상처가 있으면 하나님께서 우리를 사랑하셔서 다가오시더라도, 다시 자신이 버림받도록 유도하기 때문에 우리는 깊은 구원의 은혜에 이를 수 없습니다. 그래서 하나님께서는 먼저 우리의 상처를 치유하시기 원하시는 것입니다.

버림받음의 상처는 드러나야만, 치유가 가능합니다. 그리고 대개는 시련을 통해 버림받음의 상처가 드러납니다. 그런데 우리는 그 버림받음의 상처와 하나님을 혼동하기 때문에 상처를 치유할 수 있는 복음의 능력을 만나지 못하고 계속 아픔 가운데 방황하게 된다고 하였습니다.

## 구원 후 반복되는 죄로 인한 치유의 장애

복음 안에서 하나님을 더 깊이 만나는 데 또 한 가지 장애가 되는 것이 있다면 그것은 구원 이후에 우리가 짓는 죄입니다. 복음은 본래 하나님께서 우리의 죄 문제를 해결하기 위해 주신 것입니다. 그러므로 우리 죄 때문에 우리가 복음에서 멀어진다는 것은 말이 안 되는 얘기입니다. 그러나 하나님께서 우리를 의롭다고 칭하신 것은 사실 우리의 믿음을 보고 해 주신 것일 뿐, 우리는 본질적으로 죄가 있습니다. 그렇다면 우리는 구원받은 이후에 어떻게 이 죄 문제를 해결하여, 우리 내면을 더욱 의롭고 새롭게 변화시켜 나갈 수 있을까요?

이에 대한 대답을 하기 전에, 우리가 먼저 알아야 할 것이 있습니다. 그것은 우리가 구원받은 이후 의로워지려고 애쓰며 노력하는 것과 하나님께서 복음을 통해 우리를 의롭게 하시는 것 사이에는 큰 차이가 있다는 사실입니다. 하나님과 우리를 가로막고 있는 것은 죄입니다. 구원 이후 우리가 하나님의 더 큰 은혜에 들어가지 못하는 이유 역시 죄 때문입니다.

그럼 이제 복음 가운데 죄의 문제를 해결하시는 하나님의 방법은 무엇인지 살펴봅시다. 우리가 처음 주님을 만났을 때를 기억해 보십시오. 그때 죄가 도리어 큰 은혜가 되었던 것을 말입니다. 내가 죄인이요, 상한 자임을 고백할 때, 우리에게 아무것도 요구하지 않으시고 우리를 용서하시고 구원하시고 치유해 주신 하나님의 사랑을 깨달으면서 우리는 감사와 기쁨이 넘쳤습니다. 그래서 그 기쁨 가운데 계속 거하고 싶은데, 우리에게는 어쩔 수 없이 다시 죄의 문제가 생깁니다.

> "그러므로 한 사람으로 말미암아 죄가 세상에 들어왔고, 또 그 죄로 말미암아 죽음이 들어온 것과 같이, 모든 사람이 죄를 지었기 때문에 죽음이 모든 사람에게 이르게 되었습니다. 율법이 있기 전에도 죄가 세상에 있었으나, 율법이 없을 때에는 죄가 죄로 여겨지지 않았습니다. 그러나 아담 시대로부터 모세 시대에 이르기까지는 아담의 범죄와 같은 죄를 짓지 않은 사람들까지도 죽음의 지배를 받았습니다. 아담은 장차 오실 분의 모형이었습니다. 그러나 하나님께서 은혜를 베푸실 때에 생긴 일은,

아담 한 사람이 범죄 했을 때에 생긴 일과 같지 않습니다. 한 사람의 범죄로 많은 사람이 죽었으나, 하나님의 은혜와 예수 그리스도 한 사람의 은혜로 말미암은 선물은, 많은 사람에게 더욱더 넘쳐나게 되었습니다." ─ 롬 5:12~15

왜 우리는 구원받은 이후에도 죄 가운데 있을 수밖에 없을까요? 그것은 우리 조상이 죄인이기 때문입니다. 우리가 죄를 지었든 안 지었든, 우리 뿌리인 아담이 죄인이기 때문에 우리가 죄인인 것입니다. 죽음의 지배를 받는다는 것은 죄의 지배를 받는다는 이야기입니다. 우리는 구원을 받았지만, 우리를 지배하는 것은 여전히 아담의 죄와 그 죄로 인한 죽음입니다. 우리 속에는 깊은 죄의 뿌리가 있습니다. 하나님께서 우리를 의롭다고 칭해 주셨을 뿐, 우리의 뿌리까지 의로워진 것은 아닙니다. 아담으로부터 이어진 죄의 뿌리는 참으로 깊습니다. 우리가 가만히 있어도 우리의 뿌리로부터 올라오는 죄성은 우리를 죄인 되게 하기에 충분합니다. 죄와 상함이 우리의 뿌리이기에 우리가 이로부터 벗어날 수가 없는 것입니다.

그러나 우리는 자신이 죄인이라는 사실이 부끄럽고 아파 그동안 이를 억압하고 숨기며 살아왔습니다. 그런데 하나님의 은혜를 입고 나니까 이를 더 이상 감출 필요가 없어졌습니다. 하나님의 사랑과 구원을 경험하고 나서 마음이 열리니, 내 속에 숨겨져 있던 죄들이 올라옵니다. 우리가 구원받았을 때 넘치는 기쁨은 하나님께서 축복으로 주신 것이지, 내 속에 기쁨의 요소가 있어서 기뻤던 게 아닙니다.

은혜받고 나면 반드시 우리 속의 죄가 드러나기 마련입니다. 이것은 당연한 일입니다. 당황할 필요가 없습니다. 전에는 무엇이 죄인지도 모르고 살았지만, 이제 주님의 빛과 진리를 만나고 나니 자신의 죄가 더 잘 보입니다. 똑같은 상황이지만 예전보다 더 잘 보이고 더 아픕니다. 그래서 더욱 괴로워지는 게 이치에 맞습니다. 하나님 안에서 빛과 광채를 누리며 한껏 뽐냈는데, 돌연 내 속에서 죄가 올라오니 당황스럽고 두려운 것입니다. 이렇게 구원받은 이후의 죄는 우리를 아주 당혹스럽게 합니다. 그 결과 우리는 자책감과 억압, 하나님에 대한 두려움에 빠지게 됩니다. 이것은 자연스러운 과정입니다. 그리고 하나님께서는 이런 과정들을 통하여 우리 자신을 보도록 하십니다.

"모세는, 이스라엘 자손이 자기 얼굴의 광채가 사라져 가는 것을 보지 못하게 하려고 그 얼굴에 너울을 썼지만, 그와 같은 일은 우리는 하지 않습니다. 그런데 이스라엘 백성의 생각은 완고해졌습니다. 그리하여 오늘날에 이르기까지도 그들은, 옛 언약의 책을 읽을 때에, 바로 그 너울을 벗지 못하고 있습니다. 그 너울은 그리스도 안에서 제거되기 때문입니다. 오늘날까지도 그들은, 모세의 글을 읽을 때에, 그 마음에 너울이 덮여 있습니다. 그러나 사람이 주님께로 돌아서면, 그 너울은 벗겨집니다."
— 고후 3:13~16

모세가 하나님을 뵈었을 때 모세의 얼굴에서는 광채가 났습니다. 그 광채는 모세의 본질이 아니라 하나님이 비춰 주신 것이었습니다. 하나님의 영광이었습니다. 이처럼 그 광채가 스스로에게서 나온 것이 아니었기에 그건 영원할 수가 없습니다. 곧 사라집니다. 사라지고 나면 더 초라해집니다. 그래서 모세는 너울을 썼습니다. 이스라엘 백성들도 하나님의 것이 아닌, 스스로 만든 너울을 썼습니다. 그 수건이 그들의 마음을 덮었다는 것은 상처와 죄악을 덮었다는 것입니다.

우리가 하나님의 영광을 어떻게 얻었습니까? 우리의 죄를 통해 얻었습니다. 그러므로 우리가 죄와 상함을 십자가 앞에 고백할 때에만 하나님의 영광을 계속 누릴 수가 있는데, 우리는 우리 죄가 드러날 때 그것을 정죄하고 억압하면서 자신이 만든 너울로 덮어 버립니다. 죄가 반복되고, 죄성이 더욱 깊어짐을 느낄 때 우리는 당황스럽고 부끄럽습니다. 하나님에 대한 불신과 두려움도 커집니다. 그 결과 자기도 모르게 복음과 멀어지게 되는 것이지요.

우리는 구원받을 때, 죄로 인하여 복음을 알게 되었습니다. 그런데 구원 이후에 우리는 죄 때문에 복음과 멀어집니다. 사도 바울도 이 문제를 경험했습니다. 어떻게 하면 구원받은 이후에도 지속적으로 복음 가운데 거하면서, 동시에 죄의 문제를 해결할 수 있을까요? 이 문제에 대한 하나님의 계획과 사도 바울이 말한 의미는 무엇인지 살펴보겠습니다.

첫째, 죄가 드러나는 것은 필연적입니다. 그리고 그 죄는 한번으로 끝나지 않고 반복적으로 드러납니다. 죄와 죽음이 우리를 다스리기 때문입니다. 구원받은 이후에 마음이 열리면, 기존에 강하게 억압돼 있던 더 부끄러운 죄가 드러날 수 있습니다. 이렇게 우리의 죄가 반복적으로 더욱 심하게 드러나는 것이 우리의 본질입니다. 자랑할 것도 없지만 놀랄 일도 아닙니다.

이스라엘 백성들이 출애굽 할 때, 하나님께서 열 번씩이나 재앙을 주신 것은 하나님의 능력이 부족해서가 아니었습니다. 하나님께서는 열 번의 재앙을 통해 죄와 상함이 우리를 쉽게 놓아주지 않는다는 사실을 우리에게 보여 주시려 했던 것입니다. 우리를 구원하시는 과정에서도 이러한 반복이 있다는 것을 알려 주시려는 것이었습니다.

그럼 출애굽 이후 광야 40년의 과정은 무엇을 의미할까요? 그것은 (외적인 포로 상태에서 해방될 때에도 열 번의 반복이 필요했던 것처럼) 내면이 포로 되고 묶인 것에서 자유로워지는데에도 40년이라는 오랜 시간의 방황과 반복이 필요하다는 사실을 보여 주는 것입니다. 우리가 구원은 받았지만, 우리의 내면에는 여전히 세상과 바로에 대한 포로됨이 남아있기 때문입니다.

자녀들이 자라면서 부모에게 상처를 받는 경우가 종종 있습니다. 그래서 부모 곁을 떠나면 상처로부터 자유로워질 것이라고 생각합니다. 그러나 외적으로 부모님으로부터 독립한다 할지라도, 심지어 부모님이 돌아가셔서 안 계시다 할지라도, 그 상처는 내면에 그대로 남아있습니다. 그 상처가 남아서 우리가 생각하고 판단할 때마다 우리를 간섭합니다. 내가 나를 간섭하고 통제하는 것 같지만, 사실 그것은 내가 아니라 내면화된 나의 부모입니다.

아브라함도 갈대아 우르를 떠나 본토, 친척, 아비의 집을 떠나는 데 무려 7년이 걸렸습니다. 그러나 그가 내면에 있는 부모를 떠나는 데는 무려 25년 이상의 시간이 필요했습니다. 부모를 떠난다는 것은 경제적인 독립만을 의미하는 것이 아닙니다. 부모님이 돌아가셨다고 떠날 수 있는 것도 아닙니다. 부모(에게 받은 상처)는 계속해서 내 속에 남아 내가 하나님을 만나는 걸 계속 방해합니다. 하나님은 나를 용납하시는데 내 속의 부모는 나를 계속 판단하고 정죄합니다. 부모님도 역시 그들의 부모로부터 상처를 받았기 때문에 자녀에게 그렇게 했을 것입니다. 우리 역시 우리 자녀들에게 그렇게 하고 있고요. 우리를 지배하고 있는 조상과 부모를 떠나는 데 그만큼 많은 시간이 걸리는 것입니다. 그러므로 우리가 구원받은 이후에도 계속 방황하며 반복적으로 죄를 짓는 것에 대해 너무 조급해하거나 자책하거나 정죄할 필요가 없습니다. 죄와 멀어지는 데에는 많은 시간이 필요합니다. 그리고 이 또한 하나님의 계획 안에 있습니다. 죄가 반복되더라도 복음 기운데 예수님께 나아가야 합니다. 복음 가운데에서만 우리의 죄 문제가 해결되기 때문입니다.

## 십자가 보혈의 능력으로 죄의 뿌리를 제거함

이러한 우리의 죄 문제를 예수님께서는 복음을 통해 어떻게 해결하실까요?

"그러나 하나님께서 은혜를 베푸실 때에 생긴 일은, 아담 한 사람이 범죄했을 때에 생긴 일과 같지 않습니다. 한 사람의 범죄로 많은 사람이 죽었으나, 하나님의 은혜와 예수 그리스도 한 사람의 은혜로 말미암은 선물은, 많은 사람에게 더욱더 넘쳐나게 되었습니다. 또한, 하나님께서 주시는 선물은 한 사람의 범죄의 결과와 같지 않습니다. 한 범죄에서는 심판이 뒤따라와서 유죄 판결이 내려졌습니다마는, 많은 범죄에서는 은혜가 뒤따라와서 무죄 선언이 내려졌습니다. 아담 한 사람의 범죄 때문에 그 한 사람으로 말미암아 죽음이 왕 노릇 하게 되었다면, 넘치는 은혜와 의의 선물을 받는 사람들은, 예수 그리스도 한 분으로 말미암아, 생명 안에서 왕 노릇 하게

되리라는 것은 더욱더 확실합니다." ― 롬 5:15~17

17절에서는 예수님께서 십자가에서 돌아가신 덕분에, 우리가 생명 안에서 왕 노릇 하게 되었다고 합니다. 우리 죄의 뿌리가 아무리 깊고 크다 하더라도 예수님께서 십자가에서 대신하신 보혈의 능력은 우리를 능히 자유케 한다는 뜻입니다. 이것이 바로 우리가 복음을 떠나서는 안 되는 이유입니다. 죄가 반복될 때 스스로 너울을 만들어 씀으로써 자신의 죄를 감춘다고 해서 뿌리의 문제까지 제거되는 건 아닙니다. 구원받은 이후의 죄의 뿌리를 제거할 수 있는 것은 오로지 예수 그리스도의 보혈밖에 없습니다. 이스라엘 백성들이 바로의 권세에서 빠져나올 수 있었던 것도 오직 어린양 보혈의 능력이었습니다. 열 가지 재앙 중 마지막 재앙의 경우 어린양의 보혈로 인해 이스라엘 백성들이 출애굽할 수 있었다는 사실은 그 어떤 것도 어린양의 보혈을 대신할 수 없음을 말해 주는 것입니다.

그러므로 구원받은 이후에 우리는 철저히 복음 가운데 머물러 있어야 합니다. 우리의 죄가 아무리 깊고, 아무리 반복된다 할지라도, 우리는 십자가의 보혈을 기억하며, 복음을 떠나지 말아야 합니다.

"율법은 범죄를 증가시키려고 끼어 들어온 것입니다. 그러나 죄가 많은 곳에, 은혜가 더욱 넘치게 되었습니다. 그것은 죄가 죽음으로 사람을 지배한 것과 같이, 은혜가 의를 통하여 사람을 지배하여, 우리 주 예수 그리스도로 말미암아 얻는 영원한 생명에 이르게 하려는 것입니다." ― 롬 5:20~21

위 말씀에서 원래는 죄가 들어와 우리의 왕 노릇을 했었는데, 이제는 십자가의 용서를 통해 은혜가 넘친다고 합니다. 우리의 왕 노릇을 하던 죄가 아무리 반복되더라도 주님의 십자가가 이 모든 것을 감당해 주기 때문입니다. 그런데 위의 말씀에서 아담과 예수님을 일대일로 대비한 것을 볼 수 있습니다. 아담이 죄의 조상이므로 그 후손인 우리 역시 죄를 지을 수밖에 없지만, 예수님이 그 죄를 대신 감당하셨기에 예수님을 믿으면 이제는 우리의 왕 노릇을 하는 게 생명이라는 것입니다. 그러나 예수님과 아담이 형식적으로는 일대일 대비된 것 같지만, 내용적으로는 인간인 아담과 하나님의 아들인 예수가 일대일로 결코 대비될 수는 없습니다.

## 예수님이 주시는 무한대의 은혜와 용서 - 오병이어의 복음

예수님은 하나님의 아들이시지만, 아담은 한낱 인간에 불과합니다. 예수님의 십자가가 우리의 어떤 수많은 죄도 대속할 수 있지만, 그것으로 끝나지 않습니다. 우리 죄보다 십자가의 은혜가 이루 말할 수 없이, 훨씬 더 크기 때문입니다. 은혜가 죄를 그냥 상쇄해 주는 정도가 아니라, 죄보다 훨씬 더 크다는 것은 십자가 은혜로 무한정 용서받을 수 있음을 의미합니다. 예수님은 일흔 번씩 일곱 번, 곧 무한대의 용서를 해 주십니다. 예수님께서는 우리가 얼마나 형편없는지 잘 아시기 때문입니다. 우리는 죄를 지을 때마다 우리의 죄를 셈합니다. 그러나 하나님께서는 우리의 죄를 세지 않으십니다. 우리 죄를 일단 용서하시면 '동에서 서가 먼 것처럼' 더 이상 우리 죄를 기억하지 않으신다고 하셨습니다. 항상 처음인 듯이 용서하신다는 뜻입니다. 십자가 안에서 완벽하게 잊으시겠다는 뜻입니다. 예수님께서 십자가에서 바치신 희생의 제사가 인류의 모든 죄를 능히 감당하고도 남을 만큼 크고도 완전하기 때문입니다.

이것을 보여 주시기 위해서 예수님께서는 오병이어의 사건을 주셨습니다. 오병이어 사건은 배고픈 백성들을 먹이시기 위해 자신이 초라한 오병이어가 되어 수많은 사람들에게 찢겨졌음을 의미합니다. 그런데 그것으로 모든 사람들을 먹이고도 충분히 남았습니다. 여러 사람이 반복해서 배불리 먹고도 남아, 나중을 위해 주머니에 챙겨 넣은 사람도 있었을 것입니다. 예수님은 이렇게 스스로 오병이어가 되셔서 굶주린 사람들에게 자신을 나눠주셨습니다. 그것도 계속해서 반복적으로, 나눠주고 또 나눠주고... 그러고도 남아 넘쳐났습니다. 우리의 배고픔이 아무리 크다 할지라도 예수님은 우리를 충분히 먹이시고도 남습니다. 무한대의 사랑, 그것이 바로 기적입니다.

하나님께서는 우리가 얼마나 여러 번 반복해서 똑같은 죄를 짓든, 우리의 직분이 무엇이든 — 목사든, 장로든, 평신도든 — 상관없이 우리를 용서해 주십니다. 하나님께서 떡을 떼어 주실 때는 누구에게나 필요한 만큼 충분히 주십니다. 그러므로 우리가 반복해서 죄를 짓는다는 사실에 대해, 또 우리 속에 죄의 뿌리가 있다는 사실에 대해 우리는 절망할 필요가 없습니다. 예수님께서는 언제나 우리의 반복되는 죄와 죄의 뿌리를 능히 감당해 주신다는 것, 그리고 하나님께서는 그 이상을 준비하셨다는 것을 늘 기억해야 합니다. 우리는 필요 이상을 사용하면 낭비한다고 야단칩니다. 그런데 하나님께서는 우리를 위해 너무도 많은 사랑을 낭비하셨습니다. 탕자가 돌아왔을 때에도 아버지는 너무 많은 사랑을 낭비했습니다. 그렇게까지 안 해도 되는데, 마치 정신 나간 노인네처럼 마구 쏟아 부어주었습니다. 그러니 집을 관리하던 장남이 화를 내는 것도 당연합니다. 지금 하늘나라에서 천사들도 하나님께 그렇게 불평할지도 모릅니다. 천사들이 인간들을 부러워한다는 말이 이런 뜻일 것입니다.

오병이어도 그렇습니다. 물고기와 보리떡을 왜 그렇게 많이 남게 만드셨을까요? 하나님은 항상 차고 넘치게 준비하시느라 자신을 낭비하십니다. 낭비하실수록 자신의 아들인 예수님의 고통이 그만큼 커지는데도, 아들을 고통 가운데 버리시면서까지 사랑을 낭비하시는 것입니다. 우리가 빚진 액수보다 훨씬 더 큰 대속의 대가를 예수님께 치르게 하신 하나님은 도대체 어떤 분이실까요? 왜 그렇게까지 하셨을까요?

우리가 감히 상상할 수 없는 사랑입니다. 도대체 우리가 뭐라고 우리를 이렇게까지 사랑하시는 걸까요? 하나님께서는 단지 우리를 향한 당신의 사랑을 우리가 조금이라도 알아주길 바라시는 마음에서 그러시는 게 아닐까 생각됩니다. 우리가 죄로부터 고통당하는 게 너무도 아프셔서, 우리가 진정 죄로부터 자유로워지기를 그토록 원하시는 게 바로 하나님의 사랑입니다. 복음에는 이처럼 어마어마한 사랑의 낭비가 있습니다. 그래서 이를 오병이어의 복음이라고 하는 것입니다. 아무리 떼어 주어도 복음은 여전히 남아 있습니다. 배고플 때마다 떼어먹는 일용할 양식처럼, 우리의 죄가 나올 때마다 떼어 용서를 베풀어 주시는 것이 바로 오병이어의 복음입니다.

또 은혜가 더욱 넘치게 되었다는 것은 무슨 뜻일까요? 이것은 용서의 횟수가 많다는 것만을 의미하지 않습니다. 하나님의 은혜가 더욱 넘친다는 것은 돌아온 탕자의 이야기에서처럼 용서 이후에 베푸시는 은혜가 너무 크다는 것입니다. 아버지는 탕자를 용서했을 뿐만 아니라 전인격을 받으셨습니다. 그처럼 예수님은 죄를 용서하실 뿐만 아니라 죄 지은 사람도 용서해 주십니다. 세상에서는 한번 죄인이 되면 영원히 죄인이라는 꼬리표가 따라 다닙니다. 죗값을 치르면 죄는 용서받지만, 한번 죄인은 평생 죄인으로 남게 됩니다. 그래서 한 번 죄인으로 낙인찍히면 회복되기가 어렵습니다. 자녀도 부모에게 잘못을 저지르면 근신을 해야 합니다. 그런데 하나님께서는 죄만 용서하신 것이 아니라, 또다시 죄지을 가능성이 있는 죄인도 용납하신 것입니다. 뿐만 아니라 돌아온 탕자를 위해 잔치까지 베풀어 주셨습니다. 그만큼 기뻐하셨다는 것입니다. 그래야만 죄의 뿌리까지 치유하실 수 있기 때문입니다.

우리가 비록 죄를 반복해서 짓는 게 사실이지만, 한번 십자가 안에서 깊이 치유 받은 사람은 죄를 반복해서 짓는 게 이전보다 줄어듭니다. 하나님께서는 가능하면 한 가지 죄를 통해 더 많은 부분을, 더 깊이 치유하기 원하십니다. 어차피 죄를 짓고 하나님 앞에 용서받아야 할 바에야, 이왕이면 크게 용서받고 큰 은혜를 누리는 게 좋습니다. 죄를 통하여 죄의 가능성까지 용서받은 사람은 앞으로 죄를 지을 가능성이 훨씬 줄어들기 때문입니다.

그렇다면 우리가 계속해서 죄를 짓는 이유는 무엇일까요? 그것은 우리 속의 굶주림, 버림받음과 두려움 때문입니다. 굶주림이 욕심이 되고 정욕이 되어 우리로 하여금 죄를 범하게 만듭니다. 그리고 사랑을 감당하지 못하고 버림받기 위해 죄를 짓기도 합니다. 두려움 때문에 세상을 의지하는 죄를 범하기도 합니다. 이러한 아픔을 십자가에 드리고 치유하고 주님의 용서와 사랑을 채우면, 우리는 훨씬 더 적게 죄를 짓게 됩니다. 물론 죄에서 완전히 자유로워지는 것은 아니지만, 하나님께서 더 큰 은혜를 주심으로써 우리의 죄뿐만 아니라 우리가 죄를 지을 가능성과 의도성, 즉 죄를 짓게 하는 우리 속의 아픔까지 치유해 주십니다. 이렇게 하나님께서는 더 큰 은혜를 통해 우리의 죄 문제뿐만 아니라 그 원인까지 치유하시기 원하십니다. 아담이 비록 죄를 범했지만, 예수님께서 십자가 복음 가운데 우리에게 주신 은혜는 이렇게 풍성하게 흘러넘칩니다. 이것이 바로 하나님께서 준비하신 더 큰 은혜입니다. 하나님께서는 우리가 이러한 더 큰 은혜를 누리길 원하시는 것입니다.

복음은 이처럼 좋은 것입니다. 죄가 아무리 반복되어도, 죄가 반복될 때마다 주시는 은혜가 죄보다 훨씬 더 큽니다. 하나님께서 우리의 자격을 전혀 따지지 않으시고, 우리 모두에게 주신 약속을 믿을 때, 우리는 죄로 인해서 오히려 더 큰 치유와 은혜와 축복을 입게 됩니다. 보혈의 은혜는 바다처럼 넓습니다. 죄 문제로 인해 혼자 힘들어하거나 고민하지 마시고, 우리의 문제들을 속속들이 알고 계시는 주님 앞에 나아가, 우리 죄를 능히 감당해 주시는 주님의 은혜의 바다에 풍덩 빠지시기 바랍니다. 우리를 결박하고 판단하고 정죄할 수 있는 것은 이제 아무것도 없습니다. 그러니 복음 앞에 마음을 열고 모든 죄를 내던지시기 바랍니다. 하나님께서는 언제나 우리의 이 모든 죄를 다 받아주십니다. 하나님께서는 앞으로 우리가 죄를 반복해 지을 거란 사실을 이미 다 알고 계심에도 불구하고 여전히 우리를 사랑해 주십니다. 그런 주님께 달려가 안기십시다!

## 죄를 드린 만큼 의의 병기가 됨

그런데 여기에서도 복음은 끝나지 않습니다. 점점 더 좋은 게 있습니다.

"그러면 우리가 무엇이라고 말을 해야 하겠습니까? 은혜를 더하게 하려고, 여전히 죄 가운데 머물러 있어야 하겠습니까? 그럴 수 없습니다. 우리는 죄에는 죽은 사람인데, 어떻게 죄 가운데서 그대로 살 수 있겠습니까? 세례를 받아 그리스도 예수와 하나가 된 우리는 모두 세례를 받을 때에 그와 함께 죽었다는 것을 여러분은 알지 못합니까? 그러므로 우리는 세례를 통하여 그의 죽으심과 연합함으로써 그와 함께 묻혔던 것입니다. 그것은 그리스도께서 아버지의 영광으로 말미암아 죽은 사람들 가운데서 살아나신 것과 같이 우리도 또한 새 생명 안에서 살아가기 위함입니다. 우리가 그의 죽으심과 같은 죽음을 죽어서 그와 연합하는 사람이 되었으면, 우리는 부활에 있어서도 또한 그와 연합하는 사람이 될 것입니다. 우리의 옛사람이 그리스도와 함께 십자가에 달려 죽은 것은, 죄의 몸을 멸하여서, 우리가 다시는 죄의 노예가 되지 않게 하려는 것임을 우리는 압니다. 죽은 사람은 이미 죄의 세력에서 해방되었습니다. 우리가 그리스도와 함께 죽었으면, 그와 함께 우리도 또한 살아날 것임을 믿습니다." — 롬 6:1~8

앞에서 죄를 지을 때마다 은혜가 더한다고 했습니다. 이에 대해 '그렇다면 은혜를 더하게 하려고 죄를 계속 지어야 하는가? 우리가 주님의 선하심을 그렇게 이용해도 되는가?'라는 질문을 할 수가 있겠지요. 그러나 사도 바울은 이 역시 걱정할 필요가 없다고 합니다. 오히려 우리가 그 은혜 가운데 있으면, 이후에는 죄를 반복해서 짓지 않게 된다는 것입니다. 어떻게 그게 가능할까요?

우리가 죄를 범한 후 그 죄를 가지고 십자가에 나아가 십자가와 연합하면, 자연스럽게 (십자가 이후의) 부활에도 연합하게 되어, 점차 우리의 새 생명과 의와 기업이 자라나게 됩니다. 그래서 은혜를 더하려고 굳이 죄를 반복해서 지을 필요가 없는 것이지요. 우리가 이러한 과정을 무수히 반복할 때, 우리는 새 생명과 의에 더 강하게 연합됩니다. 그 결과 점점 죄로부터 멀어질 뿐만 아니라, 점점 의의 병기로 성장하게 되는 것입니다. 죄를 반복해 지을 때마다 그 죄를 드러내어 십자가에 가져가 십자가와 연합하니, 은혜 역시 훨씬 크게 되고, 그만큼 더 건강해진다는 것입니다. 그만큼 더 의로워진다는 것입니다. 놀라운 복음입니다. 죄인이 되는 만큼 의인이 된다는 것입니다. 반복해서 죄를 지으면 반복해서 죄인이 될 것 같지만, 그 지은 죄를 드러내어 복음 앞에만 가지고 나아간다면 오히려 그만큼 의인이 되는 것입니다. 더 이상 죄의 종노릇을 하지 않게 되는 것입니다.

"그러므로 여러분은 죄가 여러분의 죽을 몸을 지배하지 못하게 해서, 여러분이 몸의 정욕에 굴복하는 일이 없도록 하십시오. 그러므로 여러분은 여러분의 지체를 죄에 내맡겨서 불의의 연장이 되게 하지 마십시오. 오히려 여러분은 죽은 사람들 가운데서 살아난 사람답게, 여러분을 하나님께 바치고, 여러분의 지체를 의의 연장으로 하

나님께 바치십시오." — 롬 6:12~13

우리가 예수님께 드리는 것이라곤 죄밖에 없음에도 불구하고, 하나님께서는 우리를 십자가와 부활에 연합시켜 주심으로써 우리를 의인으로 만들어 주십니다. 우리 죄로 인해 예수님께서 십자가에 돌아가심으로써, 그리고 하나님께서 그 예수님을 살리심으로써, 죄밖에 드린 게 없는 우리가 새 생명을 얻는 것이지요. 그 결과 하나님의 놀라운 기쁨과 기업들이 우리 속에 충만하게 되는 것입니다.

여기에서 우리는 또 한 가지 은혜를 깨닫게 됩니다. 우리가 비록 죄의 뿌리 때문에 어쩔 수 없이 죄를 반복하지만, 하나님께서는 이를 역이용하셔서 우리를 의롭게 만드신다는 사실입니다. 그러니 죄가 반복되는 것을 두려워할 필요가 없습니다. 우리가 의인이 되는 것은 죄를 반복해서 드릴 때만이 가능합니다. 우리의 행위와 의로써는 의인이 될 길이 없습니다. 인간은 본질적으로 십자가 안에서만 의인이 될 수 있는데, 그러기 위해서는 우리가 먼저 죄인이 되어야 하기 때문입니다. 십자가는 죄인에게만 능력이 되기 때문입니다. 그래서 의인이 되기 위해서는 먼저 죄인이 되어야 한다는 것입니다. 다만 이것이 한번으로 끝나는 게 아니라 수많은 반복을 통해 이루어진다는 사실을 기억해야 합니다.

[죄를 지음―그 죄를 드러내어 십자가에 가지고 나아감―십자가와 연합됨―부활과 연합됨―새 생명과 의과 기업이 자라남]의 과정을 무수히 반복할 때에 우리 안에 하나님의 은혜와 생명이 점점 더 자라난다는 말입니다.

## 품어 주고 격려해 주어야 하는 의의 새 생명

그러나 위의 과정을 아무리 반복해도, 여전히 의인이 되지 못한 채 아무 열매가 없는 경우가 있습니다. 그 이유에 대해 한번 생각해 보겠습니다.

우리에게 의의 열매가 나타나지 않는 첫 번째 이유는, 의의 새 생명이 자라나기 위한 시간이 필요하기 때문입니다. 의의 새 생명이 잘 자라나도록 하기 위해서는 새 생명을 품어 주고 격려해 줘야 합니다. 자라나는 시간 동안은 아직 의의 열매가 없을 수도 있습니다. 결혼을 한다고 해서 금방 아이를 낳는 게 아니듯이 말입니다. 결혼 후 곧 임신을 했다 해도 출산까지는 많은 시간이 걸립니다. 하물며 그 아이가 자라나서 의의 병기가 되기까지는 더욱더 많은 시간이 필요하지요. 우리가 처음 구원받았을 때, 즉 구원의 확신을 갖게 되었을 때 그것은 임신한 것과 같습니다. 이제 겨우 시작한 것입니다. 그러니 너무 서둘러서는 안 됩니다. 이처럼 우리 마음 속에는 분명 새 생명의 씨앗이 있습니다. 이 새 생명이 잘 자라나게 하기 위해서는 따뜻하게 품어 주고 격려해 주어야 합니다. 비록 새 생명이 매우 작다 하더라도 소중히 여기고 보살펴 줄 때 생명은 자라날 수 있는 것입니다.

한편 우리 속에 새 생명만 있는 게 아닙니다. 우리 속엔 여전히 죄가 대부분의 자리를 차지합니다. 그럼에도 불구하고 우리는 우리 속에 새로 탄생된 선한 것—새 생명—이 있음을 기뻐해야 합니다. 왜냐하면 어느 시기가 되면 이 새 생명이 의의 열매를 맺어 열매가 자연스럽게 자라날 것이기 때문입니다. 뿐만 아니라 과거에 없던 다른 좋은 성품의 열매들도 맺게 됩니다.

그러나 이때 잊지 말아야 할 것은 죄의 성품 역시 여전히 우리 속에 남아 반복해서 올라온다는 사실입니다. 이 단계에서 우리 속에 갈등이 생기는 것은 당연합니다. 이때 우리는 당황하지 말고 그 드러난 죄를 가지고 계속해서 십자가 앞에 나아가야 합니다.

우리에게 의의 열매가 나타나지 않는 두 번째 이유는, 우리가 죄를 진정으로 드러내고 애통하기보다는 표면적으로만(진심이 아닌 형식으로만) 드러내고, 개념적으로만(마음이 아닌 머리로만) 십자가와 연합하기 때문입니다. 이러한 과정도 어쩔 수 없이 생기는 게 사실입니다. 하지만 우리가 이 상태에서 계속 머물러 있어서는 안 됩니다. 진심으로 자신의 죄와 상함을 드러내고, 마음속 깊이 애통하는 가운데 십자가와 부활에 연합한다면, 결국에는 반드시 의의 열매를 맺게 될 것이기 때문입니다.

우리에게 의의 열매가 나타나지 않는 세 번째 이유는, 우리가 죄를 드러내어 십자가에 드렸다 하더라도, 하나님께서 자신을 용서하셨다는 사실을 진심으로 믿지 않기 때문입니다. 그 결과 자기도 자기 자신을 용서하지 못하게 됩니다. 이 용서야 말로 부활과 연합하여 의의 열매를 맺는 데 있어서 가장 중요한 과정입니다. 많은 경우 아직 용서를 깊이 체험하지 못했기 때문에 부활과의 연합이 일어나지 않는 것입니다.

우리에게 의의 열매가 나타나지 않는 네 번째 이유는, 의의 열매를 향한 적극적인 믿음이 없기 때문입니다. 우리가 부활에 연합했다고, 우리 속에 새 생명이 있다고 해서 의의 열매가 자동으로 맺히는 것은 아닙니다. 과거와 달리 내 속에 주님의 새 생명과 의가 있음을 믿고, 이를 선포함으로써, 우리로 하여금 열매를 맺지 못하도록 방해하는 세력과 싸우는 적극

성과 용기가 필요합니다. 이러한 과정을 통해 더욱 풍성한 의의 열매가 결실을 맺을 수 있습니다.

## 적극적으로 죄를 찾아 십자가에 드려야
### - 치유와 열매

죄에는 두 가지 차원이 있습니다. 첫째는 자기 속의 죄가 드러나는 것이고, 둘째는 그 드러난 죄로 인해 새로운 죄를 짓는 것입니다. 즉 내 속에 죄가 드러난 후 그대로 있는 경우도 있지만, 그것을 행동에 옮겨 실제로 죄를 짓는 경우도 있다는 것입니다. 이 두 가지 다 죄입니다. 예수님께서 '우리 마음속에 음욕을 품는 것이나 실제로 간음을 행하는 것이나 똑같은 죄'라고 말씀하신 것과 같습니다.

그런데 우리가 치유 받을 때는 다릅니다. 우리는 드러난 죄를 가지고 십자가 앞에 나아간다고 하지만, 실제로는 우리가 그 죄를 본질적으로 깊이 인정하지 못할 때 하나님께서 직접 죄의 현장을 만드시기도 합니다. 물론 그렇다고 하나님께서 죄를 짓게 하시는 것은 아닙니다. 우리가 짓는 죄를 막지 않고 그대로 두신다는 뜻입니다. 사실 우리가 죄를 짓지 않는 것은 주님께서 이를 막고 계심을 알아야 합니다. 그러나 때로는 죄가 그대로 드러나게 하신다는 것입니다. 그래야 우리가 우리 자신의 죄성을 부인할 수 없기 때문입니다. 이를 통해서 우리가 죄인이라는 것을 확실히 고백할 수 있기 때문입니다. 그러나 실제 행동으로 죄를 범한 경우는 우리가 십자가에 나가는 데 또 다른 어려움이 있습니다. 그것은 우리가 외적인 죄를 지을 경우, 우리 속에서 죄로 인한 새로운 상처와 심한 정죄감이 더 심하기 때문에 그만큼 더 십자가에 나가 용서를 받는 게 더 힘들다는 것입니다.

그런가 하면 우리가 외적으로 죄를 범할 때, 십자가에 나아가기 어려운 또 다른 이유가 있는데, 그것은 이 죄가 자신의 내적인 문제로 끝나지 않고, 자꾸만 그 죄에 묶이게 되면서 어쩔 수 없이 반복적인 상처와 중독 현상이 생기기 때문입니다. 그러다 이런 죄들에 묶이다 못해, 자기 혼자 해결할 수 없을 만큼 죄의 포로가 되고 만다면, (물론 결국엔 십자가에서 해결할 수 있긴 하지만) 그렇지 않은 경우보다 무척 어려워집니다. 때로는 그 묶인 것을 통하여 자신의 내면적인 죄를 보는 장점이 있는 것도 사실이나, 웬만하면 외적인 죄까지 가지 않는 것이 좋습니다.

이처럼 우리가 외적인 죄로 스스로를 어렵게 만드는 것이 바람직하지 않은 건 사실이지만, 이런 경우에도 반복적으로 이 외적인 죄를 가지고 십자가에 나아가면 결국엔 그 죄도 끊어져 치유받을 수 있게 됩니다.

그래서 결론적으로 우리는 애초에 우리 속에 있는 죄를 두려워할 필요가 없다는 것입니다. 죄에 대해 애통해야 하나, 두려워해서는 안 됩니다. 우리가 죄로 인해 저주와 심판과 고통 가운데 있을 수밖에 없었지만, 예수님께서 우리를 대신하여 십자가에 돌아가셨기에 우리 죄가 우리에게 더 이상 저주가 아닌 축복이 되었기 때문입니다. 그러므로 구원받은 이후에 우리가 할 일은 우리 죄를 찾아내는 것밖에 없습니다.

세상에선 가능하면 쓰레기를 덜 만들기 위해 노력합니다. 그래서 쓰레기 종량제도 만들어졌지요. 그러나 복음 안에서는 쓰레기가 많을수록 축복을 받습니다. 주님은 내 속의 쓰레기를 찾으십니다. 우리에게 의는 없습니다. 우리는 스스로 의를 만들어내려고도 하고, 의를 향해서 가려고도 하지만 우리에게 의는 없습니다. 구원 이후 우리가 관심을 기울여야 할 단 한 가지가 있다면, 그것은 '내가 얼마나 큰 죄인인가' 하는 것입니다. 그렇다고 항상 정죄감 가운데 빠져 살아야 한다는 뜻은 아닙니다. 우리가 자신의 죄를 늘 찾아내야 하는 이유는, 오히려 하나님의 복음 가운데 더 큰 기쁨과 영광에 참여하기 위해서입니다. 우리가 정말 관심을 가져야 할 것은 우리 속의 죄입니다. 죄를 숨기려고 하지 말고 적극적으로 찾아내야 합니다. 그 이유는 우리에게 예수님의 십자가가 있기 때문입니다. 십자가에 우리 죄를 드리기만 하면, 주님께서는 우리 죄를 의와 생명과 기쁨으로 바꾸어 주십니다. 주님은 우리가 무슨 선물을 가져가야 가장 기뻐하실까요? 주님은 우리의 의의 선물을 원하시지 않습니다. 주님께서 가장 원하시는 선물은 우리의 쓰레기, 곧 우리가 우리 속에서 찾아낸 우리의 죄입니다.

우리는 하나님께 좋은 선물을 가지고 나아가기 원하지만, 하나님께서는 내용과 달리 겉만 화려하게 포장된 것을 결코 받지 않으십니다. 선물의 속 내용이 좋아야 합니다. 하지만 우리 속에 아직 좋은 것이 많지 않은 게 사실입니다. 그렇다고 하나님께서 추한 것만을 원하신다는 뜻은 아닙니다. 하나님께서는 우리 속의 썩은 것들을 예수님이 대신하게 하시고, 예수님의 성결한 것으로 우리를 채우셔서 그 기쁨의 제사를 받기 원하신다는 것입니다. 우리는 우리 속의 나쁜 것들이나 악한 것들을 두려워해서는 안 됩니다. 우리에겐 거룩하신 예수님이 계시고, 은혜로운 복음이 있기 때문입니다.

우리가 어떻게 의의 병기가 될 수 있을까요? 어떻게 하나님의 의를 만족시킬 수 있을까요? 매일 말씀과 성령을 통해 우리 속에 있는 죄를 찾아내고 할례하여 십자가 앞에 나아갈 때, 십자가 안에서 우리 죄가 변하여 하나님의 의가 되고, 하나님께 영광을 돌릴 수 있습니다.

스스로 의인이 되려는 생각부터 근본적으로 바꿔야 합니다. 우리의 생각을 포기해야 합니다. 사도 바울도 구원받은 이후에 '어떻게 하면 하나님 앞에서 철저히 죄인이 될 수 있을까'를 생각했습니다. 그래서 그가 하나님과 가장 깊은 경지에 있었을 때, 자기 자신을 '죄인 중의 괴수'라고 고백할 수 있었던 것입니다. 하나님을 더욱 깊이 만날수록 하나님의 영광과 의 때문에 자신의 죄를 더욱 깊이 보게 되고, 십자가가 내 속에서 더 선명해지고, 십자가의 은혜가 더 크게 느껴지기 때문입니다.

이렇게 십자가 안에서 하나님의 더 큰 은혜와 기쁨을 경험하는 것이 복음 속에 약속하신 치유요 구원입니다. 구원받은 이후 마음속에 여전히 남아있는 죄와 상처를 두려워하지 마십시오. 자신이 죄인임을 고백하기만 한다면, 예수님께서 십자가에 죽으셨고, 우리가 받아야 할 징벌을 대신하심으로써 예수님께서 이루신 그 의가 우리 속에서 이루어질 것입니다!

## 질문과 나눔

1. 구원 이후 잘못과 죄가 드러났을 때 어떠한 마음이 들었습니까?
   구원 전의 죄와 어떠한 차이가 있었습니까?
2. 이를 극복하기 위해 어떠한 노력을 하였습니까?
3. 같은 죄가 반복될 때, 변화되지 않은 자신에 대해 어떠한 마음이 들었습니까?
4. 구원 이후 과거보다 더 강한 죄의 욕구를 느껴본 적이 있습니까?
5. 반복적인 용서를 경험한 적이 있습니까? 그러할 때 어떤 마음이 들었습니까?
6. 주님의 용서를 어디까지 경험해 보았습니까?
7. 자신의 잘못을 스스로 얼마나 용서하고 있습니까?
   주님의 완전한 용서를 받아들이고 있습니까?
8. 실수를 반복적으로 하는 이웃을 볼 때 어떠한 마음이 들었습니까?
   그들을 이해하고 용서한 경험이 있습니까?

제 10 장

# 복음 안에서의 성장 1 - 율법

* 롬 7장-8장 1절

지금까지 우리는 복음의 능력을 누리지 못하게 하는 여러 가지 장애 요인들에 대해 살펴보았습니다. 율법 역시 그 본래 목적은 구원 이후의 바른 삶을 누리게 하는 것이지만, 우리가 율법을 잘못 사용함으로써 오히려 복음과 더 멀어진 채 고통 가운데 있다는 것도 알게 되었습니다. 이번 장에서는 이 율법과 복음의 관계를 우리 마음의 관점에서 이해해 보고자 합니다. 그래서 어떻게 해야 율법이 그 본래 목적대로, 우리를 복음 가운데 성장시켜 줄 수 있는지 살펴보도록 하겠습니다.

## 구원 이후 율법이 장애 요인이 되는 이유

구원을 받아 얻은 새 생명은 복음 안에서 계속 성장되어야 합니다. 그런데 이때 율법이 새 생명의 성장을 방해하는 장애 요인으로 작용할 수 있습니다. 이것은 구원받은 이후 모든 사람에게 나타나는 현상입니다. 우리가 구원받은 이후, 가장 중요시하며 강조하는 것이 있다면 그것은 바로 성경, 즉 말씀일 것입니다. 구원받은 성도가 교회에서 신앙생활을 시작하면서 처음 듣는 것이 설교 말씀입니다. 또한 성경공부나 큐티 등을 통해 말씀을 많이 접하게 됩니다. 그런데 이 말씀의 대부분이 율법입니다. 대개 우리는 이 율법을 별 생각 없이 배우고 받아들입니다. 게다가 우리가 지금껏 '율법과 복음의 관계'에 대해서는 거의 배우지 못했기 때문에, 우리는 율법과 복음 사이에서 종종 갈등하곤 합니다. 그러면서 서서히 복음의 은혜가 소멸되어감을 느낍니다. 그래서 이 율법과 복음이 우리 마음에서 어떻게 만나, 어떤 문제를 일으키는지 구체적으로, 정확히 아는 게 중요합니다. 그래야 이 문제를 해결할 수 있기 때문입니다.

> "형제자매 여러분, 나는 율법을 아는 사람들에게 말을 합니다. 율법은, 사람이 살아 있는 동안에만 그 사람을 지배한다는 것을 알지 못합니까? 결혼한 여자는, 그 남편이 살아 있는 동안에는 법으로 남편에게 매여 있으나, 남편이 죽으면 남편의 법에서 풀려납니다." - 롬 7:1~2

위 말씀을 보면, 구원 이전의 삶은 율법이 그 주인이고 남편이라고 합니다. 이전에 율법이 우리에게 어떻게 남편 노릇을 했습니까? 예수를 믿든 안 믿든 우리 삶에는 어떤 율법이 있습니다. 규범이나 관습, 윤리, 질서가 있어 우리를 늘 감시합니다. 그리고 우리가 이 율법을 지키지 못할 때마다 율법 아래에 우리를 끌어다 놓습니다. '거짓말하지 말라, 게으름 피우지 말라, 이기적인 사람이 되지 말라' 등의 율법을 가지고 자신을 다그치고 압박합니다. 그리고 율법대로 행하지 못할 때에는 자신을 미워하고 정죄합니다. 자신 속에서 비율법적인 모습들이 드러나지 않도록 늘 긴장 상태로 살면서, 자신을 억압하고 방어합니다. 그렇게 율법을 지키려고 애쓰고 노력합니다.

우리가 율법과 규범을 잘 수행하면 인정받고 성공합니다. 그러나 반대로 그러지 못할 경우에는 미움받고 버림받습니다. 이것이 우리가 세상 속에서 받은 교육입니다. 어떻게 보면 참 좋은 남편입니다. 어떻게 살아야 할지 인도해 준 사람입니다. 율법이 이처럼 무엇이 옳고 그른지 가르쳐 줌으로써 우리에게 큰 도움을 주는 게 사실입니다.

그러나 율법은 우리의 본질적인 문제를 해결해 주지 못합니다. 우리의 본질적 문제가 무엇입니까? 우리는 늘 율법의 감시를 받습니다. 그러다 우리가 잘못이라도 하는 날에는 곧 잡혀와 율법에게 야단을 맞습니다. 율법을 잘 지켜 인정받고 사랑받고 출세하는 것은 좋은데, 한편으로 율법을 어기지 않기 위해 늘 긴장하며 살다 보니 우리 마음이 많이 눌리고 아프게 됩니다. 그러나 우리 속에 숨겨진 욕구들은 없어지지 않고 그대로 있다 보니, 욕구를 채우기 위해 슬그머니 규범을 벗어납니다. 우리는 누구나 이렇게 은밀하게 욕구를 채우고 싶고 이를 위한 비자금도 조성하고 싶어 합니다.

율법적인 사람들은 자신뿐만 아니라 다른 사람에게도 율법을 들이댑니다. 율법으로 자기만 감시하고 잡아 오는 데 그치지 않고, 다른 사람까지 감시하고 잡아 오는 것입니다. 자녀들, 교인들, 이웃들을 잡아 와 상처를 줍니다. 율법적인 사람들은 그 내면이 피곤한 삶을 살 수밖에 없습니다. 외적으로는 인정도 받고 성공도 했지만, 내면은 피곤하고 힘이 듭니다. 특히 어려서부터 엄한 교육을 받은 사람이나 사회적으로 모범이 되는 완벽한 사람일 경우, 자신도 힘들지만, 그 옆에서 같이 사는 사람까지 무척 힘들고 피곤하게 합니다.

이처럼 율법은 어떤 면에서 우리를 바르고 질서 있게 살아갈 수 있게 해 주는 참 좋은 남편이지만, 우리를 피곤하고 지치게 만드는 게 사실입니다. 그래서 하나님께서는 율법이라는 남편에게 시달리는 우리를 구원해 주시려고 새로운 남편을 주셨습니다. 구원 이후, 하나님께서 복음 속에서 우리에게 새로 주신 남편, 그분은 바로 예수 그리스도이십니다.

## 새 남편 되신 예수 그리스도

우리의 새 남편이신 예수님은 어떤 분일까요? 그분의 가장 큰 특징은 우리를 감시하지 않으시고 용납하신다는 점입니다. 우리는 은혜로 용납받는다는 느낌이 들 때, 자신의 내면을 드러내기가 쉽습니다. 그리고 우리가 이렇게 드러낸 모든 죄와 상처를 예수님께 가져갈 때, 예수님께서는 자신이 직접 우리의 죄와 상처들을 십자가 안에서 대신 감당해 주십니다. 우리가 할 거라곤 아무것도 없습니다. 단지 믿음으로 예수님과 연합하기만 하면, 예수님이 우리의 새 생명이 되어 주시고 완전한 의가 되어 주심으로써, 내 속에서 율법을 완성해 주십니다. 그리고 우리는 깊은 안식과 평안과 감사 가운데 이를 누리기만 하면 됩니다. 이 점이 바로 구원받기 전에, 혹은 그 후에라도, 율법이라는 남편 아래 피곤하게 살던 것과 가장 큰 차이점입니다.

그런데 우리는 이렇게 좋은 남편을 누리지 못하고 있습니다. 왜 그럴까요? 그 이유를 좀 더 구체적으로 살펴보겠습니다.

예수님이 우리를 용납해 주심으로써, 우리는 그분의 십자가와 부활을 의지해 새 생명을 잉태하게 됩니다. 그런데 우리가 잉태한 새 생명은 겨자씨처럼 아주 연약한 상태이기 때문에, 새 생명이 제대로 자라나게 하기 위해서는 새 생명을 따뜻하게 품어 주고 용납해 주어야 한다고 앞에서 배웠습니다. 그러나 우리에게는 아직도 죄의 종노릇하는 부분이 많아, 우리는 죄가 드러나지 못하도록 감시하고 억압합니다. 새로 잉태된 새 생명을 품고 용납해야 하는데, 한편으로는 죄를 억압해야 하니, 여기에서 우리는 갈등할 수밖에 없습니다. 어느 부분은 용납하고, 어느 부분은 억압하는 게 쉽지 않기 때문입니다. 즉 용납하려면 전체를 다 용납하고, 억압하려면 전체를 다 억압하게 된다는 것입니다.

새 생명을 용납하려고 하면 그동안 억압되었던 나쁜 것들까지 다 풀려나와 새 생명의 기운을 막습니다. 구원받고 은혜받았다고 하는데, 우리 속의 새 생명의 증거는 보일까 말까 할 정도로 열매가 없는 반면, 옛날에 억압했던 것들은 스멀스멀 들춰져 나옵니다. 그런데 그게 너무 많아 일일이 십자가에 가지고 나가기도 어렵습니다.

또한, 자신을 용납하는 과정에서 자신이 얼마나 무력하고 게으르고 이기적인지를 보게 됩니다. 한두 가지가 아닙니다. 너무 많은 단점이 반복적으로 드러나니까, 이에 대해 반사적으로 두려움을 느낍니다. 아픔 가운데 방황하기도 합니다. 가정이나 교회에서 모범적이던 사람이 갑자기 십자가 앞에 드러누워 아무것도 하지 않습니다. 죄의 홍수, 무력감의 홍수에 휩쓸리면서 불안해지기 시작합니다. 옛날 남편 같았으면 벌써 우리를 심하게 질책하고 버렸을 것입니다. 그래도 십자가 연합을 고대하며 기다리지만, 아직 열매는 없고 죄와 상함만 드러나니 이를 믿음으로만 견디기가 그리 쉽지 않습니다. 그러다가 결국 지쳐서 옛날 방식대로 다시 자신을 추스르기 시작합니다. 다시 율법으로 돌아가 자기 속의 죄를 억압하고 학대하는 것입니다.

그런데 과거에는 그것이 가능했지만, 이제는 그조차 쉽지 않습니다. 왜냐하면, 우리 속에 이미 새 생명이 잉태되어 이전처럼 되지 않기 때문입니다. 죄와 함께 새 생명도 학대받으니, 과거보다 더 힘들고 아픕니다. 치유를 제대로 받은 것도 아니고, 예전처럼 율법을 지키지는 것도 아닌, 이도 저도 아닌 상태로 옛 남편과 새 남편 사이를 왔다 갔다 합니다. 그러면서 점점 더 깊은 혼돈과 갈등에 빠지게 되는 것입니다.

## 율법과 은혜의 갈등

"그러면 우리가 무엇이라고 말을 하겠습니까? 율법이 죄입니까? 그럴 수 없습니다. 그러나 율법에 비추어 보지 않았다면, 나는 죄가 무엇인지 알지 못하였을 것입니다. 율법에 '탐내지 말아라' 하지 않았다면, 나는 탐심이 무엇인지를 알지 못하였을 것입니다. 그러나 죄는 이 계명을 통하여 틈을 타서, 내 속에서 온갖 탐욕을 일으켰습니다. 율법이 없으면 죄는 죽은 것입니다. 전에는 율법이 없어서 내가 살아 있었는데, 계명이 들어오니까 죄는 살아나고, 나는 죽었습니다. 그래서 나를 생명으로 인도해야 할 그 계명이, 도리어 나를 죽음으로 인도한다는 것이 드러났습니다. 죄가 그 계명을 통하여 틈을 타서 나를 속이고, 또 그 계명으로 나를 죽였습니다. 그러므로 율법은 거룩하며, 계명도 거룩하고 의롭고 선한 것입니다. 그러니 그 선한 것이 나에게 죽음을 안겨 주었다는 말입니까? 그럴 수 없습니다. 그러나 죄를 죄로 드러나게 하려고, 죄가 그 선한 것을 방편으로 하여 나에게 죽음을 일으켰습니다. 그것은 계명을 방편으로 하여 죄를 극도로 죄답게 되게 하려는 것이었습니다. 우리는 율법이 신령한 것인 줄 압니다. 그러나 나는 육정에 매인 존재로서, 죄 아래에 팔린 몸입니다." — 롬 7:7~14

하나님께서는 우리를 살리시려고 율법을 주셨습니다. 그런데 이 율법이 우리를 살리는 게 아니라, 오히려 우리 죄를 드러내어 우리에게 정죄감을 주면서 결국 우리를 죽이고 있습니다. 위의 말씀에서는 이것을 '죄는 이 계명을 통하여 틈을 타서, 내 속에서 온갖 탐욕을 일으켰습니다. 율법이 없으면 죄는 죽은 것입니다. 전에는 율법이 없어서 내가 살아 있었는데, 계명이 들어오니까 죄는 살아나고, 나는 죽었습니다.'라고 말합니다. 나를 속인 것입니다. 죄는 그 자체에 독과 아픔이 있어서 죄지은 사람을 심판하고 정죄합니다. 그런데 정죄 받아야 할 내가 이미 십자가에서 죽었으니, 이제 나에게 죄가 아무리 많다 하더라도, 나는 정죄 받을 이유가 없는데, 여전히 죄가 나를 정죄하니, '죄가 나를 속였다'고 하는 것입니다.

그런데 문제는 죄가 죽은 나를 정죄할 뿐만 아니라, 새 생명까지 정죄한다는 사실입니다. 하지만 이 역시 속는 것입니다. 예수님의 새 생명은 죄가 없고, 율법으로부터 자유롭기 때문에 정죄 받을 이유가 없습니다. 그런데 우리가 예전 습관에 속아 두려움을 느끼는 것입니다. 내가 잡혀갈 이유가 없습니다. 팔려 갈 나는 이미 죽었고, 이제는 죄와 관계없는 하나님의 완전한 의의 생명이 살아 있음에도 불구하고, 내가 자꾸만 속아서 율법의 죄 아래 팔려간다는 것입니다.

이처럼 우리가 처음의 양육 단계를 지나면, 우리 속의 새 생명과 하나님의 선하심이 자라나는 단계에서, 우리 속에 있는 정죄감과 갈등을 일으킵니다. 아직도 우리 육신의 죄가 더 많은 게 사실이기 때문에 율법이 주는 정죄감이, 하나님의 선을 행하게 하는 내 안의 새 생명을 사로잡는다는 것입니다. 그래서 새 생명이 또 감시받고 학대받다가 죽어 갑니다. 그래서 사도 바울도 '아, 나는 비참한 사람입니다. 누가 이 죽음의 몸에서 나를 건져 주겠습니까? (롬 7:24)'라며 탄식한 것입니다.

우리가 복음 가운데 새 생명을 잉태하기 전에는 이러한 비참함이 없었습니다. 그냥 피곤하고 춥고 아플 뿐이었습니다. 그러나 우리 속에 새 생명이 잉태된 후에는, 이 새 생명이 죄와 싸우기 시작하면서, 전에 새 생명이 없던 상태에서 정죄와 학대를 받았던 때보다 더 아프게 느껴집니다.

원래 율법의 역할은 우리 죄를 드러내어, 우리를 예수 그리스도의 십자가로 인도하여, 우리의 죄와 상함이 십자가와 부활에 연합하게 함으로써, 우리가 계속해서 그리스도의 생명으로 성장하게 해 주는 것입니다. 그런데 율법이 우리 죄를 드러낸 후, 우리를 예수 그리스도에게 인도하지 못할 경우, 우리가 과거의 습관처럼 율법에 의해 억압과 정죄를 받으니, 우리 안에서 자라나던 새 생명마저 죽고 마는 것입니다. 구원받은 이후에 율법적 훈련을 받거나, 율법적 성경공부를 하는 단계에서 우리는 반드시 이런 과정을 겪게 됩니다. 사도 바울도 예외 없이 이런 과정을 겪었습니다.

물론 율법 자체가 잘못된 것은 아닙니다. 구원 이후에도 우리에게는 여전히 율법과 말씀이 필요합니다. 하지만 문제는 옛 주인이 율법으로 위장하여 다시 우리를 지배하기 시작하면서, 우리 속의 새 생명을 학대한다는 것입니다. 즉 이스마엘과 이삭의 싸움이 생기는 것입니다.

### 율법을 쫓아내라!?

그렇다면 우리는 이런 갈등과 고통을 어떻게 극복할 수 있을까요?

"그러므로 그리스도 예수 안에 있는 사람들은 정죄를 받지 않습니다." – 롬 8:1

이 말씀처럼 그리스도 예수 안에 있는 사람들은 결코 정죄를 받지 않습니다. 우리에게 정죄감을 주는 것은 모두 다 속임수일 뿐입니다. 우리가 과거에 너무 오랫동안 율법의 정죄 가운데 있었기 때문에, 자신도 모르게 무의식적으로 율법에 매이는 것입니다. 어릴 적 부모님이 내게 요구했던 것들이, 부모님이 돌아가신 후에도 내 인격의 일부로 남아, 내게 본능적으로 요구하고 두려움을 느끼게 만드는 것과 마찬가지입니다. 그래서 우리는 늘 말씀 가운데 깨어 있어야 합니다. 이제 나의 남편은 옛날의 그 율법이 아닙니다. 옛날에는 내가 율법을 지킴으로써 인정받고 성공했지만, 이제는 그렇지 않습니다. 더 이상 속지 말아야 합니다. 말씀과 복음 가운데 깨어 있어야 합니다. 그래서 나도 모르게 본능적으로 옛 남편에게 가는 것을 깨달아 바로 잡아야 합니다. 정신을 똑바로 차리지 않으면, 물이 위에서 아래로 흘러내리듯 자연스럽게 예전의 습관으로 돌아가게 되어 있습니다.

우리에게 가장 중요한 믿음의 내용은 '용납하시는 하나님을 믿는 것'이라고 앞에서 배웠습니다. 늘 깨어서 '하나님은 나를 용납하신다'는 것을 믿음으로 받아들여야 합니다. 믿어지지 않더라도, 의지적으로 믿어야 합니다. 내가 아무리 큰 죄를 지었다 하더라도, 그 누가 나를 정죄하더라도 상관없습니다. 하나님께서 나를 용납해 주시기 때문입니다. 이러한 믿음을 가져야 합니다.

"형제자매 여러분, 여러분은 이삭과 같이 약속의 자녀들입니다. 그러나 그 때에 육신을 따라 난 사람이 성령을 따라 난 사람을 박해한 것과 같이, 지금도 그러합니다. 그런데 성경은 무엇이라고 말합니까. '여종과 그 아들을 내쫓아라. 여종의 아들은 절대로, 종이 아닌 본처의 아들과 함께 유업을 받지 못할 것이다' 하였습니다. 그러므로 형제자매 여러분, 우리는 여종의 자녀가 아니라, 자유를 가진 여자의 자녀입니다." ─ 갈 4:28~31

우리는 옛 남편인 이스마엘을 쫓아내야 합니다. 적극적으로 대적하고 거부해야 합니다. 물론 그게 쉽지 않은 건 사실입니다. 아브라함에게 이스마엘을 쫓아내는 일은 굉장히 어려운 일이었습니다. 아브라함이 한때는 이스마엘로 인해서 얼마나 즐거웠는지 모릅니다. 하갈을 얼마나 사랑했는지 모릅니다. 한때는 이스마엘을 자기 상속자로 생각하고 많은 정을 주었습니다.

우리도 과거에는 율법을 지킴으로써 출세하고 사랑받았습니다. 율법이 없었다면 우리는 버림받고 말았을 것입니다. 그러므로 율법을 쫓아내는 것은 사실 굉장히 힘든 일입니다. 두려워집니다. 그러나 이제는 완전하신 하나님의 의가 나를 용납해 주시기에, 그보다 하등의 위치에 있는 율법이 나를 정죄할 수 없는 것입니다. 우리에게는 이제 더 좋은 남편이 있기 때문입니다. 이스마엘보다 더 좋은 이삭이 있다는 것입니다.

이스마엘은 이삭을 희롱하고 학대하고 핍박했습니다. 그래서 우리가 이삭을 보호하기 위해서는 과감히 이스마엘을 쫓아 버려야 하는 것입니다. 아브라함은 상속 재산은커녕 지참금도 없이 하루치 양식만 주고 이스마엘을 쫓아 버렸습니다. 우리도 그렇게 해야 합니다. 새 생명을 학대하고 정죄하는 것들은 뭐든 과감히 쫓아 버려야 합니다. 그렇다고 나를 핍박하는 사람들과 싸우라는 말은 아닙니다. 그런 사람들의 정죄를 마음으로 물리치라는 것입니다. 마귀는 우리 마음에 계속 정죄감을 불어넣어 새 생명을 죽이려고 하지만, 예수님께서는 우리의 의와 방패가 되어 주십니다. 이 의의 흉배로 마귀를 막아 물리치고 쫓아내야 합니다.

두 남편을 섬겨서는 안 됩니다. 때로는 이 남편을, 때로는 저 남편을 따라서는 안 된다는 말입니다. 우리의 남편은 오직 십자가의 예수 그리스도 한 분 뿐이십니다.

그리고 우리 속에 있는 모든 죄와 상함을 예수 그리스도의 십자가에 드려야 합니다. 그러면 그분이 모든 것을 대신해 주심으로써, 우리 속에 더 이상 정죄 받을 것이 없게 됩니다. 그분은 우리 죄를 의로 만드십니다. 나는 십자가에서 죽었습니다. 십자가에서 버림받으신 채, 찢기시고, 죽임을 당하신 예수님과 내가 연합하여 죽었으므로 더 이상 나는 없습니다. 이제는 내 안에 예수님의 죄 없으신 생명만이 있을 뿐입니다. 이 생명은 정죄 받을 수 없는 생명입니다. 예수님께서 나의 방패가 되시고 산성이 되셔서, 내가 받아야 할 그 모든 정죄를 내 대신 받으시고 돌아가셨기 때문입니다. 그러므로 정죄와 학대가 올 때마다 십자가의 복음 가운데, 예수님의 이름으로 나아가십시오. 그러면 십자가의 예수님께서 그 모든 정죄와 학대를 대신 다 받아 주십니다.

## 율법의 유익함

이스마엘을 쫓아낸다고 해서, 선한 율법을 모두 거부해야 한다는 것은 아닙니다. 새 생명인 이삭을 율법의 학대로부터 보호하라는 것이지, 율법을 모두 거부하라는 말은 아닙니다. 율법이 다음과 같은 이유로 여전히 선하고 유익하기 때문입니다.

첫째, 율법은 우리 육신의 삶에 유익을 줍니다. 그래서 율법은 최선을 다해 지키는 것이 좋습니다. 그러나 잊지 말아야 할 것은 이것이 육신을 위한 유익함이지, 이 행위의 율법으로 우리가 하나님 앞에 의로워진다고 생각해서는 안 된다는 것입니다. 율법주의자들의 잘못은 율법을 완전하게 지킨 데 있었던 것이 아니라, 율법을 지키는 것을 통해 의로워지려고 했다는 데 있습니다. 우리는 결코 행위로 의로워질 수 없기 때문입니다.

그렇다면 우리가 어떻게 해야 의로워질 수 있을까요? 우리가 아무리 율법을 최선을 다해 지킨다 하더라도, 우린 결코 율법 앞에 완전할 수 없습니다. 우리가 의로워지는 유일한 길은 율법으로 우리 죄를 깨달아, 우리가 죄인임을 고백하며 예수님께 나아가는 것입니다.

둘째, 율법은 우리의 죄를 드러내 줍니다. 우리는 율법으로 의인이 되는 게 아니라 죄인이 되는 것입니다. 하지만 우리가 죄인이 되더라도, 우리 안의 새 생명까지 정죄해서는 안 됩니다. 율법을 통해 우리 육신 속에 있는 죄성을 드러내고 찾아내라는 것이지, 구원받은 우리 영혼이 다시 죄인이 된다는 뜻은 아닙니다.

우리 육신 속에 있는 죄성을 드러내 십자가에 가지고 나아가 소멸하는 과정을 반복하면서, 우리는 점차 성화되어 가는 것입니다. 이것이 율법의 세 번째 유익한 점입니다. 그래서 갈라디아서에서는 율법을 예수 그리스도께로 인도하는 몽학선생이라고 했습니다. 그러나 율법이 예수 그리스도께 우리를 안내하는 것 이상을 요구한다면, 우리는 율법을 과감히 거부하고 쫓아내야 합니다. 자신을 정죄하고 학대하면서, 스스로의 노력으로 율법을 이룰 수 있다고 생각하는 것은 속임수이며 착각입니다. 그것은 과거의 내 남편이 하던 방식이므로, 더 이상 여기에 속아서는 안 됩니다.

## 율법과 은혜는 서로 돕는 관계

우리는 오직 예수님이 십자가에서 우리 죄를 대신 감당하시기 위해 흘리신 보혈로만 의로워질 수 있습니다. 우리 육신의 죄성이 아무리 많이 드러난다 하더라도, 예수님의 대신하심으로 의로워진 우리 영혼은 결코 정죄받을 수가 없는 것입니다. 그래서 사도 바울은 이렇게 말했습니다. '우리 육신은 율법을 통해 숨어 있는 죄성을 드러내고 정죄받아 십자가에 죽지만, 우리 영혼은 십자가를 통해 주신 하나님의 의의 법을 믿음으로써 항상 의로워질 수 있다.'고 말입니다.

> "우리 주 예수 그리스도를 통하여 나를 건져 주신 하나님께 감사를 드립니다. 그러니 나 자신은, 마음으로는 하나님의 법을 섬기고, 육신으로는 죄의 법을 섬기고 있습니다." — 롬 7:25

이 말씀처럼 옛 남편인 죄의 법(율법)은 우리 육신에만 적용하고, 우리의 영혼에는 하나님의 법(새 의의 법)을 적용함으로써, 죄의 법과 하나님의 법이 서로 갈등을 일으키거나 싸우지 못하게 해야 합니다. 이럴 때에만 우리의 죄성이 점점 소멸되어 가면서, 우리의 새 생명이 아무런 방해도 받지 않고 잘 자라날 수 있기 때문입니다. 이렇게 율법과 복음을 선택적으로 분리하여 적용함으로써 갈등이 아닌 상승효과를 거둘 수 있습니다.

> "그러므로 그리스도 예수 안에 있는 사람들은 정죄를 받지 않습니다. 그것은, 그리스

도 예수 안에서 생명을 누리게 하는 성령의 법이 당신을 죄와 죽음의 법에서 해방하여 주었기 때문입니다." ― 롬 8:1~2

8장 1절에서는 그리스도 예수 안에 있는 사람들이 더 이상 정죄를 받지 않는다고, 2절에서는 예수 안에서 생명을 누리게 하는 성령의 법이 우리를 죄와 죽음의 법에서 해방시켜 주었다고 합니다. 그러므로 우리는 예수님께서 십자가에서 이루신 그 복음을 통해, 성령님께서 우리를 자유롭게 해방시켜 주실 것을 믿어야 합니다.

우리는 그동안 얼마나 많은 것들에 묶인 채, 피곤하게 눌려 살아왔습니까? 우리는 이것을 환경 때문이라고 생각하지만, 사실 더 큰 이유는 우리의 내면이 묶여, 정죄받고 있기 때문입니다. 나를 가장 심하게 압박하고 핍박하는 것은 그 어떤 사람이나 환경 같은 외적 요인이 아니라, 나 자신임을 알아야 합니다. 자신을 압박하고 핍박하는 것이 우리의 무의식에서 이루어지기 때문에 우리가 이를 의식하지 못할 뿐입니다. 하지만 사실은 우리의 내적 압박을, 우리를 조금 압박하는 외부에 투사해서 환경 탓이라고 생각하는 것입니다.

하나님은 우리에게 아무것도 요구하시지 않습니다. 예수님이 대신하셨기 때문입니다. 주님의 십자가는 우리를 정죄하는 그 모든 것을 막아주는 방패입니다. 주의 보혈이 내 심장에 있기에 그 누구도 내게 정죄나 요구를 할 수 없습니다. 내 속에 부끄러운 죄와 상함이 아무리 많다 하더라도, 주님의 십자가 은혜는 그보다 훨씬 더 넓고 깊기 때문에 우리가 주님 안에 안식할 수 있는 것입니다. 그러므로 우리는 십자가 앞에 나아가야 합니다.

주님이 십자가에서 우리의 결박을 푸셨습니다! 주님을 향해 우리 마음을 열어야 합니다. 그럼 주님께서 우리 마음에 평안을 주실 것입니다.

그 누구도 우리를 핍박하거나 정죄할 수 없습니다. 예수님께서 우리를 자유케 하셨기 때문입니다. 우리가 진정으로 예수님 안에서 자유를 누릴 때만이, 그 어떤 환경에도 얽매이지 않을 수 있습니다. 하나님께서 나를 의롭다 하시고 기뻐하시는데, 그 누가 나를 함부로 보고 얽어맬 수 있단 말입니까? 혹여 우리가 실제적인 핍박과 압박의 환경에 처한다 하더라도, 그것은 단지 육신의 문제일 뿐, 우리 영혼의 인격은 결코 갇힘과 눌림 가운데 있을 수 없습니다. 대신 자유와 기쁨 가운데 충만할 수 있는 것입니다!

## 질문과 나눔

1. 구원받기 전, 어떤 법의 지배를 받으며 살아왔습니까?
2. 율법적인 삶으로 어떤 유익함이 있었고 한편으로는 어떤 어려움이 있었습니까?
3. 율법으로 모든 것을 판단하고 요구하는 사람을 대할 때 어떠한 어려움이 있습니까?
4. 나는 자신에 대해 얼마나 많이 감시하고 판단하며 요구하고 있습니까?
5. 구원 이후 자신이 주로 지배받는 법이 무엇입니까? 용서와 사랑입니까? 아니면 율법입니까?
6. 율법과 은혜의 갈등을 경험한 적이 있습니까? 그 결과 어떠했습니까? 해결하였다면 어떻게 하셨습니까?
7. 자신의 잘못을 무조건 용서하려고 할 때 불편한 마음은 없었습니까?
8. 율법으로 인해 자신의 생명이 어떠한 어려움을 겪는지 경험해 본 적이 있습니까?
9. 율법의 유익함과 문제가 무엇이라고 생각하십니까?
10. 율법과 은혜가 상생적인 관계로 서로 도움이 되었던 적이 있습니까? 이를 나누어 봅시다.

제 11 장

복음 안에서의
성장 2 - 성령

* 롬 8:1-16

　　　　　성도는 복음으로 구원받아 말씀과 훈련을 통해 성장해 나갑니다. 그러나 아무리 말씀과 훈련을 통해 양육받고 성장한다 하더라도, 이 상태로는 여러 가지 장애로 인해 결국 복음을 떠나게 되는 것이 우리의 현실이라고 앞에서 배웠습니다. 복음으로 구원받은 후에, 복음으로 성장해야만, 하나님이 원하시는 모습으로 자라날 수 있습니다.

　그런데 우리는 형식만 복음일 뿐, 내용은 사실상 복음과 거리가 먼 성장을 추구합니다. 과거에 세상에서 쓰던 방법으로 성장하려 하다 보니, 겉모습은 뭔가 성장한 것 같은데, 내면은 병들고 아프게 되어 결국엔 성장도 멈추어 버린 자신과 교회의 모습을 발견하게 되는 것입니다.

## 복음적인 성장에 성령님이 필요한 이유

그렇다면 우리가 어떻게 해야 복음적인 성장을 할 수 있을까요? 무엇보다 우선 말씀으로 성장해야 합니다. 말씀은 우리의 내면의 모습을 드러나게 합니다. 그래서 하나님께서는 우리에게 말씀을 주셨습니다. 말씀을 통해 자신의 모습이 드러난 것을 보고, 자책하거나 노력하라는 것이 아니라, 그것을 예수님 앞에 들고 나아가, 예수님께 드리라는 것입니다. 그리고 예수님께서 우리의 모든 죄와 아픔을 십자가에서 대신하신 것을 믿음으로써 십자가와 연합하라는 것입니다. 또한 하나님께서 예수님을 죽음 가운데서 살리신 부활에 연합함으로써 새 생명을 얻고 그 새 생명이 내 속에서 율법을 이루어 나가도록 하라는 것입니다. 이것이 바로 복음적인 성장입니다.

구원받기 전, 우리는 꼭 성경에 있는 율법은 아니더라도, 각종 사회적, 제도적 규범 안에서 살아왔습니다. 이러한 사회적 규범이나 질서, 윤리를 따르고 지킴으로써 사회에서 인정받고 성공할 수 있었습니다. 그러나 구원받은 이후에는 더 이상 옛 남편에게 사랑받던 방법으로 살아가서는 안 됩니다. 이전의 방법으로는 참 성장-복음적인 성장-을 할 수 없기 때문입니다. 그럴 경우, 처음에는 겉으로나마 성장하는 것처럼 보이지만, 결국엔 안팎이 다 지치고 병들어 고통과 어둠 가운데 죽어 갈 수밖에 없기 때문입니다. 새 남편인 예수 그리스도의 십자가 안에서만 우리 문제가 치유받고 회복될 수 있습니다.

율법은 우리를 십자가로 인도하는 몽학선생의 역할까지만 하고 끝나야 합니다. 그런데 그게 잘 되질 않습니다. 율법으로 자신의 내면을 드러내는 것까지는 별문제가 없지만, 그다음에 걸리는 게 있습니다. 물론 자신을 드러낸 다음에 용납의 길로 가는 사람도 있지만, 대부분은 정죄의 길로 가는 것입니다. 옛 남편이 여전히 우리를 정죄의 길로 인도하여 학대합니다. 그래서 옛 남편 앞에서 자기도 모르게 자신의 아픈 것을 억압하고 감추게 됩니다. 또한 스스로의 노력을 통해 의를 이루려고 합니다.

그러나 새로운 남편인 예수 그리스도는 옛남편과 완전히 다릅니다. 그분이 우리의 내면을 드러내시는 이유는 야단치고 벌주시기 위함이 아니라, 우리의 드러난 죄와 아픔을 용납해 주시고, 우리 대신 책임져주시기 위함입니다.

그런데 이것이 잘 되지 않는다는 게 문제입니다. 누군가 나의 약점을 들출 때, 우리는 반사적으로 그걸 감추려 합니다. 그동안 자신의 약점이 드러날 때마다 정죄와 버림받음을 경험했기 때문에 자기도 모르게 반사적으로 두려워 떠는 것입니다. 물론 전에도 드러난 것을 회개함으로써 용납받은 경우가 있었던 게 사실이지만, 용납받기 위해 일부러 먼저 자신을 드러낸 경우는 없었습니다. 부모도 자녀가 잘못을 회개하고 더 잘하려고 노력할 때 자녀를 용납하고 인정해 줍니다. 그러나 그런 부모조차도 자녀의 잘못 자체를 무조건적으로 용납해 주는 경우는 거의 없습니다. 우리가 이러한 패턴에 익숙해져 있기 때문에 매번 속는 것입니다. 의식적으로는 예수님의 용납하심을 이해하지만, 무의식적으로는 옛날 습관에 찌들어 벗어나기 어렵다는 것입니다.

우리는 그리스도와 함께 이미 십자가에서 죽었습니다. 그래서 더 이상 율법의 정죄와 요구를 받을 이유가 없습니다. 이미 죽은 사람에게 사형선고가 아무런 의미가 없듯, 우리에게도 율법의 정죄가 아무런 의미가 없습니다. 뿐만 아니라, 우리 속에는 예수 그리스도가 살아계십니다. 그분은 율법의 요구와 정죄를 받을 필요가 없는 분입니다. 그래서 우리 역시 율법의 요구와 정죄를 받지 않는 것입니다.

지난날, 옛 남편과 살던 때에는 우리가 율법을 지키지 못할 때마다 책망과 억압을 받았었습니다. 반면 율법을 잘 지키면 칭찬받고 사랑받았었습니다. 사실 우리는 인정받기 위해서보다는 버림받지 않기 위해 더 노력합니다. 인정받는 기쁨보다 버림받는 고통이 더 크기 때문입니다. 물론 사랑받으려는 노력도 하지만, 대부분은 야단맞지 않으려고 노력하는 경우가 더 많습니다. 최소한 야단만이라도 맞지 않고 싶은 것입니다. 옛 남편도 우리를 그렇게 대했습니다. 우리가 성실하지 못하면 처절하게 버림받았습니다. 공부를 못해도, 시험에 떨어져도, 거짓말을 해도 버림받았습니다. 그러나 이제는 잘하지 못해도 괜찮습니다. 더 이상 버림받지 않습니다. 예수님께서 우리 대신 징계와 버림받음을 당하셨기 때문입니다. 그래서 그 누구도 우리를 징계하거나 버릴 수 없습니다.

그런데 문제는 우리가 자꾸만 속는다는 것입니다. 이것은 내 의지 밖의 문제입니다. 뻔히 알면서도 또 속는 것입니다. 율법의 지배를 받는 것이 이미 우리의 무의식 속에 습관으로 굳어져 있기 때문입니다. 아무리 말로는 자신이 하나님의 백성이고 자녀라고 하지만, 여전히 종의 습관이 남아있어 자기도 모르게 걸려 넘어지는 것입니다. 그렇게 한참 끌려가다 뭔가 잘못되었다는 것을 깨닫지만, 그때는 돌이키려고 해도 잘 안 됩니다. 힘들고 두려워집니다. 그렇다면 이 반복되는 속임수를 어떻게 극복해야 할까요?

"당신이 만일 예수는 주님이라고 입으로 고백하고, 하나님께서 그를 죽은 사람들 가운데서 살리신 것을 마음으로 믿으면 구원을 얻을 것입니다. 사람은 마음으로 믿어서 의에 이르고, 입으로 고백해서 구원에 이르게 됩니다." ─ 롬 10:9~10

위 말씀에서 '복음을 입술로 고백하고, 마음으로 믿으라'고 했습니다. 그런데 입술로 고백하는 것은 그나마 쉽게 할 수 있지만, 마음으로 믿는 것이 쉽지 않습니다. 그 이유는 우리의 마음은 의지가 아니라 대부분 무의식의 영역에 속해 있기 때문입니다. 반면, 입술로 고백하는 것은 의지적 영역입니다. 내 의지가 입술을 움직일 수는 있어도, 마음을 움직이기는 어렵습니다. 그래서 우리가 입술로 의지적으로 고백한다 해도, 정작 마음으로 믿기는 어려운 것입니다. 여전히 믿지 못하고 두려워하는 것입니다.

의지적인 믿음의 고백만 가지고는 안 됩니다. 마음으로 믿어야 합니다. 그런데 이게 어렵다는 것을 하나님께서도 알고 계십니다. 하나님께서는 우리의 무의식이 믿기 어려워한다는 것을 잘 아십니다. 자녀의 영으로 살아야 할 우리가, 여전히 종의 영으로 살면서 두려워하고 있음을 아십니다(롬 8:15). 복음이 우리 안에서 성장하려면, 우리 안에 있는 불신이 먼저 치유되어야 합니다. 그래야 속지 않습니다. 우리의 입술로 고백한 믿음이 우리 속의 참믿음이 되게 하기 위해서는, 우리의 마음(무의식 영역)을 가장 잘 아시는 전문가의 도움을 받아야 합니다. 그리고 그 전문가는 다름 아닌 성령이십니다.

그래서 하나님께서는 우리에게 성령을 주셨습니다. 우리가 무의식적으로 율법의 속임수에 넘어가지 않기 위해서는 성령님의 도움을 받아야 합니다. 성령 안에서만 율법으로부터 완전히 자유로울 수 있기 때문입니다. 성령님은 나의 무의식을 붙들어주십니다. 결론적으로, 우리가 복음 안에서 바르게 성장하는 방법은? 바로 성령님의 도움을 받는 것입니다!

## 성령님의 본질과 역할

우리가 성령님의 역할에 대해 공부하기에 앞서서, 성령님이 누구신지에 대해 먼저 정리해 보도록 하겠습니다. 성령님은 삼위일체 하나님이십니다. 성부 하나님과 하나시지만, 그 역할은 다르십니다. 하나님의 본질이 어떠한지 우리는 감히 생각할 수 없습니다. 그러나 한 가지 확실한 것은, 하나님께서는 우리를 구원하시기 위해 여러 다른 역할로 나타나신다는 것입니다.

    우리에게 아버지 한 분만 있어도 살아갈 수는 있겠지만, 어머니와 형제, 그리고 친구까지 있을 때 훨씬 더 좋은 것처럼, 하나님도 때로는 아버지의 모습으로, 때로는 어머니의 모습으로, 때로는 형제나 친구의 모습으로 우리에게 다가오십니다. 성부 하나님 한 분이어도 물론 되지만, 우리를 더 잘 돕고, 구원하고, 치유하시기 위해 다양한 모습으로, 그때마다 꼭 필요한 모습으로 나타나시는 것입니다. 예수 그리스도는 이 땅에서 인간의 죄를 대신 짊어지시고 성부 하나님의 뜻에 순종하신 성자 하나님이십니다. 하나님 자신이면서 동시에 성부 하나님의 아들이십니다. 하나님 자신이 아들의 모습으로 이 땅에 오셔서, 우리의 죄를 대신하시려고 순종하시고, 그 모든 구원 계획들을 수행하셨습니다. 그런가 하면, 우리가 예수님이 이렇게 이루신 것들을 누리며 살 수 있도록 돕는 분이 계신데, 그분이 바로 성령님이십니다. 성령은 하나님의 영이시며, 그리스도의 영이십니다. 여기에서는 특별히 성령님과 예수님과의 관계를 살펴보겠습니다.

> "또 그(성령)는 나를 영광되게 하실 것이다. 그가 나의 것을 받아서, 너희에게 알려 주실 것이기 때문이다. 아버지께서 가지신 것은 다 나의 것이다. 그렇기 때문에 내가, 성령이 나의 것을 받아서 너희에게 알려 주실 것이라고 말한 것이다." ― 요 16:14~15

예수님이 하늘로 올라가시고 성령님이 대신 내려오셨습니다. 그런데 성령님이 오신 목적이 무엇이라고 합니까? 예수님께서는 '그가 나의 것을 받아서, 너희에게 알려 주실 것'이라고 하셨습니다.

> "그러나 보혜사, 곧 아버지께서 내 이름으로 보내실 성령께서, 너희에게 모든 것을 가르쳐 주실 것이며, 또 내가 너희에게 말한 모든 것을 생각나게 하실 것이다."
> ― 요 14:26

여기에서도 성령님은 예수님이 하신 것을 '가르쳐 주시고 생각나게 하실 것'이라고 합니다. 성령님은 독자적으로 행하시지 않습니다. 예수님의 것을 가지고 일하십니다. 예수님께서 이 땅에서 이루신 하나님의 뜻을, 성령님께서는 우리 속에서 이루시는 것입니다.

"그(성령)는 진리의 영이시다. 세상은 그를 보지도 못하고 알지도 못하므로, 그를 맞아들일 수가 없다. 그러나 너희는 그를 안다. 그것은, 그가 너희와 함께 계시고, 또 너희 안에 계실 것이기 때문이다." ― 요 14:17

성령님은 우리 안에 계시기 위해서 오셨습니다. 내 안에서 예수님의 것을 생각나게 하시고, 예수님이 하신 것들을 내 안에서 이루시기 위해서 오신 것입니다.

성령님은 예수님의 영이십니다. 예수님의 이름으로 오십니다. 그 예수님은 곧 하나님의 뜻입니다. 하나님의 사랑이고, 하나님의 의지입니다. 성령님이 그것(하나님의 뜻과 사랑과 의지)을 내 안에서 이루시는 것입니다. 그런데 그중에서 가장 중요한 걸 꼽는다면 그것은 무엇일까요?

"명절의 가장 중요한 날인 마지막 날에, 예수께서 일어서서, 큰 소리로 말씀하셨다. '목마른 사람은 다 나에게로 와서 마셔라. 나를 믿는 사람은, 성경이 말한 바와 같이, 그의 배에서 생수가 강물처럼 흘러나올 것이다.' 이것은, 예수를 믿은 사람이 받게 될 성령을 가리켜서 하신 말씀이다. 예수께서 아직 영광을 받지 않으셨으므로, 성령이 아직 사람들에게 오시지 않았다." ― 요 7:37~39

여기에서 생수는 성령을 가리킨다고 말합니다. 그런데 아직 성령이 사람들에게 오시지 않았다고 합니다. 당시는 예수님의 십자가와 부활의 사건이 일어나기 전이었기 때문입니다. 그러나 예수님이 십자가를 지시고 부활하신 다음에는 이와는 다른 말씀이 나옵니다.

"이렇게 말씀하신 다음에, 그들에게 숨을 불어넣으시고 말씀하셨다. '성령을 받아라.'" — 요 20:22

전에는 '(성령을) 마셔라'라고 말씀하셨는데 이제는 '성령을 받아라'라고 하십니다. 특이한 것은 예수님이 먼저 하늘로 올라가셔야, 성령님이 그다음 하늘에서 내려오신다고 했는데, 지금은 예수님께서 십자가에서 돌아가시고 부활하신 후, 이 땅에 계시면서도 '성령을 받아라'고 하신다는 것입니다. 또 사도행전에서는 '성령을 받기 전에는 떠나지 말라(행1:4)'는 말씀도 하십니다.

하나님께서 아들을 이 땅에 보내신 목적은 아들의 십자가와 부활을 통해 우리를 구원하시기 위함이었습니다. 그런데 지금 예수님이 그것을 다 이루셨으므로, 이제는 성령을 받으라고 하시는 것입니다. 이는 십자가와 부활의 사건을 내 마음속에서 이루실 분이 바로 성령님이시기 때문입니다. 지식으로 알고, 입술로는 고백했지만, 무의식과 마음으로는 믿을 수 없었던 십자가와 부활의 복음을 내 속에서 실제로 이루실 분이 바로 성령님이시기 때문입니다. 우리가 더 이상 속지 않고, 내 속에서 복음 가운데 자유를 누릴 수 있도록 해 주실 분이 바로 성령님이시기 때문입니다.

## 진정한 내적 자유와 부활 – 성령의 불로 온전히 태움

그렇다면 성령님께서는 내 속에서 어떤 방법으로 십자가와 부활을 이루실까요? 성경에서는 성령을 불로 표현합니다. 구약을 보면 번제를 드릴 때 제물인 어린양이 피를 흘리고 죽습니다. 그런데 그것으로 끝나지 않고 어린양의 가죽을 벗기고, 각을 뜨고, 내장을 씻은 후, 마지막엔 불로 태우기까지 합니다.

불로 태우는 이유가 무엇일까요? 그것은 내 속의 구원을 이루기 위해서입니다. 나의 의식에서는 복음으로 인해 내가 죽었지만, 내 속은 아직 죽지 않았습니다. 내 속은 아직도 속고 있습니다. 그래서 나의 가죽을 벗기고, 각을 뜨고, 내 속의 내장을 씻어야 합니다. 즉 내 속을 보혈로 씻은 후, 성령의 불로 태우는 것입니다. 내 속을 다 태워 없애야만 온전한 제사, 온전한 번제가 되기 때문입니다. 그렇게 내 속을 철저히 드려야 하는 것입니다.

단순히 입술로만 의지적으로 고백한다고 해서 복음에 이를 수 있는 게 아닙니다. 아직도 우리의 내면은 옛 남편에게 매여 종살이하고 있기 때문입니다. 그래서 나의 가죽을 찢어, 내 속을 씻은 후, 성령의 불로 태워야 하는 것입니다. 성령의 불이 오면, 이 모든 제물이 그 불로 태워져 재가 됩니다. 불로 태워지면 흔적도 없이 사라집니다. 그와 마찬가지로 성령님이 내 속에 오셔서 내 내면의 모든 흔적을 없애 주십니다. 우리는 자신이 예전에 놀라 두려워 떨던 흔적 때문에 자꾸 속는데 성령님은 그 흔적까지도 말끔히 없애 주십니다. 성소의 번제단 아랫부분에는 망이 있는데, 이 망을 율법으로 생각할 수 있습니다. 제물이 다 타고 나면 그 재가 망 밑으로 빠집니다. 이것은 우리가 율법을 통과하기 위해서는, 우리 자신이 흔적도 없이 온전히 태워져 재가 되어야 한다는 의미입니다.

성령님께서는 나의 과거의 흔적—육신의 흔적, 포로된 흔적, 기억의 흔적들—을 불로 태워 주십니다. 우리의 죄가 진홍같이 붉다 하더라도 성령님이 불로 오셔서, 흔적도 없이 태워 주시는 것입니다. 흔적이 있으면 우리는 또 두려워하고, 놀라고, 속습니다. 하나님께서는 우리가 연약하여 속을 수밖에 없다는 것을 아시기 때문에 성령님을 보내주신 것입니다.

8장 2절에서는 '그것은, 그리스도 예수 안에서 생명을 누리게 하는 성령의 법이 당신을 죄와 죽음의 법에서 해방하여 주었기 때문입니다.'라고 말합니다. 성령이 오셔야만 우리가 완전히 해방될 수 있습니다. 복음 자체는 완전하지만, 성령의 법이 오셔서 우리의 무의식과 기억에 남아있는 흔적을 없애주셔야만 우리가 온전히 자유로워진다는 것입니다.

8장 13절에서는 '여러분이 육신을 따라 살면, 죽을 것입니다. 그러나 여러분이 성령으로 몸의 행실을 죽이면 살 것입니다'라고 말합니다. 성령으로 몸의 행실을 죽이라는 것은 무엇을 뜻할까요? 내가 육신의 법으로 나를 억압하고 학대한다고 해서, 내 내면의 문제가 없어지는 건 아닙니다. 오히려 은밀하게 숨어서 더 잘 자랍니다. 우리 속에 있는 죄와 상처들을 예수님의 십자가 앞에 드린 후 성령의 불로 태워야만 그것들이 소멸되고 죽습니다. 또한 성령님이 내 속에서 역사하시기 위해서는 기도가 중요합니다. 나의 믿음이 입술이나 지식으로만 끝나지 않게 해 달라고, 성령님께서 그 놀라운 믿음의 내용을 내 속에서 이루어 달라고 기도해야 합니다. 기도하지 않으면 우리는 속을 수밖에 없습니다.

## 율법의 선한 요구들을 이루게 하시는 성령님

또한 성령님께서는 우리에게 오셔서 부활의 영—새로운 생명의 영—을 주십니다. 그 영으로 우리는 하나님의 의의 열매를 맺을 수 있습니다. 즉 그 영으로, 율법이 요구하는 선한 것을 내 속에서 이룰 수 있다는 것입니다. 앞에서 우리는 율법(이스마엘 또는 옛 남편)의 요구를 거부해야 한다고 배웠습니다. 율법은 나의 내면을 드러내는 데까지만 영향을 미치도록 하고, 그렇게 드러난 것을 가지고 예수님께 나아가 용납받아야 한다고 했습니다. 그런데 드러난 나를 율법이 여전히 정죄하고 학대하기 때문에 그렇게 하지 못하도록 쫓아내야 한다고 했습니다. 하지만 율법을 자꾸 쫓아내다 보면 겁이 납니다. 하나님의 율법인데 자꾸 거부해도 되는지 두려워집니다.

그렇다면 율법은 우리 내면을 드러내는 것만으로 그 역할이 끝나는 걸까요? 율법은 정말 우리에게 아무 요구도 할 수 없는 걸까요? 우리는 율법의 요구를 무시한 채, 그저 십자가와 부활에 연합해서 얻게 된 새 생명이 주님의 의의 열매를 맺을 때까지 마냥 기다리기만 하면 되는 걸까요? 율법은 그 이상 아무것도 할 게 없는 걸까요? 이에 대해 진지하게 생각해 보고, 선별적으로 이해할 필요가 있습니다.

율법은 우리에게 많은 요구를 합니다. 그래서 우리는 율법을 쫓아내야 합니다. 하나님께서도 우리 안에 갓 태어난 새 생명이 어느 정도 자라날 때까지는 우리에게 요구하시지 않습니다. 이제 막 잉태된 태아에게 무슨 요구를 하겠습니까? 율법은 언어적인 것입니다. 그래서 상대가 최소한 말을 알아들을 때, 요구도 가능한 것입니다. 언어도 이해하지 못하는 어린아이에게 율법이 아무리 요구해 봤자 무슨 소용이 있겠습니까? 이 단계에서는 그저 용납해 주고 사랑해 줌으로써, 새 생명이 잘 양육되도록 하는 게 중요합니다.

하나님께서도 이스라엘 백성들을 출애굽 시킨 다음에, 곧바로 율법을 주시지 않았습니다. 시내산에 도착할 때까지 이스라엘 백성들이 수없이 원망하고 불평했지만, 하나님께서는 그들에게 율법을 들이대시기는커녕, 오히려 그들의 모든 잘못을 다 용납해 주셨습니다. 그들을 야단치시기는커녕, 그들에게 문제가 생길 때마다 즉시즉시 해결해 주셨습니다. 마치 갓난아기를 양육하듯 그들을 대하셨습니다. 그래야만 새 생명이 자라날 수 있기 때문입니다. 요구가 많으면 치유도, 성장도 어렵기 때문에 하나님께서는 우리가 구원받은 후, 처음 양육되는 과정에서 아무런 요구도 하시지 않는 것입니다.

우리가 이렇게 처음 치유받는 단계에서는, 율법적인 요구를 거부하면서, 내 속의 드러난 것들을 십자가에 드리기만 하면 용납을 받고 자유롭게 성장하게 됩니다. 그러다가 우리 속의 새 생명이 어느 정도 자라나면, 말씀을 이해하고 깨닫기 시작하는데, 이때부터 율법의 또 다른 기능인 요구가 생깁니다. 물론 율법의 드러냄의 기능은 우리가 계속 사용해야 할 중요한 기능입니다. 그런데 율법의 요구 기능은 어떻게 발전될까요?

우리가 받은 새로운 영은 하나님의 영이기 때문에 자라날수록 선한 것을 생각하게 됩니다. 악한 것을 생각하지 않습니다. 하나님이 원하시는 좋은 것들을 자동적으로 생각하게 됩니다. 그러면서 자발적으로 요구가 생깁니다. 그런데 이번에는 '율법을 지켜야 한다'는 타율적인 요구가 아니라

'율법을 지키고 싶다'는 자율적인 요구입니다. 이때 우리는 이 요구에 순종할 필요가 있습니다.

그리고 우리는 이 생명-하나님의 영-을 계발해줄 필요가 있는데, 이때 율법이 하나님의 영 속에 있는 선한 것을 자극하여 계발될 수 있도록 격려해 줍니다. 과거에는 율법의 요구를 통해, '나는 율법을 지킬 수 없는 죄덩어리'라는 사실을 깨달았습니다. 그래서 율법을 보면 전부 야단맞을 것밖에 없었습니다. 그래서 자신을 억압하고 학대하면서, 억지로 율법을 지키려 노력하곤 했습니다.

그러나 이제는 내 속에 새로운 가능성과 힘이 있습니다. 하나님께서 주신 새 생명의 율법은 즐겁습니다. 묵상할수록 더욱더 즐거워하게 됩니다. 율법이 나의 내면을 드러냄과 동시에, 말씀을 순종하고, 기뻐하고, 묵상하도록 촉진시킴으로써 나의 생명을 직접 양육하는 기능도 하기 때문입니다. 성령님께서 바로 이러한 일을 하신다는 것입니다. 과거처럼 율법으로 우리를 억압하는 것이 아니라, 새 생명의 기쁨으로 선한 것을 이루게 하시는 것입니다.

> "육신으로 말미암아 율법이 미약해져서 해낼 수 없었던 그 일을 하나님께서 해결하셨습니다. 곧 하나님께서는 자기의 아들을 죄된 육신을 지닌 모습으로 보내셔서, 죄를 없애시려고 그 육신에다 죄의 선고를 내리셨습니다. 그것은 육신을 따라 살지 않고 성령을 따라 사는 우리가, 율법이 요구하는 바를 이루게 하시려는 것입니다."
>
> ─ 롬 8:3~4

육신으로는 율법을 이룰 수 없습니다. 죄와 상함의 덩어리인 우리는 율법의 요구를 이룰 수가 없기 때문입니다. 이처럼 우리가 율법을 이룰 수 없었기 때문에 예수님께서 십자가에서 돌아가심으로써 우리에게 새 생명을 주신 것입니다. 그리고 성령님께서는 우리의 영혼이 그 율법의 요구를 기쁘게 이루게 하십니다. 성령님 안에 있으면 이제는 더 이상 육신을 좇지 않습니다. 대신 선한 것만 생각하고, 하나님의 영의 일을 하게 됩니다. 십자가에 드리고 죽는 것을 위해서도 기도해야 하지만, 내 속에 성령님이 거하심으로써 내가 하나님의 율법을 즐거워하고, 묵상하고, 하나님의 선한 것을 지키고 싶게 해 달라고 기도해야 합니다. 내 안의 성령님께서 이런 일들을 이루게 해 주시기 때문입니다.

"내가 또 말합니다. 여러분은 성령께서 인도하여 주시는 대로 살아가십시오. 그러면 육체의 욕망을 채우려 하지 않을 것입니다. 육체의 욕망은 성령을 거스르고, 성령이 바라시는 것은 육체를 거스릅니다. 이 둘이 서로 적대관계에 있으므로, 여러분은 자기가 원하는 일을 할 수 없게 됩니다. 그런데 여러분이, 성령의 인도하심을 따라 살아가면, 율법 아래에 있는 것이 아닙니다." — 갈 5:16~18

성령의 인도로 율법을 행하는 것, 이것이 바로 성령의 열매입니다. 죄와 상함이 계속해서 우리를 괴롭힌다 하더라도, 우리는 그러한 공격을 십자가 안에서 막아 낼 수 있습니다. 이처럼 지금까지는 우리가 죄와 상함의 공격에 대해 수동적으로 수비하는 것에만 집중했습니다. 그러나 이제는 공격도 필요합니다. 성령 안에서 적극적으로 율법을 이루는 자세도 필요하다는 말입니다. 우리가 점차 치유되어 가면서, 하나님의 말씀을 아멘으로 받아들여, 그 말씀이 나에게 힘이 되고 기쁨이 되게 해야 합니다. 그렇게 성령의 열매를 이루어 가야 합니다. 이것이 바로 '성령의 인도하심을 따라 살아가는 것'입니다.

## 율법의 선별적 적용

율법이 우리에게 요구할 때, 우리는 동시에 두 가지 반응을 보입니다. 나의 영은 율법의 요구를 기뻐하지만, 나의 육과 그 속의 상처는 이 요구를 부담스러워하고 거부합니다. 이때 중요한 것은 율법의 모든 요구를 억지로 따라서도 안 되지만, 그 모든 요구를 무조건 거부해서도 안 된다는 사실입니다.

처음에는 육이 거부하는 것을 묵살한 채, 억지로 율법을 지키는 게 가능했습니다. 그러나 억압된 육과 육의 상처는 언젠가 문제를 일으킵니다. 반면, 육의 음성만 듣고 율법을 거부하며 죄 가운데 빠져 있게 되면, 우리의 선한 영까지도 정죄 받는 문제가 생깁니다. 이렇게 되면 앞서 언급한 것처럼 우리의 영이 율법에 눌려 자라나지 못해, 성령의 열매를 맺을 수 없는 결과를 초래하게 됩니다.

이런 이유로, 우리가 성령 안에서 복음적으로 성장하기 위해서는 율법의 요구를 선별적으로 받아들이는 지혜가 필요합니다. 우리 영혼이 기쁨으로 율법의 요구를 따르려 한다면, 그때에는 최선을 다해 믿음으로 행해야 합니다. 그러나 우리 육신 속에는 아직 죄성이 있어 이를 거부하고 싶은 마음도 있다는 사실을 인정하고, 이를 억압하고 숨기기보다는 십자가에 가지고 나아가 소멸함으로써, 우리의 영의 요구에 같이 참여할 수 있게 해야 합니다.

율법의 요구를 거부하려는 마음을 그냥 억압하는 것과 십자가 및 부활에 연합하는 것에는 큰 차이가 있습니다. 십자가 및 부활에의 연합을 반복하다 보면, 율법의 요구를 점점 더 쉽게 이루어 나갈 수 있게 됩니다.

매일 하는 큐티에서도 이러한 문제가 똑같이 나타납니다. 우리가 처음에는 구원의 은혜에 감격하고 감사하여, 하나님의 말씀을 사모하는 마음으로 큐티를 시작합니다. 이때에는 성령에 의한 큐티였습니다. 말씀이 꿀같이 달고 기뻐서 매일 큐티를 했습니다. 그런데 점차 자기도 모르게 그 말씀으로 자신의 육신의 죄까지 숨기게 됩니다. 자신이 율법을 지킬 수 없다는 사실을 억압한 채, 율법을 지키려고 행위적인 노력을 합니다. 원래는 매일 율법을 통해 내가 얼마나 큰 죄인이고 상한 자인지를 깨달아야 하는데, 자신의 행위적 노력 뒤에 이러한 약점들을 감추다 보니, 어느새 복음을 점차 잃어버리고 마는 것입니다. 이렇게 복음을 잊게 되니, 우리 영이 매일 먹어야 할 하나님의 의를 먹지 못하게 되고, 그 결과 새 생명의 영까지 허약해집니다. 그러다 결국에는 우리가 처음에 성령 안에서 기쁨으로 큐티하던 게, 어느새 율법적이고 교훈적인 큐티가 되고 마는 것입니다.

그래서 우리는 이 두 가지(율법을 수용하거나 거부함)를 선별적으로 해야 합니다. 내 속에 하나님의 영이 자랄 때, 그 영은 하나님의 교훈과 명령을 즐거워합니다. 그래서 교훈적 큐티의 요구도 필요한 것이지요. 그러나 우리 마음속에 상함이 있고 아픔이 있을 때에는 아직 그 교훈을 즐거워할 수가 없습니다. 이때는 십자가가 필요합니다. 이때는 율법의 요구를 거부해야 합니다. 그래야 우리 영이 복음적으로 성장할 수 있습니다. 이처럼 하나님께서는 우리를 성장시킬 수 있는 상호보완적인 두 가지 방법을 주셨습니다.

> "하나님의 영으로 인도함을 받는 사람은, 누구나 다 하나님의 자녀입니다. 여러분은 또다시 두려움에 빠뜨리는 종살이의 영을 받은 것이 아니라, 자녀로 삼으시는 영을 받았습니다. 그래서 우리는 그 영으로 하나님을 '아빠, 아버지'라고 부릅니다. 바로 그 때에 그 성령이 우리의 영과 함께, 우리가 하나님의 자녀임을 증언하십니다."
> ― 롬 8:14~16

이제는 두려움에 빠뜨리는 종살이의 영으로 학대받으면서 율법의 요구를 따르는 게 아니라, 아버지의 뜻을 알고 기뻐하는 자녀의 영으로서 순종할 수 있습니다. 과거처럼 억압적으로 율법을 지키는 게 아니라, 우리 속에 있는 하나님의 영이 우리를 인도하시고 우리에게 힘을 주시기에, 평안하고 기쁜 마음으로 하나님의 뜻을 행하게 되는 것입니다. 성령님께서는 우리에게 종의 영이 아닌 자녀의 영을 주셨습니다. 그러므로 우리는 성령님께서 우리 속에 오셔서 우리가 온전하게 선한 것들을 이룰 수 있게 해 달라고 기도해야 합니다. 성령님이 우리 속에 오셔서 하나님의 뜻대로 행하게 하시는 것, 이것이 바로 성령의 열매입니다. 뿐만 아니라 하나님께서는 우리가 당신의 뜻을 더 잘 이룰 수 있도록 우리에게 은사도 주셨습니다. 또 지체 간에 사랑을 나눌 수 있도록 해 주셨습니다.

우리 안에서 성령님이 일하실 때, 어떤 순서에 의해 일하시는지를 알아야 합니다. 그리고 그 순서대로 성령을 사모해야 합니다. 성령님이 우리 속에 오셔서 제일 먼저 하시는 일은 우리를 드러내시는 것입니다. 말씀의 검으로 오셔서 각을 떠서 우리의 죄성과 상함을 드러내신 후, 십자가에서 그것들을 소멸하고 죽이는 일을 하십니다. 그 다음에 우리 안의 새 생명이 더욱 잘 자라날 수 있도록 돕고 격려하는 생명의 일을 하십니다. 우리의 육신은 죽이고 새 생명은 살리시는 성령 안에서만이 우리는 진정한 십자가와 부활의 연합을 할 수 있습니다. 그 다음 성령님께서는 우리에게 아들의 영을 주셔서 하나님을 기뻐하고 하나님께 순종하고픈 마음을 주십니다. 우리가 이렇게 성령 안에서 행하다 보면 자연히 성령의 열매를 맺게 되는 것입니다.

우리는 성령의 사역 중에 우리의 내면을 드러내시는 일이나, 십자가 및 부활에 연합하게 하시는 일을 경시하는 경향이 있습니다. 때로는 성령의 열매를 간과한 채, 성령의 은사만을 성령충만의 척도로 생각하기도 합니다. 그러나 우리가 성령 안에서 받은 것들을 제대로 잘 누리기 위해서는, 이렇게 성령님께서 일하시는 순서를 알고, 그에 따라 성령을 사모하는 게 필요합니다.

## 성령충만을 지속적으로 누리려면

성령의 충만함이 있어야 우리의 영이 복음 안에서, 율법에 묶이지 않고 성장할 수 있습니다. 성령충만은 내적인 변화입니다. 내 속에 하나님의 영이 있어 생명과 평안과 성령의 행하심을 누리는 것이 바로 성령충만이기 때문입니다.

그런데 우리가 하나님께서 원하시는 성령의 충만함을 지속적으로 받으려면 어떻게 해야 할까요? 우리가 구원을 받을 때, 하나님께서는 우리에게 성령을 주셨습니다. 복음 안에서 성령을 받아 내적인 기쁨과 사랑의 관계를 회복하였습니다. 은사도 받고 좋은 열매도 맺었습니다. 너무 좋고 행복했습니다. 그런데 그 충만함이 점점 소멸되어 갑니다.

이처럼 우리가 성령충만을 지속적으로 누리지 못하는 이유가 무엇일까요? 그것은 성령의 외적인 열매와 은사를 너무 좋아한 나머지, 성령을 우리의 옷으로 삼았기 때문입니다. 이렇게 눈에 보이는 성령의 외적인 면만을 전부로 생각하고, 외적 성령충만에만 집착하여 이 옷만 입으려 하기 때문이지요. 우리가 성령을 어떻게 받았는지를 잊지 않고 늘 복음으로 다시 돌아가야 하는데, 성령의 옷만 입고는 복음으로 다시 돌아가려 하지 않는 것입니다.

복음으로 돌아간다는 것은 옷을 벗고 다시 가난해지는 것을 말합니다. 우리가 보통 은사를 받고 나면, 자기가 마치 하나님의 특별한 능력을 받은 것처럼 생각하고는 그 은사를 통해 자신의 죄와 상함을 가립니다. 전에 율법을 통해 자기를 감추어 버림으로써 병들었던 것처럼 성령의 옷으로 자신의 죄와 상함을 감춤으로써 다시 병들게 되는 것입니다. 율법이 우리의 옷이 되어 우리를 병들게 했던 것처럼, 우리가 성령의 외적인 면에만 집착하게 되면 다시 병들 수밖에 없게 됩니다. 그런데 문제는, 율법 안에서 병드는 것보다 성령충만을 받아 병드는 게 더 고질적이라는 사실입니다. 은사를 많이 받은 사람들 속에서 자라난 병이 얼마나 많은 사람에게 상처를 주는지 모릅니다. 그 결과 교회도 병들게 됩니다. 하나님의 은혜와 은사를 많이 받았음에도 불구하고 자신의 병적 요소가 점점 더 깊어 갑니다. 다시 가난해져서, 복음 가운데 나아가지 않기 때문입니다.

그래서 우리가 계속 성령으로 충만하기 위해서는 하나님이 주신 외적인 것들을 벗고 십자가의 복음 가운데 다시 돌아가야만 합니다. 우리는 오직 복음 안에서만 계속 성령충만할 수 있기 때문입니다. 하나님께서는 우리 자신을 위해 은사를 주신 것이 아닙니다. 은사는 다른 사람을 섬기라고 주신 것입니다. 나의 노력이나 공로로 은사를 받은 게 아님을 기억하고, 다시 버림받은 마음으로, 다시 외로운 마음으로 돌아가, 십자가 복음 가운데 나아갈 때 하나님께서는 우리를 더욱 성령충만하게 하십니다.

하나님께서 우리에게 성령충만과 함께 은사와 아름다운 지체들을 주실 때, 우리가 거기에만 머물러서는 안 됩니다. 지속적으로 성령충만하기 위해서는 다시 복음으로 돌아가야 합니다. 지체들을 의지해서도, 지체들을 나의 사람인 양 거느리고 다녀서도 안 됩니다. 자신의 굶주림을 채우는 수단으로 지체들을 소유하거나, 자신의 자랑거리로 여겨서도 안 됩니다. 하나님이 주신 능력을 그렇게 사용해선 안 됩니다. 하나님이 주신 열매를 자신의 영광이나 소유로 받아들여서는 안 됩니다. 그러한 것들을 얻는 데,

우리가 한 거라곤 아무것도 없었기 때문입니다. 하나님께서 모든 것을 계획하셨고, 예수님께서 나 대신 돌아가심으로써, 성령님께서 내 속에서 도와주셨기 때문에 내가 그런 열매를 맺을 수 있었던 것뿐입니다.

우리 속에 무슨 선한 것이 있었습니까? 이를 기억하고 겸손하게 십자가 앞에 나아갈 때에만 성령의 도우심과 충만함을 누릴 수 있습니다. 하나님은 우리를 돕기 위해 우리에게 성령님을 주셨습니다. 우리가 예수님을 기억하고 십자가 앞에 나아갈 때, 하나님께서는 성령님을 통해 우리를 완벽하게 도와주실 것입니다!

## 질문과 나눔

1. 자신의 의지와 상관없이 자기가 싫어하는 잘못된 습관이 무의식적으로 나온 경험이 있습니까?
2. 자신이 죄를 범했을 때 하나님의 징계에 대한 두려움을 느끼십니까? 그럴 때 어떻게 하십니까?
3. 성령님을 어떻게 이해하며 경험하고 있습니까?
4. 성령을 소멸의 불로서 경험한 적이 있습니까? 그 때 어떠하였습니까?
5. 성령의 도우심을 경험한 적이 있습니까? 하기 어려웠던 것을 기쁨과 평안으로 할 수 있었던 적이 있습니까?
6. 성령의 열매를 무엇이라 생각하십니까? 성령의 열매를 맺어본 적이 있습니까?
7. 성령의 열매가 부족하다면 그 이유는 무엇이라 생각하십니까?
8. 속으로부터 하고 싶은 것과 어쩔 수 없이 해야 하는 것을 경험해 본 적이 있습니까? 그 차이와 결과가 어떠했습니까?
9. 지속적인 성령충만을 경험한 적이 있습니까? 어떻게 하면 그렇게 될 수 있다고 생각하십니까? 그렇지 못했다면 그 이유가 무엇이라 생각하십니까?

# 제 12 장
## 복음 안에서의 종말

* 롬 8:17-39

　　　　　지금까지 우리는 성화를 이루어 가는 구원과 그 내면적 장애에 대해 살펴보았습니다. 하나님께서는 우리에게 이런 내면적인 장애들이 있을 거란 사실을 미리 아시고 그 해결을 위한 여러 가지 방법들과 능력을 주셨습니다. 하나님께서 주신 이러한 방법들을 잘 지키고 따른다면, 우리는 복음 안에서 하나님의 더 큰 은혜를 입게 되고, 하나님이 약속하신 것들과 하나님 나라를 우리 삶 가운데 이루는 놀라운 은혜와 축복을 누릴 수 있게 됩니다.

　우리가 이루어야 할 성화 과정 이후에는 영화의 과정이 있습니다. 영화의 과정이라는 것은 육신이 죽은 후 예수님을 만나는 단계입니다. 우리가 개인적인 종말과 세상의 종말을 거쳐서 맞게 될 영화의 과정 앞에서 무엇을 준비해야 하는지 생각해 보겠습니다. 칭의에서 성화의 과정으로 넘어갈 때 생겼던 몇 가지 혼돈처럼 성화의 과정에서 영화의 과정으로 넘어갈 때 역시 약간의 혼돈이 있을 수 있습니다. 그래서 이에 대한 좀 더 깊은 이해를 통해, 마지막 영화에 대한 준비를 하는 것이 필요합니다.

## 구원의 완성인 영화榮化

성화적 구원의 목표와 방향은 결국 영화를 향한 것이므로, 영화와 복음과의 관계를 잘 이해할 필요가 있습니다.

구원의 마지막 단계는 영화입니다. 영화는 우리의 구원의 완성입니다. 물론 칭의적 구원만으로도 일단 구원을 받는 게 사실이지만, 더 깊은 내면적 완전함으로 들어가기 위해서는 구원도 발전될 필요가 있습니다. 이런 구원의 발전 과정을 통해, 우리의 내면에서는 하나님의 나라가 계속 자라나기 때문입니다. 즉 내면의 새 생명과 내적 기업이 계속 자라난다는 말입니다. 동시에 외적인 하나님의 기업도 자라납니다. 그러나 외적 기업과 내적 기업은 다소 다르게 성장합니다.

우선, 외적인 하나님의 기업은 어떻게 자라날까요? 우리가 처음 신앙을 갖게 되면, 하나님께서는 우리가 하나님의 사랑과 은혜를 깨닫게 해 주시려고 많은 외적인 것들-눈에 보이는 축복들-을 주십니다. 그러나 내면의 구원을 위해서는 외적인 것이 허물어져야 하기에 처음에 주신 외적인 것들은 점차 줄어듭니다. 그러다가 내적 치유가 반복되고 깊어지면서, 외적인 것들이 다시 늘어나는 단계가 옵니다. 우리의 내면이 하나님 나라로 성장하면서 나타나는 열매만큼, 외적 기업이 다시 늘어나는 것입니다. 그러나 이들(내적 열매와 외적 기업)이 언제까지나 비례해서 늘어나는 것은 아닙니다. 외적 기업은 영화의 과정을 향해 가면서 또다시 허물어지기 때문입니다.

이러한 과정이 반복되면서, 내면적인 하나님의 나라와 속사람은 지속적으로 계속해서 성장하지만, 외적인 하나님의 기업의 성장은 불연속적입니다. 왜냐하면 외적 기업이 비록 하나님께서 주신 것이긴 하지만, 그것은 본질적으로 이 땅에 속한 것이기 때문입니다. 반면, 영화는 보이지 않는 하늘의 것입니다.

우리가 처음 구원받았을 때 세상의 것들을 떠나야 했던 것처럼, 구원 이후의 과정 중 하나님께서 주신 외적 기업을 벗어야 할 시점도 오는 것입니다. 하나님께서 외적 기업을 주신 것은 하나님 나라가 무엇인지 우리에게 보여 주시고 알려 주시기 위한 것이지, 계속 그것에만 집착하거나 의지하며 살라는 것이 아니기 때문입니다. 어느 시기가 지나면 외적인 것은 다시 허물어져야 합니다. 점점 더 단순해지고 가난해지고 조용해져야 합니다. 이것이 성화와 영화 과정에 있어서 전체적인 흐름입니다. 이 흐름을 잘 알아야만 이 땅에서의 구원을 잘 마무리할 수 있습니다.

우리는 처음 칭의적 구원을 받은 후, 복음 안에서 계속적으로 성장합니다. 그러다 오히려 그러한 외적 성장을 포기하고 허묾으로써 성화적 구원을 이루는 단계로 발전합니다. 이처럼 복음의 마지막 마무리 과정에도 이러한 단계가 있습니다. 외적인 것이 다시 허물어지는 방황의 단계 말입니다. 이것이 종말의 현상입니다. 이때 우리는 깨어 있어야 합니다. 그리고 흔들리지 말아야 합니다. 그래야 종말을 아름답게 맞이할 수 있습니다.

신앙생활을 열심히 잘 하던 사람들도 정작 종말은 제대로 준비하지 못하는 경우가 많습니다. 우리는 종말을 항상 준비하고 있어야 합니다. 종말이 언제 어떻게 올지 모르기 때문입니다. 그래서 나이와 상관없이, 누구나 종말에 대해 늘 준비하고 있어야 하는 것입니다.

## 종말은 보이는 것이 무너지고
## 보이지 않는 것이 드러나는 것

이제 우리가 복음 안에서 어떻게 우리의 마지막을 준비할 것인지 살펴보도록 하겠습니다. 어떻게 해야 종말이 닥쳐도 처음처럼 혼돈없이 종말을 잘 맞이할 수 있을지 생각해 봅시다.

"그러므로 우리는 낙심하지 않습니다. 우리의 겉사람은 낡아가나, 우리의 속사람은 날로 새로워집니다. 지금 우리가 겪는 일시적인 가벼운 고난은, 비교할 수 없을 정도로 영원하고 크나큰 영광을 우리에게 이루어 줍니다. 우리는 보이는 것을 바라보는 것이 아니라, 보이지 않는 것을 바라봅니다. 보이는 것은 잠깐이지만, 보이지 않는 것은 영원하기 때문입니다." ─ 고후 4:16~18

"땅에 있는 우리의 장막집이 무너지면, 하나님께서 지으신 집, 곧 사람의 손으로 지은 것이 아니라 하늘에 있는 영원한 집이 우리에게 있는 줄 압니다. 우리는 하늘로부터 오는 우리의 집을 덧입기를 갈망하면서, 이 장막집에서 탄식하고 있습니다. 우리가 이 장막을 벗을지라도, 벗은 몸이 되지 않을 것입니다. 우리는 이 장막에서 살면서, 무거운 짐에 눌려서 탄식하고 있습니다. 우리는 이 장막을 벗어버리기를 바라는 것이 아니라, 그 위에 덧입기를 바랍니다. 그리하여 죽을 것이 생명에게 삼켜지게 하려는 것입니다. 이런 일을 우리에게 이루어 주시고, 그 보증으로 성령을 우리에게 주신 분은 하나님이십니다. 그러므로 우리는 언제나 마음이 든든합니다. 우리가 육체의 몸을 입고 살고 있는 동안에는, 주님에게서 떠나 살고 있음을 압니다. 우리는 믿음으로 살아가지, 보는 것으로 살아가지 아니합니다. 우리는 마음이 든든합니다. 우리는 차라리 몸을 떠나서, 주님과 함께 살기를 바랍니다. 그러므로 우리가 몸 안에 머물러 있든지, 몸을 떠나서 있든지, 우리가 바라는 것은 주님을 기쁘게 해 드리는 사람이 되는 것입니다. 우리는 모두 그리스도의 심판대 앞에 나타나야 합니다. 그리하여 각 사람은 선한 일이든지 악한 일이든지, 몸으로 행한 모든 일에 따라, 마땅한 보응을 받아야 합니다." ― 고후 5:1~10

종말은 보이는 것들이 사라지는 시간입니다. 보이는 것이란 어떤 것인가요? 강하고 아름답고 확실하고 감각적인 것들입니다. 때로는 완전하고 의롭고 선해 보입니다. 더 구체적으로는 세상과 육체, 즉 눈에 보이는 모든 것을 말합니다. 이런 것들이 사라지는 것이 바로 종말입니다. 지금은 보이는 것이 진짜 같고 영원할 것만 같습니다. 권력과 돈, 그 모든 아름다움이 영원할 것처럼 보입니다. 그러나 보이는 것에는 반드시 종말이 있습니다. 보이는 것은 영원하지 않습니다. 잠깐이면 끝이 납니다. 그 대신 보이지 않는 것이 영원한 것으로 우리에게 다가올 것입니다.

십자가와 복음 속에 있는 생명은 보이지 않습니다. 겉으로 보면 무력하고 가난하고 초라합니다. 죽은 것처럼 보입니다. 그러나 그 속에 생명이 있습니다. 세상의 것들처럼 그렇게 강하고 아름답고 확실하게 보이지 않습니다. 그러나 종말에는 보이는 것이 허물어지고, 보이지 않는 것들이 확실하게 나타날 것입니다. 어린양 예수 그리스도도 지금은 보이지 않습니다. 초라합니다. 그러나 종말에는 어린양 예수가 보좌 위에 서실 것이고 심판주로 나타나실 것입니다.

세상의 종말이나 개인의 종말이나 다 마찬가지입니다. 우리가 집착하고 사랑하는 것들은 영원할 수 없습니다. 반면 우리가 무시하고 내가 알지 못하는 그것, 우리 속의 보이지 않는 그것은, 언제까지 숨어 있지만은 않을 것입니다. 지금 숨겨져 있는 것들이 언젠가는 드러날 것입니다. 그리스도의 심판대 앞에서 다 드러나게 됩니다.

　내적치유란 한 마디로 '나의 내면을 미리 드러내는 것'입니다. 마지막이 오기 전에 미리 알자는 것입니다. 그때 가서, 그동안 자랑하던 것이 허물어질 때 놀라지 않도록 미리 벗어 버리자는 것입니다. 속지 말자는 것입니다. 어차피 드러날 것 미리 드러내자는 것입니다. 미리 드러내어 그것을 해결하자는 것입니다. 그렇게 하는 사람이 깨어 있는 자이고 슬기로운 자입니다. 그러나 준비하지 않은 자에게는 그날이 도둑처럼 갑자기 들이닥칠 것입니다. 도둑처럼 온다는 것은 예고하지 않고 갑자기 온다는 뜻입니다. 준비하지 않았기 때문에 그렇습니다. 이것이 종말의 본질입니다.

## 인생의 종말을 준비하는 자, 깨어 있는 지혜로운 자

　세상의 종말도 분명히 있지만 그건 쉽게 이야기할 수 있는 것이 아니므로 여기에서는 개인의 종말에 대해 중점적으로 살펴보고자 합니다.

　개인의 종말은 확실합니다. 사실 개인의 종말과 세상의 종말은 똑같습니다. 개인의 종말을 준비하는 사람은 동시에 세상의 종말을 준비하는 사람이기도 합니다. 그런데 종말이 올 때 복음은 어떤 역할을 할까요? 우리는 육신의 생명이 있는 한, 살아 있다고 생각합니다. 그러나 성경적으로 보면 사실 인생은 살아 있는 생명이 아닙니다. 우리는 죄로 인해 이미 심판받고 죽었습니다. 우리는 한평생 열심히 살아가는 것을 인생이라고 생각하지만, 사실 우리는 이미 죽음 가운데 태어난 것입니다. 이미 우리에게 죽음이 주어졌기에, 우리는 그저 죽어 가기 위해 태어난 것일 뿐입니다.

그렇다면 하나님께서는 왜 우리를 이 세상에 태어나게 하셨을까요? 그것은 우리가 죽음을 해결할 수 있도록 길을 열어 주시기 위한 것입니다. 우리에게 마지막 기회를 주신 것입니다. 그래서 이 기회를 잘 살리면 살 수 있지만, 살리지 못하면 원래의 죽은 상태 그대로 그냥 끝나버리고 마는 것입니다. 우리의 한평생의 목표는 사는 것이 아니라 '죽음에서 건짐 받는 것'입니다. 그래서 '죽음의 문제를 어떻게 해결하는가'가 삶의 가장 중요한 핵심입니다.

지혜로운 사람은 그것을 깨닫는다고 했습니다. 반면 어리석은 사람은 어떻습니까? 시편에서는 어리석은 자를 멸망하는 짐승과 같다(시 49:20)고 했습니다. 돈을 많이 버는 것, 자녀가 잘되는 것이 다 무슨 소용입니까? 결국 우리가 죽은 후에는 아무것도 남는 게 없는데 말입니다.

하지만 지혜로운 자는 인생이 이렇게 영원하지도 않고, 아무 의미도 없다는 것을 압니다. 지금은 내가 돈도 있고, 건강하게 살아 있지만, 실상은 이게 살아 있는 게 아니라는 것을 압니다. 내가 부지런하고 착하게 사는 것 같지만, 나의 본질은 착하지 않다는 것을 압니다. 죽은 사람 앞에 착한 것이 무슨 소용입니까? 의인이 되는 게 뭐가 중요하고, 부자가 되는 게 뭐가 중요하겠습니까? 죽음의 문제가 해결되지 않는 한, 이 모든 것은 아무 의미가 없는 것이지요. 이 문제-죽음의 문제-의 해결책을 고민하는 사람이 바로 지혜로운 사람입니다.

학식이 있다고 지혜로운 것이 아닙니다. 한순간이면 모든 것이 흙으로 돌아갑니다. '인생이 다 그런 것'이라고 나름대로 합리화시킬 수도 있습니다. 하지만 깨어 있는 사람은 속지 않습니다. 세상 사람들은 살기 위해 질주합니다. 그들처럼 어리석게 질주하지 않는 것이 바로 깨어 있는 것입니다. 내가 누구인지를 깨닫는 것, 나의 본질적인 문제들을 어떻게 해결해야 할지 고민하는 것이 바로 깨어 있는 것입니다. 이것이 사실 우리 인생의 가장 중요한 질문이고 지혜로운 자의 삶의 자세입니다.

그렇다고 해서 모든 것을 포기하고 세상을 떠나야 한다는 말은 아닙니다. 하나님께서도 이걸 원하시는 것은 아닙니다. 우리에게 세상의 옷을 입혀 주신 분도 하나님이십니다. 하나님께서는 왜 우리에게 세상의 옷을 주셨을까요? 그것은 우리를 구원하시기 위함입니다. 우리가 다 벗어 버리면 너무 아파서 아무 소리도 들을 수 없기 때문에 우리에게 옷을 입혀 주신 것입니다.

예를 들어, 우리가 너무 외로우면 하나님의 음성을 들을 수 없습니다. 그래서 우리는 적당히 외로워야 합니다. 하나님의 사랑을 이해할 만큼 사랑도 받아 봐야 합니다. 우리 속에 불신과 두려움이 가득 차 있는데, 눈에 보이지도 않는 하나님을 어떻게 믿을 수 있겠습니까? 그래서 하나님께서는 세상의 삶을 허락하신 것입니다. 학교도 다니고 돈도 벌어야 합니다. 그러나 너무 많이 쌓아두고 집착하면, 그것들이 도리어 하나님의 음성을 듣는 데 방해가 됩니다. 입은 게 너무 없어도 하나님의 복음을 듣지 못하고, 입은 게 지나치게 많아도 복음을 듣지 못합니다. 적당한 선에 있어야 합니다. 우리는 부족한 것이 너무 많다고 생각하지만, 사실 그것은 부족하다고 느끼는 그 대상에 대한 집착이 크기 때문입니다. 생각해 보면 우리는 못 가진 것보다 가진 것이 훨씬 더 많습니다. 우리에겐 하나님께서 입혀 주신 옷이 아주 많습니다. 하지만 찢어진 부분만 들여다보기 때문에 구멍이 너무 크게 보이는 것뿐입니다. 하나님께서 입혀 주신 것이 훨씬 더 많습니다. 하나님께서는 우리 삶의 목표를 아시지만, 우리가 너무 헐벗고 아프면, 복음을 아예 듣지 못하기 때문에 아담과 하와에게 가죽옷을 입혀 주셨던 것처럼 우리에게도 세상 옷을 입혀 주신 것입니다.

우리의 인생 여정에서 장년기와 노년기는 종말을 위한 준비 기간이 되어야 합니다. 우리가 태어날 때에는 우리에게 세상의 외적 기업이 아무것도 없었습니다. 살아가면서 노력해서 기업을 쌓습니다. 그런데 어떤 사람은 장년기를 맞았는데도 쌓아 놓은 게 별로 없을 수 있습니다. 반면에 어떤 사람은 신앙이나 재물 등 좋은 것들을 많이 쌓아 놓았을 수 있습니다. 이렇게 많이 쌓는 데 성공한 사람을 보면서, 쌓아 놓은 게 없는 사람은 자신이 아무것도 이룬 게 없다는 생각에 우울증에 빠지기도 합니다.

그러나 많이 쌓은 사람이건 그렇지 못한 사람이건 종말을 준비하지 못한 건 마찬가지입니다. 많이 쌓은 사람은 더 많이 소유하는 것으로 종말에 대한 두려움을 이겨내려 애씁니다. 쌓은 게 없는 사람은 과거를 돌아보며 부모나 친구, 자식에 대한 원망과 불평과 미움에 사로잡힐 수도 있습니다. 아니면 늦게라도 보상받기 위해 더욱 애를 쓸지도 모릅니다.

성경은 인생의 종말에 대해 이야기할 때 깨어 있으라는 이야기를 많이 합니다. 깨어 있는다는 것은 무엇을 의미할까요? 잠이 오는 것은 본능적인 것인데 그것을 거슬러 가라는 것입니다.

우리에게는 두 가지 본능이 있습니다. 하나는 보이는 것에 집착하는 본능입니다. 다른 하나는 우리의 어둠과 죄, 보이지 않는 내면을 감추려는 본능입니다. 그래서 우리는 보이는 것으로 보이지 않는 것을 감추려 듭니다. 돈과 권세를 가지고 두려움과 열등감, 버림받음의 상처들을 감추려 합니다. 상처가 클수록 보이는 것에 더 집착합니다. 그러나 깨어 있는 사람은 '보이는 것은 다 허망한 것이며, 보이지 않는 것들이 곧 드러나게 될 것'이란 사실을 압니다. 그러므로 깨어 있다는 것은 보이는 것들을 내가 믿음으로 허무는 것을 말합니다. 보이는 것을 보지 않는 것입니다. 그리고 보이지 않는 것을 드러내는 것입니다.

깨어 있으라는 말은 빛 가운데 거하라는 것입니다. 잠자는 자들은 어둠 가운데 있는 자들입니다. 그런 자들은 세상의 보이는 것으로 자기 인격과 생명을 감추려 하지만, 하나님께서는 결국 그 감춘 것을 드러내셔서 심판하십니다. 그동안 어둠 가운데 감추었던 것-자신의 인격과 생명-을 빛 가운데 드러내는 것이 바로 깨어 있는 것입니다.

내적치유는 보이는 것들을 떠나, 내 속에 보이지 않는 것, 아픈 것을 하나님 앞에 가지고 나와 빛 가운데 드러내는 것입니다. 어떻게 드러냅니까? 십자가 앞에서 드러내면 됩니다. 부끄럽고 아프지만, 십자가에 드리는 것입니다. 그러면 깨끗해져 정죄받지 않게 됩니다. 그래서 아무 두려움 없이 빛에 거할 수 있게 되는 것입니다. 나의 내면에 감추어진 부분이 없어지는 것입니다. 그러므로 우리는 미리 깨어서 준비하지 않으면 안 됩니다. 내 속에 있는 것들을 매일 십자가 안에서 허물고 찢어야 합니다. 이렇게 하는 것이 깨어 있는 것입니다. 그런 사람이 슬기롭고 지혜로운 자입니다.

성경에 슬기로운 다섯 처녀 이야기가 나옵니다. 그들은 신랑을 맞이하기 위해서 등불에 기름을 채우고 있었습니다. 기름은 바로 성령을 의미합니다. 성령님께서 자기 내면에 거하시게 함으로써 종말을 준비하는 자가 지혜로운 자입니다.

왜 복음 가운데 종말을 준비해야 할까요? 내가 치유받고 편안하게 살기 위해서만이 아닙니다. 마지막을 미리 준비하기 위해서입니다. 이렇게 준비하고 있을 때, 종말이 내게 도둑처럼 오는 게 아니라, 나와 아무런 관계가 없는 것이 되어 버립니다. 종말은 인간들에게 '허물어지는 것에 대한 아픔과, 드러나는 것에 대한 두려움'을 주지만, 준비된 사람은 미리 다 허물고 드러냈기에 더 이상 아무것도 두려워할 게 없는 것입니다.

## 떠남과 허물어짐으로 더 가까워지는
## 하나님 나라의 영광과 기쁨

그럼 하나님께서는 우리가 구체적으로 종말을 어떻게 준비하기를 원하실까요? 이것은 '우리가 성화의 과정에서 어떻게 영화의 과정으로 갈 것인가?'와 같은 문제입니다. 앞서 말씀드린 장년기 또는 노년기의 극단적인 두 사람의 예에서, 성공한 사람은 더 많은 것을 쌓아 놓으려고 한다고 했습니다. 지금은 많은 기득권을 가지고 사회적으로 대접을 받지만, 조만간 은퇴하면 힘이 약해진다는 것을 알기 때문에 더 많은 기득권을 확보하기 위해 애를 쓰는 것입니다. 반면 성공하지 못한 사람들은 자기가 가진 게 없다는 사실에 불안을 느껴, 더 현실에 집착하고 분노하고 원망한다고 했습니다. 그렇다면 장년기, 노년기에 어떻게 사는 것이 바람직할까요?

그동안 하나님께 많은 걸 받아 많이 쌓아 놓은 사람은 이제 나누어야 합니다. 자기가 많이 가졌다는 것은 그만큼 다른 사람이 많이 갖지 못했다는 뜻입니다. 물론 내가 그들에게서 불법으로 빼앗은 것은 아니지만, 전체적으로 한정된 것을 본인이 많이 가졌다는 것은 상대적으로 못 가진 사람이 있다는 뜻입니다. 그러므로 자기가 가진 것을 나누어 주어야 합니다. 그리고 본인은 복음 안에서 스스로 허물어야 합니다. 집착해서는 안 됩니다.

그런가 하면 이 시기에 가진 것이 없는 사람일 경우, 그 가난함 역시 복음 가운데로 이끄시기 위한 하나님의 은혜로 생각하고 결핍에 대해 보상받으려고 집착하거나 원망해서는 안 됩니다. 있는 모습 그대로 복음 안에 거하게 하심을 감사해야 합니다. 어떻게든 만회해 보려고 애쓰다가 지쳐 쓰러지기보다는, 뒤돌아보지도, 원망하지도 말고 용납해야 합니다. 못 가진 것에 대해 집착하거나 원망하는 마음을 주님 앞에 드려야 합니다.

인간관계의 문제는 대부분 윗사람과의 관계에서 생깁니다. 인간관계는 위에 있는 사람이 그 역할을 얼마나 잘해 주느냐에 달려 있습니다. 윗사람이 아랫사람을 얼마나 성경적으로, 복음적으로 대하느냐에 따라서 우리의 인간관계가 달라집니다. 인간관계의 고통이 무엇입니까? 고부간의 갈등,

부모와 자식 간의 갈등, 직장 상사와 부하직원과의 갈등, 동료 형제간의 문제와 부부간의 문제들처럼 많은 경우에 윗사람과의 관계에서 문제가 생깁니다.

부부간의 문제도 순수하게 부부간의 문제라기보다는 양가 부모와의 관계에서 문제가 터지는 경우가 많습니다. 부모가 어떻게 하느냐에 따라 인간관계의 문제가 달라집니다. 문제의 핵심은 윗사람들에게 있습니다. 인간관계의 문제는 윗사람들이 풀면 풀리고, 그들이 풀지 않으면 악화되게 되어 있습니다. 우리에게 인간관계의 문제가 왜 생길까요? 성공한 사람들은 자기 기득권을 포기하지 않고 더 소유하려는 데서 문제가 생깁니다. 반면 상실한 사람들은 원망하고 불평하면서 죄의식 가운데 다른 무언가로 보상받으려는 데서 문제가 생깁니다.

고부간의 갈등을 예로 생각해봅시다. 시어머니의 경우, 자신의 결혼생활에서 남편도 출세했고 집안도 풍요로워졌는데, 자신만 아무것도 이룬 게 없다는 느낌을 갖습니다. 인생에 회의를 느낍니다. 원망과 불평이 생깁니다. 그 결과, 마지막으로라도 보상을 받으려는 대상이 아들이 됩니다. 그러다가 며느리를 보고 나면 신이 납니다. 자기 마음대로 할 수 있는 유일한 사람이 바로 며느리라고 생각합니다. 그렇게 계속 소유하고 지배하려는 마음 때문에 고부간의 갈등이 그치지 않습니다.

이때 해결의 열쇠는 윗사람에게 있습니다. 인간관계의 갈등은 본질적으로 위에서 풀어야 합니다. 밑에서부터 풀어가기는 아주 어렵습니다. 하나님께서는 하나님과 우리 인간들과의 관계를 원수라고 하셨습니다. 그럼에도 이 관계를 누가 먼저 풀었습니까? 하나님이 먼저 푸셨습니다. 자신이 아무것도 잘못한 게 없으신 데도, 우리 죄를 대신해서 자기 자신이면서 자기 아들인 예수를 희생시키신 것입니다. 그렇게 하면서까지 먼저 다가오셨습니다. 회개하지도 않고 잘못을 인정하지도 않는 우리 인간들을 먼저 찾아오셔서 우리의 문제를 먼저 풀어 주셨습니다.

마찬가지로 우리 인생의 갈등 문제도 위에서 먼저 풀어야 대부분 해결됩니다. 반면, 아랫사람은 자신이 윗사람에게 받은 것이 얼마나 많은지를 생각해야 합니다. 하나님께서도 우리에게 무조건 주셨듯이 우리도 자녀에게 무조건 주는 것입니다. 그런데 아랫사람에게 바라는 게 있을 때, 그들에게서 뭔가를 소유하고 보상받으려 할 때, 문제가 생기는 것입니다. 우리는 아래를 보면서 기대해서는 안 됩니다. 아랫사람을 풀어줘야 합니다. 세상은 젊은 사람들의 것입니다. 나이 많은 사람들은 떠날 준비를 해야 하는 것이 순리입니다. 그렇다고 인생을 포기한 듯 살라는 이야기가 아닙니다. 열심히 살되, 내려놓으라는 것입니다.

그러나 노인이 되고 약해지면 자신의 연약함과 상함 때문에 자기도 모르게 자녀들에게 요구하고 집착하게 됩니다. 그러면 자녀가 병들게 됩니다. 자녀를 내려놓아야 합니다. 그렇다고 무관심하거나 방관하라는 것은 아닙니다. 도울 수 있는 것은 돕고 관심 가져 주되, 자기 속의 상한 것으로 자기도 모르게 자녀를 묶어서는 안 된다는 말입니다. 내가 어떤 부분에 묶여 있는지는 기도하면 하나님께서 깨닫게 해 주실 것입니다. 자녀는 보이는 것이요 세상의 것입니다. 허물어야 합니다. 나의 열등감, 두려움, 나의 상함을 자녀를 방패삼아 숨기려고 해서는 안 됩니다. 자녀를 떠나보내야만 내 속의 상한 마음이 드러납니다. 그리고 그것을 예수님에게 드리는 것입니다.

　종말을 준비한다는 것은 어려운 게 아닙니다. 지금부터라도 내가 할 수 있는 것을 하는 것입니다. 가장 가까운 자녀와의 문제부터 시작하는 것입니다. 보상받으려 하지 말고, 자신의 있는 모습 그대로를 내어놓을 수 있기 바랍니다. 고린도후서 4장 16절에 보면 '우리의 겉사람은 낡아가나, 우리의 속사람은 날로 새로워집니다'라고 했습니다. 이 말씀은 우리의 겉사람과 내가 가진 기업들은 모두 후패하게 된다는 뜻입니다. 그것이 하나님이 주신 것이든, 세상의 것이든 말입니다. 그래서 우리가 아무리 집착한다 하더라도, 그러한 것들이 점점 쌓여가는 게 아니라 곧 허물어지고 말 것이라는 뜻입니다. 우리가 기뻐해야 할 것은 다만 우리의 속사람이 날로 새로워지는 것입니다. 우리는 보이지 않는 하늘의 것들을 바라보는 기쁨으로 충만해야 할 것입니다.

　요엘서에 보면 '너희의 아들딸은 예언을 하고, 노인들은 꿈을 꾸고, 젊은이들은 환상을 볼 것이다(욜 2:28)'라고 했습니다. 성령님이 노인들에게 꿈을 주시겠다고 합니다. 이것은 무슨 꿈일까요? 세상에 대한 꿈이 아닙니다. 그것은 세상의 장막을 벗으며, 보이는 것들을 허물고, 하늘나라를 이루는 꿈, 요한이 계시록에서 보았던 꿈입니다. 바로 그런 꿈들을 사모하라는 것입니다.

## 영적인 사역에도 적용되는 종말의 원리

이러한 종말의 원리는 세상에만이 아니라 영적인 사역에도 적용됩니다. 예를 들어 교회에 적용해 본다면, 한없이 비대하게 성장만 하는 교회는 문제가 있음을 알아야 합니다. 교회는 어느 정도 성장한 다음에 다시 흩어져야 합니다. 예루살렘 교회도 성도 수가 삼천 명, 오천 명씩 급속도로 증가했습니다. 그러나 사도행전에 보면 하나님께서는 그 예루살렘 교회를 흩으셨습니다.

교회는 흩어져 작아져야 합니다. 흩어져 작아질 기회를 놓치면, 교회는 어려움 가운데 빠지게 됩니다. 성령님께서 흩으셔서 작아지게 하실 때, 그것을 기회로 삼아 스스로 작아져야 합니다. 교회의 크기가 중요한 게 아닙니다. 교회가 무슨 일을 얼마나 많이 하느냐가 중요한 게 아니라는 말입니다. 그 속에서 계속되는 성령과 치유와 구원의 역사가 얼마나 있는가가 중요한 것입니다. 교회가 커지면 하나님의 일을 하고 하나님의 나라를 이루는 대신, 세상의 기업으로 변질되기가 쉽습니다. 교회가 크든 작든 상관없이, 중요한 것은 그 속에 얼마나 하나님의 나라가 이루어지느냐 하는 것입니다. 이 사명을 더 효과적으로 이루기 위해서는 큰 교회가 다시 작아지고 흩어질 필요가 있는 것입니다.

교회성장에 관해 연구하는 사람은 많지만, 작아지는 교회에 대해 연구하는 사람은 별로 없는 것 같습니다. 복음 안에서 어떻게 교회를 작게 만들 것인지를 적극적으로 연구해야 합니다. 교회가 그리스도의 몸 된 지체, 그 사랑의 관계로 작아져서 그 속에서 성령의 역사, 치유의 역사 그리고 복음의 역사가 이루어져야 합니다. 우리 내면의 속사람은 계속 성장해야 하지만 외적인 것은 작아져야 하기 때문입니다.

사도 바울의 경우도 그랬습니다. 그는 굉장히 많은 교회를 개척했습니다. 지도자로서 얼마든지 누리며 살 수 있었습니다. 그러나 그는 모든 것을 포기하고 로마 감옥으로 갔고, 그때 그를 찾아 주는 사람은 아무도 없었습니다. 또한, 당시 능력을 행했다는 이야기도 없습니다. 그저 가난해지고 초라해졌을 뿐입니다. 그러나 그는 소망을 잃지 않고 하나님의 상급과 면류관을 바라봤습니다. 그래서 겉사람을 모두 벗고 예수님을 만날 기쁨으로 충만할 수 있었던 것입니다. 아무도 찾아와 주지 않았지만 조금도 섭섭해 하지 않았습니다.

사도 바울은 자기가 가지고 있던 많은 능력을 다 벗었습니다. 그를 따르던 많은 사람이 세상의 좋은 것과 거짓 선생을 찾아 떠났기에, 그는 말년에 인간적으로 외로웠습니다. 그러나 곧 그에게 덧입혀질 생명과 영화에 대한 기쁨으로 인해, 그는 섭섭해 하지 않았습니다. 하나님 나라의 꿈과 영화에 압도되어 세상 것들이 다 시시해졌기 때문입니다. 어쩔 수 없이 참은 게 아니라, 모든 외적인 것들을 다 배설물로 여겼기 때문에 기꺼이 벗어버릴 수 있었던 것입니다. 자기가 개척한 교회들도 젊은 사람들에게 맡겼습니다. 그들이 커지도록 나누어 주고, 자기는 허물어진 것입니다.

보이는 것에 집착하지 않고, 보이지 않는 것에 대한 환상과 꿈과 영광으로 가득 차 있는 것, 이것이 바로 깨어 있는 삶입니다. 그래서 깨어 있는 사람은 섭섭해 하지 않습니다. 자기가 쌓은 의를 허물고, 자기가 가진 것을 나누어 주며, 자기에게 잘못한 사람을 용서할 수 있습니다.

세상의 종말은 결국 개인의 종말과 똑같습니다. 개인의 종말을 잘 준비하는 사람은 세상의 종말도 잘 준비하는 것입니다. 개인의 종말을 잘 준비하는 사람은 죽음의 순간이 기쁨의 순간이 됩니다. 이것이 곧 내적치유의 완성이기도 합니다. 사도 바울의 말처럼 모든 것을 다 벗어던지고 주님을 만나니 얼마나 좋겠습니까? 죽음의 순간에는 보이는 것이 다 사라지기 때문에 굳이 더 벗을 필요도 없고, 보이지 않던 것이 보이게 되니 더 이상 그것을 믿음으로 볼 필요도 없습니다. 그러한 죽음의 순간이 얼마나 소망스럽고 기쁘겠습니까? 이렇게 복음 안에서 종말을 준비한 사람은 종말을 기대합니다.

　사도 요한도 종말이 빨리 오기를 바랐습니다. 아직 구원받지 못한 사람에 대한 안타까움은 있지만, 종말을 두려워하지 않았습니다. 만약 여러분이 여전히 종말과 죽음을 두려워한다면, 그것은 본능적으로 숨기고 있는 부분이 아직 있기 때문입니다. 우리가 왜 보이는 것들에 집착하고, 보이는 것들이 상실되는 것을 그토록 두려워할까요? 우리 속에 있는 보이지 않는 것이 드러날까 봐 두렵기 때문입니다. 우리 모두에게는 아직도 벗지 못한 마음이 있습니다. 그것을 느낄 때마다 자책하고 두려워할 것이 아니라, 그것들을 예수님 앞에 모두 드림으로써 종말을 준비해야 합니다. 이렇게 매일매일 종말을 준비하며 사는 것이 복음적인 삶입니다. 이것이 바로 영화를 준비하는 삶입니다.

## 시련과 환난이 있더라도
## 영화의 과정을 이루게 하시는 성령님

우리가 가진 보이는 것들이 세상 것이든, 하나님이 주신 것이든, 종말에는 모두 허물어질 것입니다. 그리고 그 속에 감추어진 우리의 본질과 내면이 드러날 것입니다. 그러나 그때 두려움과 원망 가운데 있어서는 안 됩니다. 영화의 영광을 누리기 위해서는 이러한 가난함의 시간들이 있어야 합니다. 전에 우리가 칭의에서 성화의 과정으로 넘어갈 때 그러한 가난함의 시간이 있었듯이, 성화에서 영화의 과정으로 넘어갈 때에도 가난함의 시련과 환난이 있습니다.

이때 중요한 것은 성령님의 역할입니다. 성령님은 내 속에서 나를 도와주십니다.

"우리는 이 소망으로 구원을 얻었습니다. 눈에 보이는 소망은 소망이 아닙니다. 보이는 것을 누가 바라겠습니까? 그러나 우리가 보이지 않는 것을 바라면, 참으면서 기다려야 합니다. 이와 같이, 성령께서도 우리의 약함을 도와주십니다. 우리는 어떻게 기도해야 할지도 알지 못하지만, 성령께서 친히 이루 다 말할 수 없는 탄식으로, 우리를 대신하여 간구하여 주십니다." ─ 롬 8:24~26

위의 말씀과 같이, 눈에 보이는 소망은 소망이 아니므로, 우리가 보이는 소망을 헐어 버리도록 성령님께서 우리의 연약함을 도우십니다. 그러니 염려하지 마십시오. 중요한 것은 하나님의 뜻입니다. 하나님의 뜻은 우리를 구원하시고 우리를 영화롭게 하시는 것입니다. 우리는 이처럼 성령님이 하나님의 뜻대로 우리를 영화롭게 하시도록 바라고 기도해야 합니다.

나의 겉사람이 다 허물어졌을 때, 내 속이 외로움 가운데 있지 않도록 성령님께서 나의 연약함을 도우십니다. 성령님께서는 우리가 하나님의 영광과 사랑을 만나기를 간구하시며, 말할 수 없는 탄식으로 우리를 도와주십니다. 우리는 칭의를 입은 후, 복음 가운데 성화되어 가면서 영광을 향해 나아가고 있습니다. 그러므로 지금 잠시 어려움과 낙심 가운데 있을지라도 모든 일이 협력해서 선을 이룰 것입니다.

"하나님을 사랑하는 사람들, 곧 하나님의 뜻대로 부르심을 받은 사람들에게는, 모든 일이 서로 협력해서 선을 이룬다는 것을 우리는 압니다." – 롬 8:28

그래서 우리가 지금 비록 가난해지는 과정 또는 환난 가운데 있다 하더라도 우리는 결코 흔들리지 말아야 합니다. 모든 일이 서로 협력해서 선을 이룰 것이라는 믿음을 반드시 가져야 합니다. 고린도후서 5장 5절에서와 같이 영광에 대한 보증으로 성령을 우리에게 주셨습니다. 이렇게 성령님께서 내 속에서 나를 도우시기 때문에 내게 두려움이 없다는 것입니다.

"그렇다면, 이런 일을 두고 우리가 무엇이라고 말할 수 있겠습니까? 하나님이 우리 편이시면, 누가 우리를 대적하겠습니까? 자기 아들을 아끼지 않으시고, 우리 모두를 위하여 내주신 분이, 어찌 그 아들과 함께 모든 것을 우리에게 선물로 거저 주지 않으시겠습니까? 하나님께서 택하신 사람들을, 누가 감히 고발하겠습니까? 의롭다 하시는 분이 하나님이신데, 누가 감히 그들을 정죄하겠습니까? 그리스도 예수는 죽으셨지만 오히려 살아나셔서 하나님의 오른쪽에 계시며, 우리를 위하여 대신 간구하여 주십니다." - 롬 8:31~34

종말의 때, 우리가 의지하고 자랑하던 것들이 허물어질 그때가 되면, 우리 내면의 상함과 부끄러움이 드러날 것입니다. 그리고 우리는 버림받음과 심판에 대한 두려움을 갖게 될 것입니다. 지금까지 우리는 내면을 감추며 살아왔습니다. 그러나 하나님께서는 '널 이미 용서한 예수 그리스도의 복음이 있는데, 무엇을 두려워하고 염려하느냐?'고 말씀하십니다. 마지막 때에 외적인 것들이 허물어지고 내면의 것들이 드러나더라도 결코 흔들리거나 당황하지 말고 십자가 앞에 나아가면 됩니다. 누구도 우리를 정죄하거나 부끄럽게 하지 못할 것입니다.

바울은 마지막으로 35~39절 말씀을 통해 하나님의 사랑에 대한 확신을 갖도록 권고하십니다.

"누가 우리를 그리스도의 사랑에서 끊을 수 있겠습니까? 환난입니까, 곤고입니까, 박해입니까, 굶주림입니까, 헐벗음입니까, 위협입니까, 또는 칼입니까? 성경에 기록한 바 '우리는 종일 주님을 위하여 죽임을 당합니다. 우리는 도살당할 양과 같이 여김을 받았습니다' 한 것과 같습니다. 그러나 우리는 이 모든 일에서 우리를 사랑하여 주신 그분을 힘입어서, 이기고도 남습니다. 나는 확신합니다. 죽음도, 삶도, 천사들도, 권세자들도, 현재 일도, 장래 일도, 능력도, 높음도, 깊음도, 그 밖에 어떤 피조물도, 우리를 우리 주 예수 그리스도 안에 있는 하나님의 사랑에서 끊을 수 없습니다." - 롬 8:35~39

인간들이 자신의 죄를 알지도 못하는 가운데도 최고의 창조주께서 자신의 독생자의 생명을 아낌없이 주셨다면, 우리가 이 사랑을 의지하고 믿을 수 있다면, 어떤 경우에도 결코 낙심할 수 없다는 것입니다. 우리 믿음의 핵심은 예수 그리스도의 십자가 안에 있는 하나님의 사랑입니다. 그분이 나를 사랑하시는데, 나의 밑바닥까지 다 아시면서도 나를 사랑하시고 구원하시기를 원하시며 그 계획을 실행해 나가시는데, 그 누가 나를 향한 그분의 사랑을 방해하며, 그 무엇이 위협이 되겠습니까? 그리스도 안에 있는 하나님의 사랑은 끝까지 우리를 지킬 것입니다.

보이는 것이 허물어지더라도, 그것은 끝이 아니라 오히려 시작입니다. 또 그 과정 속에 하나님의 뜻과 사랑이 있으니 허물어지는 세상에 집착하거나 흔들리지 말아야 합니다. 오히려 우리는 보이는 것을 믿음으로 더욱 벗고 떠나야 합니다. 그리고 보이지 않는 복음과 하나님 나라를 사모해야 합니다. 그러면 마지막 날이 이르기 전에 보이는 것을 복음 안에서 미리 벗고, 보이지 않는 신령한 것을 기뻐하며 누릴 수 있을 것입니다. 보이는 것을 벗는 아픔은 잠깐이지만, 우리가 만날 그 영광의 세계는 영원할 것입니다. 그러니 오히려 기뻐하십시오!

"현재 우리가 겪는 고난은, 장차 우리에게 나타날 영광에 견주면, 아무것도 아니라고 나는 생각합니다." — 롬 8:18

## 질문과 나눔

1. 종말이 무엇이라 생각하십니까?
   종말의 신앙적인 의미는 무엇이고 왜 있어야 된다고 생각하십니까?
2. 개인의 종말을 어떻게 준비하고 계십니까?
3. 인생의 참 의미는 무엇이라 생각하십니까?
   무엇을 위해 살아야 한다고 생각하십니까?
4. 하나님만을 의지해야 하는 신앙 안에서 세상과 사람의 의미는 무엇이라고 생각하십니까?
5. 종말을 준비하는 데 있어서 복음과 치유의 의미는 무엇이라고 생각하십니까?
6. 자신이 가진 것을 얼마나 내려놓고 나누며 살아가고 있습니까?
7. 과거의 상실과 아픔을 보상하기 위해 아직도 애쓰고 있습니까?
8. 영적인 사역과 열매를 얼마나 내려놓고 있습니까?
9. 종말에서 시련과 환난의 의미는 무엇이라 생각하십니까?
10. 종말을 견디고 이길 수 있는 힘이 무엇이라 생각하십니까?

제 13 장

공평한 구원과 치유

* 롬 9장-11장

하나님께서 우리를 선택하시고 구원하시겠다는 의지와 계획은 완전합니다. 누구도 하나님의 그 의지와 뜻을 방해하거나 꺾을 수 없습니다. 로마서 8장 31절에서 말씀하신 것처럼, 하나님께서 우리를 구원하기 원하시면 그 누구도 우리를 하나님의 사랑에서 끊거나 대적할 수 없습니다. 우리가 한번 선택받은 이상, 하나님께서 우리에게 약속하신 이 구원과 축복은 결코 변할 수가 없는 것입니다.

이것은 우리의 조건에 근거를 두고 있는 게 아닙니다. 하나님의 사랑에서 비롯된 것입니다. 우리가 뭔가를 잘했기 때문에 구원을 얻을 수 있는 것이 아니라, 하나님께서 일방적으로 우리를 사랑하시고 구원하시는 것이라는 말입니다.

그러므로 어떤 장애와 어려움이 있더라도 우릴 향한 하나님의 사랑은 변치 않으십니다. 하나님께서 스스로 시작하시고 선택하시고 계획하셨습니다. 누가 하라고 해서 하신 것도 아니고 다른 목적이 있으셨던 것도 아닙니다. 그분의 본질인 사랑 때문에 그렇게 하신 것입니다. 그런데 누가 이것을 방해할 수 있겠습니까? 그 뜻대로 부르심을 입은 자들에게 때로는 어려움도 있고, 때로는 버림받은 느낌이나 혼자인 것 같은 느낌이 들 수도 있지만, 결국엔 이 모든 것들이 협력하여 우리를 구원과 축복과 치유 가운데로 인도해 줍니다.

## 이스라엘의 잘못된 확신

그런데 여기에 또 다른 문제가 생깁니다. 하나님께서 이처럼 사랑하시고 같이하시니 지나친 자신감과 자부심이 생깁니다. '하나님께서 나를 이렇게 선택하셨는데 누가 나를 대적하겠어? 바로를 무찌르시고 애굽 군대를 홍해 바다에 몰살시키신 하나님께서 우리 하나님이신데?'라는 선민사상이 생깁니다. 자기도 모르게 너무 자신만만해지고 확신에 넘치는 것입니다. 자부심과 선민사상이 본래는 좋은 것이지만, 이게 지나치면 문제가 생깁니다. 그 좋은 예가 이스라엘 백성입니다. 그들이 바로 하나님에 대한 믿음이 지나쳐서 잘못된 경우입니다.

이스라엘 백성처럼 하나님에 대한 확신이 뚜렷한 백성도 없었습니다. 그 덕에 그렇게 오랜 세월 흩어져 사는 가운데서도 자기들의 종교와 민족의 순수성을 지키고 살아왔습니다. 이스라엘 백성이 그렇게 믿음이 좋았던 게 왜 문제가 될까요? 그들은 그처럼 많은 고난을 당하고도 끝까지 예수의 필요성을 부인하고 있습니다. 예수가 없이도 하나님의 구원을 믿는 선민사상이 있는 것입니다. 그들은 어떻게 이렇게까지 될 수 있었을까요?

과연 우리에겐 이런 문제가 없을까요?

이에 대한 설명이 로마서 9장에 나와 있습니다. 사실 9장 이후의 내용은 이스라엘만을 위한 말씀이 아닙니다. 구원을 받으면 우리도 이스라엘이 됩니다. 우리는 신약의 이스라엘입니다. 그래서 이 말씀들은 바로 우리에게도 적용됩니다. 복음을 듣고 구원받은 우리도 이스라엘이 되고, 이스라엘이 되면 똑같은 문제가 생길 수 있습니다. 확신하는 것은 좋은데, 이 확신이 지나치면 그것이 자신들의 문제를 감추는 방어와 옷이 될 수 있기 때문입니다. 주의해야 합니다. 좌로나 우로나 치우쳐서는 안 됩니다.

> "내 동족은 이스라엘 백성입니다. 그들에게는 하나님의 자녀로서의 신분이 있고, 하나님을 모시는 영광이 있고, 하나님과 맺은 언약들이 있고, 율법이 있고, 예배가 있고, 하나님의 약속들이 있습니다. 족장들은 그들의 조상이요, 그리스도도 육신으로는 그들에게서 태어나셨습니다. 그는 만물 위에 계시며 영원토록 찬송을 받으실 하나님이십니다. 아멘. 그러나 하나님의 약속의 말씀이 폐했다고는 할 수 없습니다. 이스라엘에서 태어난 사람이라고 해서 다 이스라엘 사람이 아니고, 아브라함의 자손이라고 해서 다 그의 자녀가 아닙니다. 다만 '이삭에게서 태어난 사람만을 너의 자손이라고 부르겠다' 하셨습니다." — 롬 9:4~7

이스라엘 백성들이 선택에 대한 보장을 확고하게 믿은 것은 좋았지만, 그들은 이 선택의 참뜻을 잘못 파악했습니다. 자기들의 외적 조건이 선택을 보장한다고 생각한 것입니다. 자신들의 조상이 아브라함이고, 자신들이 히브리 민족이기 때문에, 하나님께서 자기들을 선택하셨고, 자기들과 함께 하신다고 생각했던 것입니다. 자신들에게 율법이 있고, 예배가 있고, 하나님의 약속들이 있다는 외적 조건 때문에 자기들이 택함을 받았다고 생각했던 것이지요. 그들에게 외적 조건이 있었던 것은 사실입니다. 그러나 외적 조건들은 그들을 선택하신 후, 나중에 결과로 주어진 것이지, 그것 때문에 그들을 택하셨던 것은 절대로 아닙니다. 예를 들어 할례 역시 아무 조건이나 공로도 없이 하나님의 축복을 믿고 나온 믿음에 대한 증거로써 확인시켜 주신 것이지, 아브라함이나 이스라엘 백성들이 할례를 받았기 때문에 그들을 택하셨던 게 아니라는 것입니다.

이스라엘 백성이 처음부터 택함을 받았었나요? 하나님께서 그들이 히브리 백성이라는 조건을 보고 그들을 택하셨나요? 아닙니다. 택함을 받고 보니 히브리 백성이 된 것입니다. 이처럼 그들의 외적 조건이 그들을 선택하신 기준이 전혀 아닌데도 그들은 그렇게 오해했습니다. 지금도 마찬가지입니다. 내가 장로요, 목사요, 선교사라고 하는 조건 때문에 하나님께서 나를 선택하신 것이 아닙니다. 또한 '내가 내적치유 강의를 들었으니까, 복음을 믿으니까'라는 조건 때문에 하나님께 선택받았다고 생각하는 경우가 있는데, 사실 그것도 잘못된 생각입니다. 왜냐하면 그렇게 될 수 있었던 복음의 내용이 그 조건들 속에 살아 있지 않은 경우가 있기 때문입니다. 내용은 하나도 없이, 그저 결과만으로 선택받을 수 있다고 생각한다는 것입니다. 만일 그러한 조건들로 자기가 선택받았다고 믿고 있다면 그것은 믿음의 근거가 잘못된 것입니다. 그것은 하나님께 대한 믿음이 아닌, 인간에 대한 믿음으로서, 알맹이 없는 한낱 껍데기에 불과하기 때문입니다.

## 하나님의 선택기준 - 긍휼히 여김을 받을 자

"이것은 곧 육신의 자녀가 하나님의 자녀가 되는 것이 아니라, 약속의 자녀가 참 자손으로 여겨지리라는 것을 뜻합니다. 그 약속의 말씀은 '내년에 내가 다시 올 때쯤에는, 사라에게 아들이 있을 것이다'한 것입니다. 그뿐만 아니라, 리브가도 우리 조상 이삭 한 사람에게서 쌍둥이 아들을 수태하였는데, 그들이 태어나기도 전에, 무슨 선이나 악을 행하기도 전에, 택하심이라는 원리를 따라 세우신 하나님의 계획이 살아 있게 하시려고, 또 이러한 일이 사람의 행위에 근거하는 것이 아니라 부르시는 분께 달려 있음을 나타내시려고, 하나님께서 리브가에게 말씀하시기를 '형이 동생을 섬길 것이다' 하셨습니다. 이것은 성경에 기록한 바 '내가 야곱을 사랑하고, 에서를 미워하였다'한 것과 같습니다." — 롬 9:8~13

하나님의 선택의 조건은 무엇입니까? 하나님께서 어떻게 선택하셨습니까? 또 우리는 어떻게 그런 선택의 확신 가운데 계속 거할 수 있을까요? 우리는 이것을 잘 알아야 합니다. 확신 자체보다도 확신의 이유를 알아야 합니다. 즉 확신의 내용이 중요하단 말입니다. 확신의 근거가 외적인 조건과 껍데기에 있다면, 그 확신이 아무리 확고하더라도 소용이 없습니다. 확신의 대상이 하나님이 아니라, 어느새 자기 고집과 신념으로 변했을 수 있기 때문입니다. 그러한 확신은 아무 능력이 없습니다. 하나님의 선택기준은 우리의 외적 조건과 행위에 있는 게 아닙니다. 우리는 그저 하나님의 뜻에 따라 부르심을 받은 것뿐입니다. 그렇다고 하나님의 일시적인 기분에 따라 된다는 것은 아닙니다.

> "하나님께서 모세에게 말씀하시기를 '내가 긍휼히 여길 사람을 긍휼히 여기고, 불쌍히 여길 사람을 불쌍히 여기겠다' 하셨습니다. 그러므로 그것은 사람의 의지나 노력에 달려 있는 것이 아니라, 하나님의 자비에 달려 있습니다." — 롬 9:15~16

여기에서 선택의 기준이 무엇이라고 했습니까? '긍휼히 여기심을 받는 자'가 바로 선택의 기준입니다. 불쌍히 여김을 받는 자가 선택된다는 것입니다. 하나님은 히브리 백성이라고 해서 무조건으로 선택하신 것이 아닙니다. 모세나 아브라함의 후손이기 때문에 선택하신 것도 아닙니다. 아브라함에게는 이삭과 이스마엘이 있었습니다. 또 이삭에게는 에서와 야곱이 있었습니다. 그런데 누가 어떻게 선택되었습니까? 이스마엘도 아브라함의 아들이었고, 에서도 아브라함에게서 나왔습니다. 그런데 누가 히브리 민족의 조상이 되었습니까?

전부 아브라함에게서 나왔는데 누가 택함을 받아 예수 그리스도의 족보에 들었습니까? 불쌍히 여김을 받은 자들이었습니다. 하나님은 불쌍히 여김을 받은 자를 선택하십니다.

그러므로 하나님께 선택을 받기 위해서는 불쌍히 여김을 받는 자가 되어야 합니다. 누가 불쌍히 여김을 받습니까? 가진 게 아무것도 없는 사람입니다. 무력하고 가난한 죄인들이 불쌍히 여김을 받습니다. 이스마엘은 가진 게 많았던 사람이었습니다. 아브라함의 재물과 능력을 통해 난 자식입니다. 그래서 불쌍히 여김을 받을 수 없는 것입니다. 그러나 이삭은 무력하고, 아무것도 없는 가운데 낳은 자식입니다. 그래서 그가 불쌍히 여김을 받은 것입니다.

야곱과 에서 중에 누가 불쌍히 여김을 받았습니까? 에서는 가진 게 많았던 사람이었습니다. 모든 사람에게 칭찬받는 당당한 사람이었습니다. 장자였습니다. 그러나 야곱은 대인관계도 제대로 해내지 못하던 못난 사람이었습니다. 사랑을 받지도 못했고, 어머니 품에서 벗어날 줄도 몰랐습니다. 무력한 사람이었습니다. 그래서 야곱이 선택된 것입니다. 야곱에게서 나온 열두 아들들이 어떤 사람들이었습니까? 그들은 한결같이 가진 게 아무것도 없는 자들이었습니다. 그 중에서도 가장 없는 자가 요셉이었습니다. 그런가 하면 하나님께서 예수 그리스도의 가계에서 누구를 택하셔서 예수님을 잉태케 하셨습니까? 가장 없는 자였습니다. 다윗이 있는 자였습니까? 하나님께서 훗날 은혜로 축복하셔서 그를 왕으로까지 세우셨지만, 처음에는 이새의 아들들 대열에 끼지도 못하는 자였습니다. 그가 집에 없어도 누구 하나 그의 부재를 알아차리지 못하던, 존재감이 없는 아들이었습니다. 있으나 마나 한 자식, 이 얼마나 불쌍합니까? 하나님께서는 그 불쌍한 자를 긍휼히 여기신다는 것입니다. 불쌍히 여김을 받는 자가 되지 않으면 하나님께 선택될 수 없습니다.

　　우리가 계속 그 선택의 확신 가운데 있기 위해서는 계속 불쌍히 여김을 받는 상태에 있어야 합니다. 그때 하나님의 약속은 성취됩니다. 다른 아무 조건도 필요하지 않습니다. 그런데 여기에서 중요한 원리가 있습니다. 우리가 불쌍히 여김을 받을 만한 상태에 있다는 것, 그것은 엄밀히 말해서 조건이 아니고 우리의 본질입니다. 본질은 조건이 될 수 없습니다. 우리는 굳이 불쌍해지려고 노력하지 않아도 애초에 불쌍한 사람들입니다. 우리 속에는 버림받을 수밖에 없는 조건들이 너무도 많습니다. 우리 모두에게는 죽음이 있습니다. 죄악이 있습니다. 열등감과 무력감이 있습니다. 버림받음의 상처가 있습니다. 즉 우리 모두는 하나님께 선택받을 수 있는 놀라운 조건들이 얼마든지 있다는 말입니다. 하나님의 약속을 받을 조건들이 충분하다는 것이지요.

그러므로 우리의 불쌍한 본질을 드러내고 인정하는 자가 바로 선택받는 자입니다. 감추는 자는 선택받을 수 없습니다. 우리가 선택받았다 해도, 그것을 계속 드러냄으로써 하나님 앞에 긍휼히 여김을 받지 않는다면, 우리 역시 이스라엘 백성처럼 버림받게 됩니다. 우리는 처음에 아무것도 없는 가운데 선택을 받아 하나님의 축복을 받았습니다. 그래서 지금은 있는 자가 되었습니다. 그러면 이제 어떻게 해야 할까요? 있는 상태에 계속 머물면 다시 버림을 받습니다. 있는 그것 때문에 하나님께서 나를 선택하셨다고 생각하는 그 자체가 바로 버림받음의 조건이 되기 때문입니다.

축복은 하나님의 것이므로 내가 계속 하나님의 축복 가운데 확신으로 거하기 위해서는 긍휼히 여김을 받을 자로 남아야 한다는 것입니다. 우리가 없는 자, 무력한 자가 될 때에만, 하나님의 선택이 끝까지 변하지 않는 것입니다. 내가 있는 자가 될 때에는 하나님께서 나를 지켜 주실 수 없습니다. 그것은 하나님의 마음이 변해서가 아니라, '긍휼히 여길 자를 긍휼히 여기시고 불쌍히 여길 자를 불쌍히 여기시는' 하나님의 선택기준 때문입니다.

## 하나님의 절대주권

긍휼히 여김으로 축복을 받은 다음, 다시 긍휼히 여김을 받을 자로 남기 위해서는 그 축복을 떠나야 합니다. 이게 말은 쉽지만, 많은 혼동을 불러 일으키는 게 사실입니다. 축복으로 인해 버림을 받다니…? 축복에 대해 엄청난 혼동이 생깁니다. 여기에서 우리는 과연 무엇이 축복인지를 먼저 생각해 볼 필요가 있습니다. 무엇이 축복일까요? 잘사는 것? 아니면 항상 가난해서 불쌍히 여김을 받는 것? 우리는 왜 축복받아 잘살면 안 되고, 항상 가난해서 불쌍히 여김을 받아야 하는 걸까요? 다시 가난해져야 한다면, 하나님께서는 왜 우리에게 축복을 주신 걸까요? 또 태어날 때부터 능력을 가진 자와 없는 자가 있는데, 자신의 의지와 관계없이 선택된다면 그건 너무 억울한 일이 아닌가요? 이런 많은 질문들이 생길 수 있습니다.

"그러므로 하나님께서는 긍휼히 여기시고자 하는 사람을 긍휼히 여기시고, 완악하게 하시고자 하는 사람을 완악하게 하십니다. 그러면 그대는 내게 이렇게 말할 것입니다. '그렇다면 어찌하여 하나님께서는 사람을 책망하시는가? 누가 하나님의 뜻을 거역할 수 있다는 말인가' 오, 사람아, 그대가 무엇이기에 하나님께 감히 말대답을 합니까? 만들어진 것이 만드신 분에게 '어찌하여 나를 이렇게 만들었습니까?' 하고 말할 수 있습니까? 토기장이에게, 흙 한 덩이를 둘로 나누어서, 하나는 귀한 데 쓸 그릇을 만들고, 하나는 천한 데 쓸 그릇을 만들 권리가 없겠습니까?" — 롬 9:18~21

그 첫 번째 답변은 토기장이의 비유에서 찾을 수 있습니다. 하나님이 부당하시다고 왈고왈부하는 것은 우리들이 할 이야기가 아니라는 것입니다. 설사 그것이 하나님의 편애라 하더라도 그것은 하나님의 권리이므로 요구할 수 없다는 것입니다.

다만 한 가지 분명한 사실은 흙보다 그릇으로 존재하는 것이 낫다는 것입니다. 죽음과 없음에서 생명을 갖게 된 게 낫지 않느냐는 것입니다. 다른 사람과 비교하지 않고 자기 자신만 보면, 분명 모든 인간은 은혜를 입은 것입니다. 부당하다 하더라도 그것을 항의하고 따질 이유가 없는 것입니다.

우리가 이처럼 하나님께 따지고 있지만, 사실 우리의 모습은 어떠합니까? 우리는 하나님께서 우리에게 주신 것들—예를 들면 돈이나 자녀 등—을 얼마나 우리 마음대로 휘두르며 살고 있습니까? 우리는 자기 돈을 좋은 곳에 쓸 수도 있고, 죄짓는 곳에 쓸 수도 있습니다. 우리가 그런다고 해서 돈이 자기 주인인 우리에게 따질 수 없습니다. 우리는 생물과 무생물들을 우리 마음대로 주관하며 삽니다. 버리기도 하고, 취하기도 하고, 부수기도 합니다. 거기에 대해서 우리는 전혀 자책하지 않습니다. 그런 것처럼 하나님께서 우리에게 하시는 것에 대해서도 사실 우리는 할 말이 없습니다. 논리적으로나 실제로 전혀 부당한 게 아니기 때문입니다. 설사 부당하다 하더라도 할 말이 없는 게 사실이지만, 사도바울은 이게 부당한 것이 아님을 또 설명하고 있습니다.

## 하나님의 선택과 구원을 받는 방법
## - 가난해지고 무력해져야

사도 바울은 그렇다고 해서 하나님의 일방적인 주권 때문에 우리를 취사선택하시는 것은 아니라고 말하고 있습니다. 하나님께서는 우리를 구원하시고 진정으로 축복하시는 길이 이 방법밖에 없기 때문에 이렇게 하시는 것입니다. 본질적으로 우리 속엔 죄와 죽음밖에 없으므로 우리가 죽어야 마땅하지만, 우리가 죽으면 우린 구원받을 길이 없어지기에, 예수 그리스도께서 우리 대신 죽으셨습니다. 그러므로 우리가 구원받는 데에는 행위가 아닌 믿음의 방법밖에 없는 것입니다. 그 외엔 우리를 구원할 방법이 없습니다. 하나님의 의를 만족시킬 방법은 예수 그리스도를 믿는 것밖에 없습니다.

그런데 우리가 이 믿음으로 나아가기 위해서는 가난해지고 무력해져야 하는 것입니다. 하나님께서 어떤 사람은 예뻐서 선택하시고, 다른 이들은 미워서 선택하지 않으신 게 아닙니다. 다만 부유한 사람은 그 부유하다는 이유 때문에, 하나님의 구원의 방법으로 그들을 도저히 구원할 수 없다는 것입니다. 이것은 가난해서 긍휼히 여김을 받을 자만이 복음을 알게 되고 그리스도의 십자가 믿음 가운데 있게 되기 때문입니다. 이방인이든 이스라엘 사람이든 가난하고 무력해서 긍휼히 여김을 받는 자만이 복음을 깨닫게 되어 있습니다. 부유하든 부유하지 않든, 구원받을 방법은 오직 하나밖에 없습니다. 우리가 우리 모습을 죄인이라 고백하고, 자신이 무력하고 가난해져서 긍휼함을 입는 방법뿐입니다. 그래서 십자가 앞에 나아가고 하나님의 은혜 앞에 나아가는 방법 이외에는 없는 것입니다.

"그러면 우리가 무엇이라고 말해야 하겠습니까? 의를 추구하지 않은 이방 사람들이 의를 얻었습니다. 그것은 믿음에서 난 의입니다. 그런데 이스라엘은 의의 율법을 추구하였지만, 그 율법에 이르지 못하였습니다. 어찌하여 그렇게 되었습니까? 그들은 믿음에 근거하여 의에 이르려고 한 것이 아니라, 행위에 근거하여 의에 이르려고 했기 때문입니다. 그들은 걸림돌에 걸려 넘어진 것입니다. 그것은 성경에 기록한 바와 같습니다. '보아라, 내가 시온에, 부딪치는 돌과 걸려 넘어지게 하는 바위를 둔다. 그러나 그를 믿는 사람은 부끄러움을 당하지 않을 것이다.'" ― 롬 9:30~33

하나님께서 그들을 버리신 것이 아닙니다. 그들이 믿음이 아닌 행위를 의지하였기 때문에 구원을 받지 못한 것뿐입니다. 자기가 자랑하던 것에 스스로 걸려 넘어진 것뿐입니다. 하나님께서 어떻게 하신 것이 아닙니다. 하나님께서 누구는 선택하시고 누구는 버리신 것이 아니란 말입니다. 이스라엘 백성들이 실패한 것은, 하나님께서 선택하시는 유일한 기준을 거부한 데 있었습니다. 자기가 가진 것을 자랑함으로써 스스로 넘어진 것입니다.

"나는 증언합니다. 그들은 하나님을 섬기는 데 열성이 있습니다. 그러나 그 열성은 올바른 지식에서 생긴 것이 아닙니다. 그들은 하나님의 의를 알지 못하고, 자기 자신들의 의를 세우려고 힘을 씀으로써, 하나님의 의에는 복종하지 않게 되었습니다." ― 롬 10:2~3

이스라엘에게 열심은 있었습니다. 그러나 참 구원을 받는 선택의 기준에 대한 지식이 없었습니다. 자기의 의는 알았지만, 하나님의 의의 기준이 무엇인지는 몰랐습니다. 그래서 자기 의의 잣대를 가지고 하나님의 의의 기준을 만들었습니다. 자기 행위와 율법에 의한 의로는 하나님의 의를 도저히 만족시킬 수 없는데도 계속 그 길을 고집했습니다. 그들이 구원받지 못한 것은 이처럼 복음의 내용에 대한 지식이 없었기 때문입니다.

> "그러므로 그리스도는 율법의 끝마침이 되셔서, 모든 믿는 사람에게 의가 되어 주셨습니다. 모세는 율법에 근거한 의를 두고 기록하기를 '율법을 행한 사람은 그것으로 살 것이다' 하였습니다." ─ 롬 10:4~5

구약에서 하나님이 이스라엘 백성들에게 율법을 주실 때 그 율법을 지킴으로써 살 수 있다고 했습니다. 그렇다면 '하나님께서 이렇게 율법을 강조하셨고 율법만 지키면 의롭게 된다고 하셨는데, 왜 행위로 구원받지 못하는가?'라는 의문이 들 수 있습니다.

그러나 하나님께서는 구약에서도 '율법을 통해서는 구원받을 수 없고, 오직 믿음을 통해서만 구원받을 수 있음'을 무수히 말씀하셨습니다. 선지자를 통해, 수많은 사건을 통해, 그리고 그들의 역사를 통해 무수히 말씀하셨습니다. 하나님께서는 처음에 이스라엘 백성이 아무것도 가진 게 없을 때 그들을 불러 축복하셨지만, 그들이 계속 하나님의 선택 가운데 있기 위해서는 계속 가난해져야 한다고 여러 번 말씀하셨습니다. 역사서를 통해서 많은 말씀을 주셨습니다. 또한 이사야를 통해서, 예레미야를 통해서,

그 외 선지자들을 통해서도 다시 가난해져야 한다고 말씀하셨는데 그들은 이를 거부했습니다.

하나님께서는 우리에게 얼마나 쉬운 방법을 주셨는지 모릅니다. 예수 그리스도께서 율법의 마침이 되셨기 때문입니다. 내가 아무리 지키려고 해도 안 되던 그 율법을 예수님이 다 지키시고 완성하신 것입니다. 그럼 우리는 이제 무엇을 해야 할까요?

> "혹 누가 음부에 내려가겠느냐 하지 말라 하니 내려가겠느냐 함은 그리스도를 죽은 자 가운데서 모셔 올리려는 것이라 그러면 무엇을 말하느뇨 말씀이 네게 가까와 네 입에 있으며 네 마음에 있다 하였으니 곧 우리가 전파하는 믿음의 말씀이라 네가 만일 네 입으로 예수를 주로 시인하며 또 하나님께서 그를 죽은 자 가운데서 살리신 것을 네 마음에 믿으면 구원을 얻으리니 사람이 마음으로 믿어 의에 이르고 입으로 시인하여 구원에 이르느니라" — 롬 10:7~10

너무도 쉬운 방법입니다. 입으로 예수를 시인하고, 마음으로 그 복음을 믿으면 구원이 이루어집니다. 입술로 예수를 시인하기만 하면 됩니다. 마음으로 그 복음을 믿으면 우리가 구원을 얻고 의로워집니다. 하나님께서 이렇게 쉬운 길을 이스라엘 백성들에게 왜 말씀해 주시지 않으셨겠습니까?

> "그러므로 믿음은 들음에서 생기고, 들음은 그리스도를 전하는 말씀에서 비롯됩니다. 그러면 내가 묻습니다. 그들은 들은 일이 없습니까? 물론 그렇지 않습니다. 성경

말씀에 '그들의 목소리가 온 땅에 퍼지고, 그들의 말이 땅 끝까지 퍼졌다' 하였습니다." — 롬 10:17~18

그들의 목소리가 온 땅에 퍼졌고, 그들의 말이 땅끝까지 퍼졌다고 했습니다. 이제 그것을 듣고 시인만 하면 되는 것입니다. 마음으로 믿기만 하면 되는 것입니다. 이렇게 하나님께서는 오랫동안 기다리시면서, 구원받을 수 있는 방법을 이스라엘 백성에게 보여 주셨는데, 그래도 그들이 깨닫지 못하니까 19절에서 21절에 다음과 같이 말씀하십니다.

"내가 다시 묻습니다. 이스라엘이 알지 못하였습니까? 이에 대하여 하나님께서 먼저 모세를 통하여 이렇게 말씀하셨습니다. '나는 내 백성이 아닌 사람들로 너희의 질투심을 일으키고, 미련한 백성들로 너희의 분노를 자아내겠다' 또한 이사야는 매우 담대하게 이렇게 말씀을 전하였습니다. '나를 찾지 않는 사람들을 내가 만나 주고, 나를 구하지 않는 사람들에게 내가 나타났다' 또한 이사야는 하나님께서 이스라엘을 보고 '복종하지 않고 거역하는 백성에게, 나는 온종일 내 손을 내밀었다' 하신 말씀을 선포하였습니다." — 롬 10:19~21

하나님께서는 모세와 이사야를 통해, 율법을 모르는 이방인들이 믿음으로 구원받는 방법을 가르쳐 주셨습니다. 이것은 이방인들이 쉽게 구원을 받는 모습을 통해 이스라엘 백성들이 시기심을 갖고 연구하도록 하신 것인데, 그들은 연구는 커녕 오히려 하나님을 원망하며 불평했습니다.

하나님께서는 직접 말씀도 주시지만, 사례를 통해서도 많이 보여 주십니다. 그러므로 우리 주위에 잘되는 사람을 보면 시기만 하지 말고, 그들이 왜 잘 되는지 연구하고 깨달아야 합니다. 잘못되는 사람을 보면서는 자만하지 말고, 그들을 통해 하나님께서 내게 주시고자 하는 말씀이 무엇인지 깨달아야 합니다. 이 모든 게 하나님께서 우리에게 주시는 말씀입니다. 이것을 깨닫지 못할 때 우리는 실패한 사람에게 돌을 던지고 비난합니다. 그리고 잘되는 사람을 시기하고 모함합니다. 남이 잘되는 걸 보고 시기하는 마음이 생긴다면, 그 감정에만 빠지지 말고 그 속에 있는 하나님의 선택과 축복의 원리를 연구해서 복음을 깨달아야 합니다. 왜 그들은 잘됐는데 나는 잘 안 됐는지를 생각해 보아야 합니다.

하나님은 신문, TV와 영화 등을 통해서도 말씀하십니다. 목사님의 설교를 통해서만 말씀하시는 것이 아닙니다. 그들의 목소리가 온 땅에 퍼졌고, 그들의 말이 땅 끝까지 퍼졌다고 했습니다. 우리는 이를 통해 복음이 무엇인지를 깨달아야 합니다. 세상의 본질이 무엇인지, 세상이 얼마나 허망하게 무너지는지, 소유와 욕심의 끝은 무엇인지 깨달아야 합니다. 그런데도 그들은 깨닫지 못했습니다.

이처럼 하나님께서는 이스라엘 백성들을 선택하지 않으신 것이 아니라, 그들이 유일한 구원의 길을 깨닫게 하기 위해서 종일 손을 벌리고 기다리셨던 것입니다. 온 땅에 복음을 전파하였습니다. 그러나 그들은 들을 귀가 없어 듣지 못한 채, 원망하고 불평하며 거부했습니다. 그 유일한 구원의 방법으로 돌아오지 않았습니다. 그런 그들이 어떻게 하나님을 원망할 수 있겠습니까? 결코 원망할 수 없습니다. 그렇다면 하나님께서 듣지 못하는 이스라엘 백성을 버리셨습니까? 그렇지 않습니다. 11장 1절에 '그릴 수 없느니라'고 하셨습니다. 이것이 바로 또 하나의 놀라운 은혜인 것입니다!

## 누구에게나 복음의 기회를 공평하게 주시는 하나님

강퍅한 자든, 긍휼히 여김을 받는 자든, 하나님께서는 누구에게나 동등하게 구원의 기회를 주십니다. 하나님께서는 모든 이들에게 공평하게 사랑과 긍휼을 베푸십니다. 처음 하나님께서 아브라함을 택하셨던 이유는 그가 '없는 자'였기 때문이었습니다. 그는 나이 들고 무력한 채로, 자식도 없이 이방 가운데 사는 자였습니다. 이렇게 버림받고 불쌍한 아브라함의 후예인 이스라엘을 하나님께서는 긍휼히 여기셔서 선택하셨습니다. 하나님의 은혜가 아니면 도저히 살 수 없는 자들이기 때문에 선택하셨던 것입니다. 하나님의 선택으로 이스라엘이 선민이 된 것입니다. 그리고 하나님께서는 그들을 축복하셨습니다.

그런데 그 이후 그들은 두 가지 부류의 사람들로 나뉘어졌습니다. 하나는 계속 버림받음으로 남아있는 자들이고, 다른 하나는 율법을 가져 부유하게 된 자들입니다. 전자의 사람들은 계속 복음과 은혜 가운데 머물 수 있었습니다. 예수 그리스도의 혈통이 되고, 바알에게 무릎 꿇지 않은 남은 자 칠천이 되고, 바벨론에 포로로 잡혀가지 않는 자와 바벨론에 잡혀 갔더라도 거기에서 신실하게 하나님을 섬기는 남은 자들이 됩니다. 하나님께서는 물론 후자의 사람들(율법으로 부유해진 사람들)에게도 계속 말씀을 주시고, 선지자와 역사를 통해 복음과 구원이 무엇인지도 보여 주셨습니다. 그런데도 그들은 가난해지지 않고 오히려 강퍅해져서 없는 자들을 더욱 핍박하였습니다. 그런데 아이러니컬하게도 세상에서 '있는 자'는 결국 나중에 이방인 또는 '없는 자'가 되고 말았습니다. 이 세상에서는 그대로 계속 부유한 채로 남아 있을 수가 없기 때문입니다. 그래서 그들은 세상의 포로가 되어 갇혀 버렸습니다. 그래서 세상에서 버림받고 이방인이 된 것입니다. 세상의 공격을 받아 포로가 되고 가난해진 이스라엘이 결국 세상의 이방인이 되고 만 것입니다.

이렇듯 하나님께서는 처음에 선택하지 않은 사람들을 이방인으로 만드셔서 나중에 다시 선택하십니다. 없는 사람들은 없음으로 말미암아 선택하시고, 있는 사람들은 긍휼히 여김을 받도록 하기 위해 없게 만드셔서 선택하십니다. 구원을 받는 유일한 방법인 복음 앞에 나아가기 위해서는 긍휼히 여김을 받아야 하기 때문입니다. 결론적으로, 원래 긍휼히 여김을 받은 자들은 그 상태 그대로 선택하시고, 긍휼히 여김을 받지 못한 자들은 그들의 본질을 드러내셔서 긍휼히 여김을 받게 만드신다는 것입니다. 즉 이스라엘을 강퍅하게 버려두시는 것이 겉으로 보면 하나님의 진노와 버리심 같아 보이지만, 그 속에는 하나님의 크신 사랑이 있는 것입니다. 그럼 이제부터 그 속에 있는 하나님의 계획과 사랑이 무엇인지 자세히 살펴보도록 하겠습니다.

"이스라엘의 허물이 세상의 부요함이 되고, 이스라엘의 실패가 이방 사람의 부요

함이 되었다면, 이스라엘 전체가 바로 설 때에는, 그 복이 얼마나 더 엄청나겠습니까?" — 롬 11:12

하나님께서 이스라엘을 이렇게 강퍅하게 하시면, 누가 그 덕을 보게 될까요? 바로 이방인입니다. 즉 하나님께서는 이스라엘 사람들을 강퍅하게 하심으로써 이방인들을 구원하시려는 것입니다. 이스라엘 사람들이 강퍅해져야 이방인들을 핍박하게 되기 때문입니다. 그래야 핍박을 받은 이방인들이 버림받고 가난해질 수 있기 때문입니다. 이방인들을 구원하기 위해서 그렇게 이스라엘을 사용하셨던 것입니다.

사도행전에 보면 예루살렘 교회가 부흥할 때, 그 지역에 유대인들도 있었습니다. 그러나 유대인들이 교회를 핍박하기 시작했고, 그래서 교회는 흩어져 카타콤에서 복음이 견고하게 뿌리를 내릴 수 있었습니다. 그렇지 않았으면 교회가 부유해졌을 것입니다. 결과적으로 보면 그들이 강퍅한 유대인들 때문에 흩어졌지만, 카타콤의 버림받음 가운데서 결국 놀라운 그리스도의 복음을 깊이 만날 수 있게 된 것입니다.

내적치유를 찾는 분들 가운데에는 주위에 강퍅한 사람들이 있는 경우가 많습니다. 하나님께서 왜 그들 주위 사람들을 강퍅하게 하셨을까요? 그들로 하여금 복음을 깨닫게 하기 위해서입니다. 스스로 가난해지려고 하는 사람은 없습니다. 강퍅한 시어머니, 남편, 교회 지도자, 부모님 때문에 여러분들이 이렇게 가난해진 것입니다. 우리가 어떻게 스스로 자신을 찢고 복음을 만나겠습니까? 과거에는 아무리 복음을 들어도 귀가 막혀 들리지 않았고, 마음이 닫혀 이해할 수도 없었는데, 내가 찢어지니까 비로소 복음이 들리는 것입니다. 그러고 보면 나를 찢게 해 준 그분들이 얼마나 감사한가요? 그들은 하나님께서 우리를 치유하시고 구원하시기 위해 사용하신 분들일 수 있습니다. 우리가 긍휼히 여김을 받도록 하기 위해 그들을 악역으로 두신 것입니다. 그렇다고 해서 물론 처음부터 그들에게 악역을 맡기신 것은 아닙니다. 아무리 해도 안 되니까 그들을 악역으로 돌리신 것뿐입니다.

"그러나 믿지 않았던 탓으로 잘려나갔던 가지들이 믿게 되면, 그 가지들로 접붙임을 받게 될 것입니다. 하나님께서는 그들을 다시 접붙이실 수 있습니다. 그대가 본래의 돌올리브 나무에서 잘려서, 그 본성을 거슬러 참올리브 나무에 접붙임을 받았다면, 본래 붙어 있던 이 가지들이 제 나무에 다시 접붙임을 받는 것이야 얼마나 더 쉬운 일이겠습니까? 형제자매 여러분, 나는 여러분이 이 신비한 비밀을 알기를 바랍니다. 그것은 여러분이 스스로 현명하다고 생각하는 일이 없게 하려는 것입니다. 그 비밀은 이러합니다. 이방 사람의 수가 다 찰 때까지 이스라엘 사람들 가운데서 일부가 완고해진 대로 있으리라는 것과, 온 이스라엘이 구원을 받게 되리라는 것입니다. 그것은 성경에 이렇게 기록되어 있는 바와 같습니다. '구원하시는 분이 시온에서 오실 것이니, 야곱에게서 경건하지 못함을 제거하실 것이다. 이것은 그들과 나 사이의 언약이니, 내가 그들의 죄를 없앨 때에 이루어질 것이다' 복음의 관점에서 판단하면, 이스라엘 사람들은 여러분이 잘 되라고 하나님의 원수가 되었지만, 택하심을 받았다는 관점에서 판단하면, 그들은 조상 덕분에 하나님의 사랑을 받는 사람들입니다. 하나님께서 주시는 고마운 선물과 부르심은 철회되지 않습니다. 전에 하나님께 순종하지 않던 여러분이, 이제 이스라엘 사람의 불순종 때문에 하나님의 자비를 입게 되었습니다. 이와 같이, 지금은 순종하지 않고 있는 이스라엘 사람들도, 여러분이 받은 그 자비를 보고 회개하여, 마침내는 자비하심을 입게 될 것입니다. 하나님께서 모든 사람을 순종하지 않는 상태에 가두신 것은 그들에게 자비를 베푸시려는 것입니다." ― 롬 11:23~32

이방인들이 구원받을 때까지 이스라엘을 계속 완고(강퍅)하게 두신다고 했습니다. 그러나 이방인들이라고 해서 다 복음을 듣는 것은 아닙니다. 긍휼히 여김을 받을 자라는 것은 복음을 들을 준비가 된 자라는 것입니다. 그들 역시 복음을 듣고 받아들이면 구원을 받게 되지만, 복음을 듣지 않으면 방법이 없습니다.

하나님께서는 모든 사람들에게 복음을 들을 수 있는 여건을 공평하게 만들어 주십니다. 그러나 그렇게 복음을 듣게 해 주시는데도 복음을 거부하면 하나님도 어쩔 수 없으시다는 것입니다. 하나님께 돌아오는 이방인의 수가 다 차기까지는 이스라엘이 완악해진다는 것입니다. 그러므로 우리는 이스라엘을 위해서도 기도해야 합니다. 하나님께서 이 사람들을 버리신 것이 아니라 우리를 위해서 그렇게 만드신 것이기 때문입니다. 하나님의 계획 가운데 그들이 완악해진 것이기에, 때가 되면 하나님께서 그들을 구원하실 것입니다. 그들 역시 복음을 들을 것입니다.

하나님께서 막으신 것이 아니라면, 이스라엘이 그렇게까지 예수를 모르고 부인할 수가 없습니다. 하나님께서 우리를 위해 그들의 길을 막으신 것입니다. 이스라엘은 하나님의 계획에 따라 악역을 맡았을 뿐입니다. 물론 하나님께서 처음부터 그들에게 악역을 주신 것은 아닙니다. 하나님께서는 그렇게 되는 것을 원치 않으셨고, 그들을 오래 기다려 주셨지만, 끝내 다른 방법이 없었기 때문에 어쩔 수 없이 이 방법을 선택하신 것입니다. 그리고 그들을 완고(강퍅)하게 하신 것은 이방을 구원하시려는 뜻도 있지만 이스라엘을 구원하시려는 뜻도 있습니다.

하나님께서는 어떻게 그들의 완고함을 통해 그들을 구원하실까요? 병을 치료하기가 가장 어려운 경우는 병의 증상이 애매한 경우입니다. 정신질환의 경우에도 병의 증상이 확실하면 치료하기가 쉽습니다. 그러나 때때로 정신이 온전하기도 하고 이상하기도 한 증세는 치료가 더 어렵습니다. 즉 누가 봐도 전적으로 이상하다고 생각되는 사람은 오히려 치료가 빠릅니다. 그러나 사회생활을 그럴듯하게 하면서도 때론 이상한 행동을 하는 애매한 상태에 있는 사람들은 치료가 매우 힘듭니다.

하나님 말씀을 듣는 것 같기도 한데, 때로는 아주 엉뚱한 짓을 하는 사람들 역시 치료가 잘 되지 않습니다. 이런 경우에는 어떻게 해야 할까요? 아예 더 악화시켜 버리는 것입니다. 어떻게 보면 이것이 잔인해 보일 수 있습니다. 그러나 그게 유일한 치료 방법인 걸 어떻게 하겠습니까? 병을 치료하기 위해 병을 악화시키는 것이지요. 자신의 상태를 모르면, 치료하기가 어렵기 때문입니다. 자기가 있는 사람인 줄, 선민인 줄 알기 때문에 치료가 안 되는 것입니다. 자기가 얼마나 병든 자이고, 없는 자인지를 알게 하기 위해서 그들을 완고하게 하는 것입니다. 그때에야 비로소 자기 속에 있는 것이 다 드러나게 되어 죄인 된 자기 모습을 볼 수 있게 되기 때문입니다.

이처럼 하나님께서 이스라엘을 버려두시는 이유는 아주 버리기 위해서가 아니라 드러내기 위해서입니다. 하나님께서는 우리의 속을 드러내시기 위해서 가난하게도, 부유하게도 하십니다. 우리가 부유해지면 어떻게 됩니까? 세상의 포로가 되어 갇히고, 핍박받고, 강퍅해져 결국 우리 속이 드러나게 됩니다. 강퍅해지면 환난 가운데 갇히게 되어 결국 드러날 수밖에 없게 되는 것입니다. 또 자기의 의로써 드러나는 경우도 있습니다. 자기의 때문에 가족이 병들고 자녀가 병듭니다. 이처럼 하나님께서는 자기의를 사용하셔서 우리를 가난하게 만드시고, 우리 속을 드러내십니다. 자녀가 완전히 병이 날 때까지 강퍅하게 만드셔서 결국 부모를 가난하게 하시는 것입니다. 그래야만 자기를 알게 되기 때문입니다.

그렇지 않으면 우리는 자신을 도덕적으로 의롭게 여기기 때문에 복음이 들리지 않습니다. 치료도 할 수가 없습니다. 그래서 자녀의 병을 깊게 하여 자신이 더 이상 아무것도 할 수 없다는 것과 문제가 자신에게 있다는 것을 깨닫게 하시는 것입니다. 결국 하나님께서 우리를 강퍅하게 하시는 것도 하나님의 자비인 것입니다. 하지만 여기에서 또 다시 갈림길이 나타납니다. 드러나기는 했는데 계속 하나님을 저주하고 원망하는 사람이 있습니다. 이런 사람들은 완전히 구원받지 못합니다. 그러나 드러남을 통해 다시 자기를 보고 복음을 듣는 자가 있습니다. 이런 사람들은 구원받습니다. 이것이 종말의 환난입니다. 환난 속에서 하나님을 저주하고 원망하는 자들은 끝내 심판을 받게 되지만, 그때라도 복음을 받아들이고 광야에 머무는 자는 구원을 받을 것입니다.

그렇다면 가장 강퍅해지기 쉬운 사람들은 과연 누구일까요? 바로 종교인들입니다. 이스라엘 사람들이 바로 종교인이었기 때문에 그토록 강퍅해졌던 것입니다. 세상 사람들은 자기의 부가 허물어지면 바로 가난해져 쉽게 복음 가운데 나아갑니다. 그러나 종교인들은 자기가 하나님의 의 가운데 있다고 생각하기 때문에 끝까지 허물어지지 않습니다. 마지막까지 강퍅한 상태로 남습니다. 종교로 무장한 사람들은 세상이 허물어져도, 선민사상과 자기의 때문에 끝까지 허물어지지 못합니다. 하나님께서 사람들을 불순종하게 만드시는 것도 모든 사람에게 긍휼을 받을 수 있는 공평한 기회를 주어 긍휼을 베푸시기 위함입니다. 결국 모든 사람이 복음을 듣게 하시려고 기회를 공평히 주시는 것입니다. 그렇게 했는데도 안 되면 할 수 없지만, 적어도 자신이 부유해서 복음을 듣지 못했기 때문이라고 변명할 수는 없을 테니까요.

하나님께서는 우리를 너무나 사랑하시기에, 우리를 구원하시기 위한 엄청난 계획들을 이렇게 준비하고 계십니다. 하나님께서는 모든 사람을 '긍휼히 여김을 받을 자'로 만드십니다. 그러므로 로마서에서 말하는 '이스라엘'을 구약의 이스라엘로만 생각해서는 안 됩니다. 신약의 이스라엘은 곧 기독교인들이기 때문입니다. 특히 사역자나 지도자들은 이 말씀을 더욱 주의 깊게 받아들여야 합니다. 강퍅케 하시는 것도 물론 하나님의 구원 방법인 것은 사실이지만, 그렇다고 해서 우리가 꼭 이런 방법으로 구원을 받을 필요는 없지 않겠습니까? 마지막까지 굳이 강퍅한 사람으로 남아서 다른 사람을 위해 좋은 일(?)을 하다가, 최후의 가난한 자로 구원을 받을 필요가 있겠습니까?

우리는 가롯 유다의 이야기를 많이 합니다. '가롯 유다의 배신이 없었다면 과연 십자가와 부활의 사건이 있었겠는가?' 하면서 그를 옹호하고 동정하지요. 물론 가룟 유다가 강퍅해져서 예수님을 십자가에 처형하도록 팔아넘겼기에 우리가 구원을 받은 것은 사실입니다. 그러나 그 사건 이후에 그는 자신이 예수를 죽인 큰 죄인이라는 것을 깨닫고 후회했습니다. 마음이 가난해져 다시금 긍휼히 여김을 받을 기회를 얻었던 것입니다. 비록 그가 강퍅해져서 예수님을 죽게 하였지만, 그렇다고 그에게 구원의 기회가 아주 없었던 것은 아니었단 말입니다. 그런데 그는 어떻게 했습니까? 회개하고 돌아올 수 있었음에도, 그는 그렇게 하지 않고 자결했습니다. 예수님께서는 그가 악역을 맡지 않기를 바라시면서 무수히 경고하셨습니다. 그럼에도 불구하고 그는 예수님의 경고를 듣지 않고 사탄에게 틈을 주었기 때문에 하나님께서 그에게 그런 악역을 맡기신 것뿐입니다. 사실 맡겼다기보다는 그가 선택했다는 것이 더 맞는 말일 것입니다. 하나님께서 그렇게 하라고 허락하신 게 결코 아니기 때문입니다.

베드로도 예수님께 그토록 충성을 맹세했지만, 결국 예수님을 부인하고 저주했습니다. 유다와 마찬가지로 심한 죄책감과 후회로 괴로워했습니다. 그러나 베드로는 자신의 가난함과 애통함 속에서 회개함으로써 예수님의 사랑과 구원을 회복했습니다.

출애굽 당시, 하나님께서 바로의 마음을 강퍅케 하셨다고 했습니다. 이에 대해 우리는 또 '바로가 이스라엘 백성들을 핍박함으로써, 그들이 하나님 앞에 가난한 마음으로 기도하게 하여 구원받게 하였으니 이스라엘 백성을 위해서 좋은 일을 한 것이 아닌가?'라고 질문할 수 있습니다. 바로가 핍박하지 않았다면, 이스라엘 백성들이 애굽에서 만족하게 살면서 복음을 알지 못했을 테니까요. 맞습니다. 하나님께서는 바로를 강퍅케 하셔서 이스라엘 백성들을 핍박하게 하셨습니다. 그러나 중요한 것은 바로도 그 모든 사건을 통해서 하나님을 보았다는 것입니다. 그는 자기가 자랑하던 군대와 능력과 부가 얼마나 허망하게 무너지는지를 보았습니다. 그렇게 가난해졌습니다. 그러나 그런 후에도 그는 여전히 하나님을 믿지 않았습니다.

## 두려움과 겸손으로 믿음 가운데 거해야

그렇다면 우리는 선택받은 자로서 어떻게 해야 할까요? 우리를 부유하게 하려고, 우리를 선택받게 하려고 우리보다 먼저 선택받은 자들이 강퍅해지고 넘어졌다는 것, 우리가 저절로 구원받은 게 아니라 누군가의 강퍅해짐을 통해 우리가 구원받을 수 있었다는 것을 알고 그들에게 감사해야 할 것입니다. 또한 그들을 불쌍히 여겨야 할 것입니다. 자긍하거나 교만해서는 안 됩니다. 우리가 선택받은 것은 우리에게 뭐가 있어서가 아니기 때문입니다. 있는 자, 거짓된 자는 하나님께서 꺾으십니다. 원가지도 꺾으신 하나님께서 우리라고 꺾지 않으시리라는 법이 어디 있겠습니까? 그러므로 선택받고 구원받았다는 사실에 대해 자긍하거나 교만하지 말라고 하십니다.

    우리는 우리의 없는 것 때문에 선택받은 것이므로 계속 가지에 붙어 있기 위해서는 긍휼히 여김을 받을 자가 되어야 합니다. 우리가 뿌리를 보존하는 것이 아니라 뿌리가 우리를 보존해 주는 것이므로, 우리가 가지에 붙어 있기 위해서는 긍휼히 여김을 받아야 한다는 것입니다.

원가지들도 아끼지 않고 꺾으셨는데 하물며 접붙인 가지야 두 말할 필요가 있겠습니까? 전에 이방인이었던 우리가 이제는 택함을 받아 새로운 이스라엘이 되었습니다. 유대인의 문제를 먼 나라의 이야기로만 생각하고, 그들을 위해 중보기도만 드릴 때가 아닙니다. 예수님께서는 구약의 이스라엘을 향해 울기 전에, 신약의 이스라엘이 된 우리 자신을 위해 울라고 말씀하십니다. 계속 이방으로 남아있지 않으면 우리도 이스라엘처럼 버림받을 것입니다. 처음에 우리가 떨어져 나갔다가 접붙임을 받았던 것처럼, 떨어져 나갔던 원 가지인 이스라엘도 접붙임을 해 주실 것입니다. 이방인들도 그렇게 해 주셨는데 왜 이스라엘을 접붙여 주시지 않겠습니까?

그러므로 우리는 하나님의 선택기준이 무엇인지 깨닫고, 복음 가운데서 살아야 합니다. 하나님의 사랑과 은혜를 확신하며, 두려움과 겸손을 잃지 않고, 믿음 가운데 거해야 합니다. 우리가 자랑할 것이라곤 아무것도 없습니다. 가난하고 없는 가운데 긍휼히 여김을 받지 않는다면, 하나님께서 우리도 꺾으실 것입니다. 이스라엘도 꺾으셨는데 신학박사라고 해서 왜 못 꺾으시겠습니까? 몇 대째 내려오는 믿음의 가정이라고 해서 왜 못 꺾으시겠습니까? 우리가 무엇을 자랑하겠습니까? 바리새인들처럼 그렇게 열심히 성경을 연구한 사람들도 꺾으셨고, 우리보다 율법적으로 훨씬 더 완전한 자들도 꺾으셨습니다. 그런데 우리가 성경을 공부했다고, 율법을 지켰다고 자랑하겠습니까? 하나님께서는 원가지인 이스라엘도 꺾으셨다는 사실을 잊지 말아야 합니다.

물론 우리는 확신과 믿음 가운데 있어야 합니다. 그러나 그 확신이 나의 외적조건과 행위에 기인한 것이어서는 안 됩니다. 육신의 씨로는 그 어떤 것으로도 하나님의 기업을 얻을 수 없다는 사실을 기억해야 합니다. 믿음으로 매일매일 십자가 앞에 빈손 들고 나아가는 것 외에는 의를 이룰 수 없습니다. 하나님께서는 모든 자들을 가난케 하시고 긍휼히 여기셔서 구원하신다고 하셨습니다.

"하나님의 부유하심은 어찌 그리 크십니까? 하나님의 지혜와 지식은 어찌 그리 깊고 깊으십니까? 그 어느 누가 하나님의 판단을 헤아려 알 수 있으며, 그 어느 누가 하나님의 길을 더듬어 찾아낼 수 있겠습니까? 누가 주님의 마음을 알았으며, 누가 주님의 조언자가 되었습니까? 누가 먼저 무엇을 드렸기에 주님의 답례를 바라겠습니까? 만물이 그에게서 나고, 그로 말미암아 있고, 그를 위하여 있습니다. 그에게 영광이 세세에 있기를 빕니다. 아멘" ─ 롬 11:33~36

우리는 하나님의 지혜와 지식이 얼마나 부요한지, 그분의 판단이 측량치 못할 만큼 얼마나 정확한지, 또 그분의 모든 계획이 얼마나 치밀하고 공명정대한지 다 알 수가 없습니다. 그런데 이 세상 어느 누가 하나님의 구원에 대해서 불평하고 원망할 수 있을까요? 우리의 이 작은 생각으로 어떻게 그 크신 하나님을 판단할 수 있겠냐 말입니다. 모든 사람을 긍휼히 여김을 받을 사람으로 만드셔서, 예수 그리스도의 복음을 바라보게 하시고, 복음 안에서 구원하시는 하나님의 사랑을 우리가 어떻게 다 가늠할 수 있겠습니까?

"만물이 그에게서 나고, 그로 말미암아 있고, 그를 위하여 있습니다. 그에게 영광이 세세에 있기를 빕니다. 아멘"

이것이 바로 로마서의 전체적인 결론입니다. 이것으로 복음의 전체적인 맥락이 매듭지어 지는 것입니다.

## 질문과 나눔

1. 하나님께서 자신을 선택하셨다고 믿습니까?
   선택의 이유가 무엇이라 생각하십니까?
2. 자신은 하나님 앞에 오직 긍휼히 여김을 받는 자로 나아가고 있습니까?
   하나님과 사람 앞에 자랑할 것은 없습니까?
3. 왜 자신은 긍휼히 여김을 받아야 한다고 생각하십니까?
4. 하나님의 은혜로 만족스럽게 잘 지낼 때에도 어떻게 긍휼히 여김을 받을 수 있습니까?
5. 자신은 하나님의 음성을 어떻게 듣고 있습니까?
6. 하나님은 공평하시다고 생각하십니까? 아니라면 그 이유는 무엇입니까?
7. 나를 가장 힘들게 함으로 내가 예수님을 만날 수 있게 한 사람이 있었습니까?
8. 하나님께서 나의 기도에 응답하지 않으시고 버려두셨다고 생각한 적이 있습니까? 그 뜻을 충분히 이해하십니까? 그 이유가 무엇이라고 생각하십니까?
9. 신앙인으로부터 받은 상처와 아픔이 있습니까? 그 결과가 어떠했습니까?
10. 하나님의 오묘한 경륜과 지혜를 경험한 적이 있습니까? 이를 나누어 봅시다.

# 제 14 장
## 복음적인 삶

* 롬 12-16장

지금까지 우리는 '복음을 통해서 하나님과 나와의 관계가 어떻게 회복되고 변화되는가'를 살펴보았습니다. 그리고 복음 안에서 이러한 만남의 장애 요인들은 무엇이며, 또 그 장애를 극복하기 위해 하나님께서 우리에게 준비하기 원하시는 것은 무엇인지도 살펴보았습니다. 그러면 이제 복음 가운데 변화받은 사람이 살아야 할 복음적인 삶은 어떠해야 하는지, 그리고 복음적인 삶에 대한 점검이 우리에게 왜 중요한지 구체적으로 살펴보도록 하겠습니다.

### 복음적 삶에 대한 점검이 중요한 이유

첫째로, 복음적 삶에 대한 점검이 중요한 이유는 그 속에 진단적인 의미가 있기 때문입니다. 복음이라는 것은 의식으로 듣고 이해하는 것이지만, 복음이 진정한 복음이 되기 위해서는 우리들의 내면에서 복음의 사건이 일어나야 합니다.

복음이 무엇입니까? 우리는 지금까지 복음에 대해서 많이 들어 왔지만, 그 풍성함을 제대로 누리지 못했던 게 사실입니다. 성경을 읽지 않아서도, 말씀을 잘못 배워서도 아닙니다. 실제적인 복음의 내용은 외적인 게 아니라, 내적인 것이기 때문입니다. 즉 복음은 보이지 않는 속성이 훨씬 강하기 때문입니다.

그동안 우리는 순수한 복음 가운데 머물러 있기를 원하며 노력했습니다. 하지만 결과적으로는 우리가 복음 가운데 있지 못하고 힘들었던 게 사실입니다. 왜 그랬을까요? 우리의 열심이 부족했기 때문일까요? 아닙니다. 눈에 보이지 않는 복음의 속성상, 복음적인 삶을 외적으로 판단하기 어렵다는 사실을 우리가 잘 알지 못했기 때문입니다. 즉 '이것이 복음이리라' 생각하고 열심히 노력했는데 사실은 엉뚱한 길로 가고 있었다는 것이지요. 그래서 아무리 지금 내가 복음 가운데 있다 할지라도, 그 복음을 진정으로 누리고 있는지를 아는 게 아주 중요합니다.

복음은 우리를 구원하고 치유하는 유일한 능력입니다. 이처럼 복음은 너무도 좋은 것입니다. 그런데 만일 우리가 복음 가운데 있다고 하면서, 실제로는 복음을 제대로 만나고 있지 못하다면 이보다 더 안타깝고 염려스러운 일이 또 어디 있겠습니까? 그래서 내가 복음 가운데 있는지 여부를 점검해 보는 것이 아주 중요합니다. 감사하게도 하나님께서는 우리가 과연 복음적 삶을 누리고 있는지 스스로 점검하고 진단해 볼 수 있도록 평가기준을 주셨습니다.

우선, 복음으로 치유 받은 사람은 반드시 그 열매가 있기 마련입니다.

그래서 이 열매를 역으로 자신을 진단하는 데 활용할 수 있습니다. 내 삶에 '보이는' 열매가 있는지를 봄으로써, 내 속에 '보이지 않는' 복음이 제대로 자리매김을 하고 있는지 진단할 수 있다는 것입니다. 우리가 우리 내면에 뿌려진 복음의 씨앗 자체를 진단할 수는 없습니다. 그것은 눈에 보이지 않기 때문입니다. 그러나 그것이 자라나 맺은 열매를 보고 간접적으로 진단할 수는 있습니다. 복음은 겉으로만 보면 모릅니다. 그것이 자라나는 것을 봐야 압니다. 말로는 복음으로 변화되었다고 하는데 그 결과가 복음이 아닐 수도 있기 때문입니다. 복음의 씨앗이 맞다면 그것은 자라서 반드시 복음의 열매를 맺기 마련이라는 것입니다.

로마서 12장 1절에서 16절까지의 말씀은 이러한 복음의 열매에 대해 말하고 있습니다. 이 말씀에는 열매를 맺으라는 뜻도 있지만, 우리가 열매 맺지 못할 때 억지로 열매를 맺으려 애쓰지 말고 다시 한번 씨앗을 진단해 보라는 뜻도 있습니다. 우리 내면으로 깊이 내려가서 복음이 처음 시작된 곳, 그곳을 다시 살펴보라는 것입니다. 우리가 살다 보면 어느새 자기도 모르게 복음에서 벗어나 있곤 하기 때문입니다. 그럴 때마다 말씀을 통하여 내 속에 복음의 장애가 되는 요인이 있는 것은 아닌지 점검해 보고, 앞에서 제시했던 여러 방법을 통하여 복음으로 다시 돌아가기만 한다면, 우리는 반드시 바른 열매를 맺을 수 있을 것입니다. 복음적인 삶은 이처럼 열매인 동시에, 씨앗의 진위 여부를 진단해 주는 방법이기도 합니다.

둘째로 복음적 삶에 대한 점검이 중요한 이유는, 복음 안에서 생명이 제대로 자라나기만 한다면, 그것이 우리 삶의 방향을 올바른 길로 인도해 줄 뿐 아니라 더욱 윤택하게 해 줌으로써 복음 안에서 자라나는 성령을 더 격려하고 촉진시켜 줄 수 있기 때문입니다. 하나님께서는 마지막 때에 이 열매로 우리를 심판하시겠다고 하셨습니다. 그러므로 우리는 복음의 내면화뿐만 아니라 복음의 실천적 삶을 위해서도 노력해야 할 것입니다.

"형제자매 여러분, 그러므로 나는 하나님의 자비하심을 힘입어 여러분에게 권합니다. 여러분의 몸을 하나님께서 기뻐하실 거룩한 산 제물로 드리십시오. 이것이 여러분이 드릴 합당한 예배입니다. 여러분은 이 시대의 풍조를 본받지 말고, 마음을 새롭게 함으로 변화를 받아서, 하나님의 선하시고 기뻐하시고 완전하신 뜻이 무엇인지를 분별하도록 하십시오." — 롬 12:1~2

우리가 과거에 어떻게 살았습니까? 겨우 우리의 생존과 만족만을 위해 근근이 살았습니다. 내 속의 상한 마음, 즉 열등감, 굶주림, 두려움, 아픔 등을 감추고 채우기 위해 열심히 돈도 벌고 공부도 했습니다. 처음에는 그러한 노력을 기본적인 생존을 위해 시작했지만, 나중에 생존 문제가 해결된 이후에도, 우리 내면의 아픔과 굶주림은 여전히 해결되지 않은 채 그대로 남아있었기 때문에 우린 그 노력을 멈출 수가 없었습니다. 우리 내면의 아픔 때문에 점점 더 많은 쾌락과 만족을 찾게 되고, 우리 속의 결핍과 죄악을 숨기기 위해 긴장하며 열심히 살아왔습니다. 이것이 바로 로마서에서 말씀하는 이 시대의 삶입니다.

세상의 삶이란 것이 다 그렇습니다. 모두 다 자기를 위해, 자기의 상한 마음을 감추기 위해 기를 쓰고 살아갑니다. 그러나 이제 더 이상 이 시대의 풍조를 본받지 말라고 바울은 말합니다. 그렇게 해서는 행복해질 수 없다는 것입니다. 우리 속의 죄와 상한 마음을 해결하지 않고 그대로 둔 채, 그것을 아무리 좋은 것으로 감추고 위로하려 해도 고통만 커질 뿐 아무 소용이 없기 때문입니다. 근본적으로 죄 문제를 해결하고 상한 마음을 치유 받음으로써, 우리 속이 복음 안에서 새롭게 변화되어야 한다는 것입니다. 그래야만 우리에게 참 기쁨이 있을 수 있다는 것입니다.

하나님께서 원하시는 것은 우리가 '마음을 새롭게 함으로 변화를 받는 것'입니다. 우리 속이 새로워지고 변화되지 않는다면, 아무리 세상을 의지해도 결국 허무하게 끝나고 말기 때문입니다. 세상이 허물어질 때, 우리가 의지하던 세상도 함께 고통스럽게 허물어진다는 것입니다. 세상 속에서는 참 행복과 생명과 의를 이룰 수가 없다는 것입니다. 그러므로 복음 가운데로 나아와, 하나님의 용납하심과 예수 그리스도의 대신 죽으심을 믿음으로써 우리의 속을 새롭게 변화시키라는 것입니다. 우리가 마음을 새롭게 하고 변화를 받을 때에, 우리 속의 주인 되신 예수님이 하나님의 선하시고 기뻐하시고 완전하신 뜻이 무엇인지 분별하게 해주심으로써 우리가 그 뜻대로 살게 해 주신다는 것입니다. 전에는 우리 속의 상한 마음의 소리를 듣고 그것이 시키는 대로 행하며 살아왔지만, 이제는 하나님의 음성을 들으며 살게 된다는 것입니다. 이것이 바로 하나님께서 기뻐하시는 거룩한 산 제물로 드리는 합당한 영적 예배입니다. 이것이 바로 복음의 열매입니다.

그런데 여기에서 다시 한번 더 생각해볼 것이 있습니다. '우리의 몸'을 산 제물로 드리라고 하시는 부분입니다. 새롭게 하고 변화를 받아야 할 것은 우리의 마음인데 '마음'뿐 아니라, '몸'을 제물로 드리라고 하신다는 것이지요. 여기에서 우리가 생각해볼 것은 '마음과 몸의 관계'입니다. 열매는 몸으로 맺는 것입니다. 몸이 움직이는 것입니다. 몸이 없이 마음만으로는 열매를 맺을 수가 없습니다. 사랑은 마음에서 시작하지만, 그것이 마음으로만 끝난다면 온전한 사랑이 아닙니다. 몸으로 나타나야 진정한 사랑이 됩니다. 예수님께서도 마음으로만 우리를 사랑하신 것이 아니었습니다. 그분은 성육신으로 오셨고, 결국 십자가에 자신의 몸을 던져 온몸으로 우리를 사랑하셨습니다. 이를 통해 마음이 온전해지기 위해서는 몸도 같이 움직여야 한다는 사실을 친히 보여주셨습니다. 그래야만 온전한 산 제물이 되고 열매가 될 수 있기 때문입니다. 그렇다고 몸만 움직여도 안 됩니다. 그것은 율법이고 종교적인 행위로 끝날 수 있기 때문입니다. 바리새인들은 몸으로만 행동했습니다. 마음이 없이 율법을 지키고 제사를 드렸습니다. 하나님께서는 마음이 없는 예배를 '마당만 밟는 제사(사 1:12)'라고 경고하셨습니다. 그렇다고 또 마음만 있어서도 안 됩니다. 마음과 몸이 하나 되어 움직여야 합니다. 그래야 거룩한 산 제물이 됩니다.

몸과 마음이 하나가 되는 것은 또 다른 과정입니다. 이는 로마서를 넘어서서 다시 자세히 설명해야 하는 깊고 방대한 내용이 될 것입니다. 그래서 이 책에서는 이에 대해 간단히 소개하는 정도로만 설명하고자 합니다.

사실 마음은 뇌에서 나오는 것이 아니라 몸에서 나온 것입니다. 이것은 의학적인 사실입니다. 뇌는 '몸에서 나온 마음'을 정리해서 표현할 뿐, 뇌가 마음의 원천은 아닙니다. 몸에서 마음이 나오는 것이기 때문에, 마음이 진정 변화되려면 몸도 같이 변화되어야 합니다. '뇌의 마음'만 변화되면 몸의 열매가 없습니다. 그래서 우리가 열매를 맺지 못하는 것입니다. 그래서 주님께서는 십자가와 부활의 연합을, 뇌와 생각이 아닌, 몸에서 하라고 하십니다. 성만찬이 바로 그러한 맥락입니다. '주님의 살과 피를 몸으로 먹고 마시라(고전 11:24-25)'는 것입니다. '성령도 우리의 몸으로 받으라(요 20:22)'고 하셨습니다. '배에서 생수가 흘러넘치듯 성령을 배에 채워 흘러보내라(요 7:38)' 고 하십니다. 에스겔서에도 성전에서 물이 흘러나오는 말씀이 나옵니다(겔 47:1-12). 이 물은 바로 성령을 의미합니다. 말씀도 음식처럼 몸으로 먹으라고 하십니다(겔 3:1, 계 10:9). 이는 단지 문학적인 표현이나 비유가 아니고 엄연히 과학적이고 의학적인 사실로서 실제적으로 이해하고 실천해야 할 말씀입니다. 주님의 살과 피를, 성령을, 그리고 성경 말씀을 정말 약을 먹고, 음식을 먹듯 먹어야 한다는 것입니다. 우리가 음식을 씹고 소화하고 대사한 후, 그 영양분을 피를 통해 온몸 구석구석과 세포 하나하나에 전달하듯, 복음과 주님도 우리 온 몸에 가득해야 한다는 것입니다.

구약에서 예배와 성전의 모형으로 주신 성막에서 매일 행해지던 것이 번제였습니다. 번제는 몸으로 행하는 것입니다. 물론 제물이 대신하지만, 우리의 몸이 같이 참여하는 것입니다. 할례도 몸에다 하는 것입니다. 주님의 십자가 역시 주님의 몸을 주신 것이었습니다. 주님께서 몸으로 번제를 드린 것이 바로 십자가였던 것입니다. 십자가는 몸의 찢어짐과 고통이었습니다. 그냥 목숨만 주신 것이 아니라 주님의 몸을 주신 것이었습니다. 몸으로 대신하셨던 것입니다. 몸이 곧 마음이고, 생명이고, 모든 것이기 때문입니다. 그래서 구원은 반드시 몸을 포함합니다. 사랑도 몸이 포함될 때 비로소 온전해집니다. 그래야 전인적인 사랑이 됩니다. 몸속에 생명이 있고 영혼이 있기 때문입니다. 몸과 마음과 영혼은 하나로 이루어져 있습니다. 그래서 구원도 전인적일 수밖에 없습니다. 또한, 성경은 '우리의 몸이 곧 성전(고전 3:16)'이라고 말씀합니다. 마치 성막의 구조가 몸의 구조와 흡사한 것처럼 말입니다. 그래서 예배는 우리 몸에서 행해져야 합니다. 이것을 성경은 '산 제물'이라고 했습니다. 그래서 우리는 매일 자신의 몸에서 예배를 드려야 하며, 그 예배의 제사장은 바로 자기 자신이어야 합니다. 자신이 '왕 같은 제사장(벧전 2:9)'이 되어야 하는 것입니다. 교회에서 목회자가 예배를 대신 드려주는 것이 아닙니다. 평신도라고 그냥 구경만 하면서 예배에 참여하는 것이 아닙니다. 그래서 '예배를 본다'는 말은 정말 잘못된 표현입니다.

구원은 극히 개인적인 것입니다. 우리가 죽은 다음 주님 앞에 설 때 교회 팻말을 들고 서지 않습니다. 자기의 구원은 몸을 포함한 자기가 주인이 되어 구원과 심판을 받는 것입니다. 자기가 자신의 몸 된 성전의 유일한 제사장이기 때문입니다.

이번에 코로나로 인해 교회 공동체가 대면 예배를 드리는 데 많은 어려움을 겪었습니다. 하나님 교회에 대한 핍박일 수도 있습니다. 그 옛날 바벨론의 침공으로 성전이 파괴되었던 것처럼 교회가 어려움을 겪고 있습니다. 이 속에서 우리는 주님의 뜻을 물어야 합니다. 바벨론 침공을 통해 이스라엘이 하나님의 뜻을 물었듯이 말입니다. 오늘날 교회를 향한 하나님의 뜻은 이사야나 예레미야 같은 선지서에 잘 나와 있습니다. 오늘날 주님의 교회가 어려워지고 파괴되는 데에는 분명 하나님의 뜻이 있을 것입니다. 물론 우리가 그 뜻을 다 알 수는 없겠지만, 그중 한 가지 분명한 것은 그동안 공동체 예배로 자신의 개인적 예배를 대체해 버린, 우리의 예배와 성전에 관한 관점의 변화가 필요하다는 것입니다.

물론 공동체 예배가 중요합니다. 성도들이 함께 모여 대면 예배를 드려야 합니다. 그러나 교회의 중심은 공동체의 지체들, 즉 각각의 성도입니다. 그들 각자가 먼저 온전한 하나의 성전이 되어야 하는 것입니다. 그런데 우리가 공동체 예배에 익숙해지다 보면, 각각의 평신도가 온전한 성전으로 세워지는 것이 현실적으로 어려운 게 사실입니다. 그래서 하나님께서 이번 코로나 사태를 통하여, 성도들이 흩어져서 성전-자신의 몸-에서 스스로 온전한 예배를 드릴 수 있도록 훈련하고 계시다고 생각됩니다. 그런 다음에 다시 모여서 함께 공동체 예배를 드릴 때에 더 큰, 또 하나의 온전한 성전을 이룰 수 있기 때문입니다. 즉 평신도 한 사람 한 사람이 '작지만 온전한 성전'이라면, 교회 공동체는 '작지만 온전한 성전들'이 연합된 '크고 온전한 성전'이라고 할 수 있습니다. 이렇게 될 때, 목회자 중심의 교회에서 성도 중심의 교회로 성숙될 수 있을 것입니다.

"여러분은 사도들과 예언자들이 놓은 기초 위에 세워진 건물이며, 그리스도 예수가 그 모퉁잇돌이 되십니다. 그리스도 안에서 건물 전체가 서로 연결되어서, 주님 안에서 자라서 성전이 됩니다. 그리스도 안에서 여러분도 함께 세워져서 하나님이 성령으로 거하실 처소가 됩니다." — 엡 2:20~22

이런 맥락에서 볼 때, '평신도'라는 말 자체도 그다지 성경적이지 않은 게 사실입니다. 그리스도인이라면 모두가 성전이고, 제사장이기 때문입니다. 교회 공동체 안에서 서로 역할만 다를 뿐입니다. 이것이 복음적인 교회관입니다.

"그러나 여러분은 택하심을 받은 족속이요, 왕과 같은 제사장들이요, 거룩한 민족이요, 하나님의 소유가 된 백성입니다. 그래서 여러분을 어둠에서 불러내어 자기의 놀라운 빛 가운데로 인도하신 분의 업적을, 여러분이 선포하는 것입니다." ― 벧전 2:9

레위 지파(목회자)만이 아니라, 그리스도인이라면 누구나 똑같은 제사장으로서 사도 바울처럼 자비량으로 교회를 섬기는 것이 신약적이고 복음적인 교회관입니다. 현재 우리는 교회에서 대부분 신약의 모델을 따르고 있습니다. 지금은 성막에서 제사를 드리지도 않고, 안식일에 예배를 드리지도 않습니다. 이를 행하면 오히려 이단이라고 합니다. 이처럼 현대 교회가 대부분 신약의 모델을 따르지만, 여전히 구약의 모델을 따르는 것들이 있는데, 그중 하나가 바로 '레위 지파(목회자)만 예배를 주관해야 한다'고 생각하는 부분입니다. 현대 교회가 이러한 부분만은 여전히 구약의 전통을 따르고 있지요. 게다가 이를 어기면 오히려 이단으로 여기기도 합니다. 이것은 성경적이라기보다는, 어느새 우리에게 익숙해진 관습이자 전통에 불과하다고 볼 수 있습니다.

성경과 복음 안에서 예배의 개혁이 필요합니다. 루터가 종교개혁을 했듯이 지금 이 시대도 교회의 개혁이 필요합니다. 하나님께서 우리에게 코로나를 통해 일깨워주시고자 하는 뜻이 바로 이러한 교회 개혁을 준비하게 한 것은 아닌지 함께 기도하며 고민해 보았으면 합니다.

우리의 몸이 성전이라는 것, 그 속에 주님이 계시다는 것, 또 우리의 몸을 산 제물로 드리라는 것, 그리고 우리의 몸인 하나하나의 작은 성전들이 모여 크고 온전한 성전인 교회 공동체를 이루라는 것이 바로 복음적인 가르침입니다. 그러할 때 교회가 더 건강하고 견실해져서 참 열매를 맺을 수 있을 것이고, 세상의 모범이 되어 칭송을 받는 예배 공동체로 세워져 갈 것입니다.

## 하나님이 원하시는 복음적 삶 - 관계 회복

그렇다면 과연 복음적인 삶이 무엇인지 이제부터 구체적으로 살펴보도록 하겠습니다.

> "나는 내가 받은 은혜를 힘입어서, 여러분 각 사람에게 말합니다. 여러분은 스스로 마땅히 생각해야 하는 것 이상으로 생각하지 말고, 하나님께서 각 사람에게 나누어 주신 믿음의 분량대로, 분수에 맞게 생각하십시오." - 롬 12:3

복음의 핵심은 '과거의 잘못된 관계를 떠나 하나님 안에서 새로운 관계, 곧 하나님께서 창조하신, 원죄 이전의 관계와 질서를 회복하는 것'입니다. 이는 곧 하나님께서 내 존재 전체의 주님이 되어 주신다는 것을 의미합니다.

'과거에는 내가 세상이나 사람들을 의지하고 살았지만, 그래서 그것들이 나를 병들고 상처받게 하였지만, 이제 하나님이 나의 아버지가 되시니

이 모든 것을 미련 없이 떠날 수 있게 되었다. 이제 그분이 내 속, 곧 나의 몸에 내주하시고 계신다. 하나님은 세상이나 사람과는 비교할 수 없는 능력을 갖고 계시며, 세상이나 사람이 주지 못하는 놀라운 기쁨과 충만한 사랑을 주신다. 그 하나님께서 내 속에 계시니 나는 이제 아무것도 필요치 않고 하나님만으로 만족하며 살 수 있다. 세상과 사람들은 나를 아프게만 할 뿐, 아무 도움도 안 되니 하나님으로만 만족하며 살겠다.'

우리는 당연히 이렇게 생각하곤 합니다. 물론 이러한 생각과 감정이 틀린 것은 아니지만, 그렇다고 나 자신과 하나님과의 관계에만 머문다면, 그것은 복음을 전체적으로 이해하지 못한, 편협한 이해로서 잘못된 결과를 초래할 수 있습니다. 복음적인 삶에 있어서 가장 중요한 것이 관계 회복이기 때문입니다.

복음이란 하나님과 내가 원수 되었던 관계가 회복되는 것입니다. 물론 하나님만 계시면 아무것도 필요치 않은 게 사실이지만, 그렇다고 하나님께만 고립되는 것은 복음적인 삶이 아닙니다. 하나님과의 관계가 회복된 것처럼 땅에서의 관계도 회복되어야 합니다. 그것이 복음적인 삶입니다. 이웃과의 관계 회복, 이것이 복음적인 삶의 가장 중요한 핵심이라는 말입니다. 하나님이 너무 좋아서 하나님과 사는 것만이 좋은 신앙이요, 복음적인 삶이라고 생각하기 쉽지만, 진정 내가 하나님과의 관계가 회복되었다면 과거에 어긋났던 이웃과의 관계도 자연스럽게 회복될 수밖에 없습니다.

복음의 기쁨을 누린 다음, 우리에게 나타날 수 있는 가장 위험한 것이 바로 사람과의 단절입니다. 왜냐하면 '하나님은 너무나 좋으시고 사랑과 능력이 많으시다'는 생각에 그 사랑과 능력에 빠져서 '하나님께서는 나만 사랑하신다'는 유아독존식의 착각을 할 수 있기 때문입니다. 그래서 '마땅히 생각해야 하는 것 이상으로 생각하지 말라'고 하신 것입니다.

하나님이 나만 사랑하신다는 생각은 잘못된 것입니다. 하나님께서 나에게 넘치는 사랑과 큰 은혜를 주신 건 사실이지만, 그렇다고 그게 나에게만 주신 것이 아니라는 것, 각 사람에게 믿음의 분량대로 나누어 주셨다는 사실을 인정해야 합니다. 그러므로 은사와 표적을 통해 얻은 자기만의 확신을 다른 이에게 강요해서는 안 되는 것입니다. 그렇게 한다면 사람과의 관계가 끊어져 버리기 때문입니다.

하나님께서는 제게 복음을 이해하고 전할 수 있는 말씀의 은사와 내적치유의 은사를 주셨습니다. 하지만 제 믿음의 분량만큼 주셨습니다. 그리고 제가 하지 못하는 부분은 또 다른 사람에게 은사로 주셨습니다. 이렇게 하나님은 각각의 사람에게 은사를 나누어 주셨습니다. 내적치유 공동체 안에서도 제가 맡은 부분은 극히 일부분입니다. 그러므로 모든 내적치유 과정이 반드시 나 한 사람만을 통해서 이루어져야 한다고 믿는다면, 그것이 바로 '마땅히 생각해야 하는 것 이상으로 생각하는 것'일 것입니다.

성경에 말하기를 '우리의 몸이 곧 하나의 성전이요(고전 3:16), 하나님의 나라(벧전 2:9)'라고 했습니다. 그것은 완전하다는 뜻입니다. 그리스도께서 우리 각자에게 나눠 주신 분량에 따라 은혜의 선물이 다 다릅니다. 하나님께서 그렇게 하신 이유는 한 사람 한 사람을 온전케 하여 그리스도의 몸인 교회로 자라나게 하시기 위해서입니다. 그래서 복음을 접한 다음에는 반드시 그리스도의 삶, 교회 안에서 한 몸을 이루는 삶이 있어야 합니다. 만일 혼자서만 독자적으로 무언가를 이루려고 애쓰고 있다면 그것은 복음적인 생각이 아닐 것입니다. 복음의 삶은 반드시 지체로서의 삶이어야 합니다. 각 사람에게 믿음의 분량대로 나눠 주신 것들이 종합되어 그리스도의 온전한 한 몸을 이루는 것입니다. 나도 그리스도의 몸이지만 나 혼자 할 수 없음을 인정하고, 지체를 향해서 나아가야 합니다. 이것이 복음적 삶에 있어서 가장 기본적이고도 중요한 내용입니다.

이것을 위해서 하나님께서는 모든 사람에게 각각 다른 은사를 주셨습니다. 내가 다 할 수 없습니다. 아무리 다방면에 은사와 능력이 많다 하더라도 한 사람이 모든 것을 다 할 수는 없는 것입니다. 팔이 온몸의 역할을 다 할 수 없고, 오른팔이 왼팔의 역할을 대신할 수도 없습니다. 복음적인 삶은 서로 연합되고 하나 되도록 하는 것이지 유아독존식으로 고립되어 행하는 것이 아닙니다.

하나님께서는 이것을 위해서 은사와 더불어 성령의 열매도 주셨습니다. 성령의 열매는 은사를 가진 각각의 지체가 하나가 되도록 연결해 주는 고리입니다. 교회 공동체의 각 지체가 몸 된 성전으로 세워져야 합니다. 교회는 단순히 목회자와 평신도라는 계급으로 이루어진 조직이 아닙니다. 우리의 몸과 같이 서로 유기적으로 연결되어 움직이는, 살아있는 몸이어야 합니다. 몸의 각 지체가 모두 평등하게 존중받으며 하나가 되어 움직이듯, 교회의 지체들도 모두가 평등하게 존중받으며 하나가 되어야 합니다. 각자가 거룩한 제사장이 되어 더 큰 공동체의 제사장이신 주님을 섬기고 예배해야 합니다. 교회의 지체 개념은 그리스도의 몸 된 교회의 가장 중요한 의미입니다. 단순한 상징이 아닙니다. 교회는 실제 살아있는 몸이어야 합니다. 유기체이어야 합니다. 로봇이나 기계가 아닙니다. 조직이 아닙니다. 주님의 살아있는 몸, 주님의 실제 몸이어야 합니다.

"하나님께서 우리에게 주신 은혜를 따라, 우리는 저마다 다른 신령한 선물을 가지고 있습니다. 가령, 그것이 예언이면 믿음의 정도에 맞게 예언할 것이요, 섬기는 일이면 섬기는 일에 힘써야 합니다. 또 가르치는 사람이면 가르치는 일에, 권면하는 사람이면 권면하는 일에 힘쓸 것이요, 나누어 주는 사람은 순수한 마음으로, 지도하는 사람은 열성으로, 자선을 베푸는 사람은 기쁜 마음으로 해야 합니다." — 롬 12:6~8

위의 말씀에서 '모든 일을 정도에 맞게 성실함과 기쁨으로 하라'고 하십니다. 이것이 성령의 열매입니다. 성령의 열매가 없이는 은사가 바른 역할을 할 수 없습니다. 왜냐하면 은사는 지체를 서로 섬기라고 주신 것이기 때문입니다. 성령의 열매로 섬기지 않는다면, 은사가 지체를 하나 되게 하지 못할 뿐만 아니라 오히려 은사로 인해 갈등이 일어날 수도 있습니다. 그러므로 은사는 반드시 열매와 같이 사용되어야 합니다. 은사와 열매는 자랑하라고 주신 것이 아니라 지체를 하나로 온전케 하라고, 그리고 서로 섬기라고 주신 것입니다.

모든 은사를 가능하게 하는, 가장 대표적인 성령의 열매는 바로 사랑입니다. 사랑 속에 모든 게 다 들어있습니다. 그래서 우리는 은사를 사용할 때 사랑으로 해야 합니다. 은사들을 엮어 주는 끈이 바로 성령의 열매, 곧 사랑입니다. 이것은 고린도전서 13장에 나오는 사랑입니다.

"사랑에는 거짓이 없어야 합니다. 악한 것을 미워하고, 선한 것을 굳게 잡으십시오. 형제의 사랑으로 서로 다정하게 대하며, 존경하기를 서로 먼저 하십시오. 열심을 내어서 부지런히 일하며, 성령으로 뜨거워진 마음을 가지고 주님을 섬기십시오. 소망을 품고 즐거워하며, 환난을 당할 때에 참으며, 기도를 꾸준히 하십시오. 성도들이 쓸 것을 공급하고, 손님 대접하기를 힘쓰십시오. 여러분을 박해하는 사람들을 축복하십시오. 축복을 하고, 저주를 하지 마십시오. 기뻐하는 사람들과 함께 기뻐하고, 우는 사람들과 함께 우십시오. 서로 한 마음이 되고, 교만한 마음을 품지 말고, 비천한 사람들과 함께 사귀고, 스스로 지혜가 있는 체하지 마십시오. 아무에게도 악을 악으로 갚지 말고, 모든 사람이 선하다고 생각하는 일을 하려고 애쓰십시오. 여러분 쪽에서 할 수 있는 대로 모든 사람과 더불어 화평하게 지내십시오. 사랑하는 여러분, 여러분은 스스로 원수를 갚지 말고, 그 일은 하나님의 진노하심에 맡기십시오. 성경에도 기록하기를 '원수 갚는 것은 내가 할 일이니, 내가 갚겠다고 주님께서 말씀하신다' 하였습니다. '네 원수가 주리거든 먹을 것을 주고, 그가 목말라 하거든 마실 것을 주어라. 그렇게 하는 것은, 네가 그의 머리 위에다가 숯불을 쌓는 셈이 될 것이다' 하였습니다. 악에게 지지 말고, 선으로 악을 이기십시오." ─ 롬 12:9~21

물론 우리가 이것을 다 지킬 수는 없을 것입니다. 그러나 그렇게 못할 때는 억지로 하려고 노력하지 말고 자신을 다시 한번 진단해 보아야 합니다. 과연 내가 복음적인지, 내 속에 예수님이 충만한지를 말입니다. 내 속에 예수님이 계시면, 그분이 이를 행하실 것이기 때문입니다.

나 자신을 예수님 앞에 드림으로써, 내가 십자가와 부활에 연합하여 내 속에 예수님이 점점 충만해질 때, 우리는 믿음으로 사랑의 삶을 이룰 수 있습니다. 그래서 우리가 진정으로 하나 될 때, 나는 그 지체 중에 나의 분량만큼 열심히 사랑과 즐거움으로 섬기게 될 것입니다. 이제 우리는 세상을 떠났습니다. 세상으로 가지 않아도 더 이상 아쉬울 게 없습니다. 지체와 더불어 사랑을 나누고 섬기고 기뻐하며 살 수 있기 때문입니다.

## 복음적인 삶과 세상과의 관계 - 진단과 복음 전파

이처럼 복음은 우리가 세상을 떠나 하나님과 지체의 사랑 가운데 거할 수 있게 해 주지만, 그렇다고 세상과 단절된 삶을 살라는 것은 아닙니다. 과거에 잘못되었던 세상과의 관계, 세상에 종속되었던 관계를 청산하고 떠나라는 것이지, 모든 인간관계를 다 단절해야 한다는 뜻은 아닙니다. 오히려 복음 안에서 더 바른 관계를 맺음으로써 더 적극적으로 나아가라고 권하고 있습니다.

> "사람은 누구나 위에 있는 권세에 복종해야 합니다. 모든 권세는 하나님께로부터 온 것이며, 이미 있는 권세들도 하나님께서 세워주신 것입니다. 그러므로 권세를 거역하는 사람은 하나님의 명을 거역하는 것이요, 거역하는 사람은 심판을 받게 될 것입니다. 치안관들은, 좋은 일을 하는 사람에게는 두려울 것이 없고, 나쁜 일을 하는 사람에게만 두려움이 됩니다. 권세를 행사하는 사람을 두려워하지 않으려거든, 좋은 일을 하십시오. 그러면 그에게서 칭찬을 받을 것입니다." — 롬 13:1~3

뜻밖에도 1절 말씀은 세상의 권세에 복종하라고 하십니다. 하나님께 순종하듯이 세상의 권세에 순종하라는 것입니다. 그리스도와 지체에게 하듯이 세상 모든 사람에게도 성실하게 하라고 하십니다. 복음적인 삶을 사는 사람은 교회와 지체 안에서만이 아니라 세상에서도 똑같이 성령의 열매로 살아야 한다는 것입니다.

이것이 우리가 구원받기 전과 똑같이 살라는 뜻일까요? 주중에는 세상을 탐닉하고 주일날은 교회를 섬기는 식으로, 그렇게 이중적으로 살라는 것일까요? 아닙니다.

일단 우리는 세상을 떠나야 합니다. 이것은 꼭 필요한 과정입니다. 우리가 세상으로 가면 우리는 세상에 의해 병들고 얻어맞게 되어 있습니다. 세상의 포로가 됩니다. 그러므로 이것은 먼저 세상을 떠난 후, 점점 복음과 지체 안에서 건강해진 다음에, 세상과의 관계를 회복하기 위해 다시 세상으로 가라는 뜻입니다.

우리가 왜 세상과의 관계를 굳이 회복해야 할까요? 어차피 나는 구원을 받았는데, 그리고 세상은 여전히 악한데, 왜 우리가 세상으로 가서 세상과 화목한 관계를 가져야 할까요? 여기에는 몇 가지 필연적인 이유가 있습니다.

첫째, 우리가 세상에 가야 하는 이유는 자기 자신을 진단하기 위해서입니다. 우리가 거룩한 곳(교회 공동체 안)에서만 살면 죄를 지을 기회는 적어지겠지만, 이때 아주 위험한 점이 있습니다. 바로 종교화되는 위험입니다. 즉 자기가 정말로 경건하고 의로운 줄로 착각하며 살 수 있다는 것입니다. 제 생활의 대부분이 내적치유와 관계되어 있습니다. 만나는 사람들도 교회 안의 성도들이 대부분이어서 세상과 관계할 틈이 별로 없습니다. 그래서 나 자신이 굉장히 경건한 사람인 양 착각하는 수가 있습니다. 그러나 어쩌다 세상과 관계된 모임에 나가 보면 나 자신이 별로 변화된 것이 없음을 알게 됩니다. 내 속에 상함과 욕심이 아직도 그대로 있음을 보게 됩니다.

우리는 우리 속의 욕심을 다 내려놓았다고 생각하지만, 막상 백화점에 가서 좋은 물건들을 보거나 부유한 사람들을 만나 보면 결코 그렇지 않은 걸 알 수 있습니다. 세상은 이렇게 나를 진단하는 X-ray와 같은 기능을 합니다. 세상에 가지 않으면 나를 진단할 수가 없습니다.

명절이 되어 시댁에 가 어쩔 수 없이 만나야 하는 불편한 시댁 식구들이 있어도, 시댁에 가지 않으면 자신은 문제가 없는 사람인 줄 착각하게 됩니다. 그러나 시댁에 가면 여전히 또 미워하고 시기하는 자신의 모습을 보게 됩니다. 그럴 때 그 모임은 나를 진단하는 도구가 되는 것입니다. 그 사람들과 그 모임이 나를 그렇게 만드는 것이 아니라 내 속에 이미 있던 문제가 그들을 통해 드러나는 것뿐입니다. 이와 같이 우리는 세상에 나가서 스스로를 진단해 볼 필요가 있습니다.

세상의 권세에 대해서도 마찬가지입니다. 세상 권세가 옳은 판단을 할 때에는 순종하는 게 크게 어렵지 않겠지만, 부당하다고 생각될 때에는 순종하기가 어렵습니다. 그렇다고 이 말씀이 세상 권세에 무조건 복종하라는 뜻은 아닙니다. 이것 역시 하나의 자기진단을 위한 것입니다. 하나님께서 우리에게 세상 권세에 복종하라고 하신 것은 우리 자신을 진단하게 하시기 위해서입니다. 종교화되지 말라는 뜻입니다. 자신이 보기에는 스스로 거룩한 것처럼 보이지만, 이 또한 환상일 수 있기에, 세상에 가 봐야 우리의 진짜 모습을 알 수 있다는 것입니다. 아직도 나에게 얼마나 많은 분노와 욕심, 부자유함이 있는지를 세상 속에서 진단해 보라는 것입니다. 그러나 주의할 점은 진단하러 세상에 갔다가 또다시 그 속에 빠지고 묶여서는 안 된다는 것입니다. 세상은 치료하는 곳이 아닙니다. 세상은 진단을 위한 곳일 뿐입니다. 치료는 복음 안에서 이루어져야 합니다.

둘째, 우리가 세상에 가야 하는 이유는 그들에게 복음을 전파하기 위해서입니다. 그들이 예수라는 이름도 알고 있고, 늘 교회의 십자가를 보며 살지만, 정작 누군가 복음적 삶을 보여주지 않는다면 그들은 끝내 복음을 알 수 없기 때문입니다. 예수님이 누구신지 그들에게 직접 보여주는 사람이 필요합니다. 물론 아직 우리가 완전하지는 않지만, 그래도 부분적으로나마 그들에게 보여주어야 합니다. 그들을 만나서 당장 전도하라는 것이 아니라, 세상의 것과 복음이 어떻게 다른지 먼저 보여 줘야 한다는 것입니다. 그러기 위해서는 우리 자신이 먼저 세상으로부터 자유로워져야 합니다.

세상을 싫어하고 멀리한다고 해서 세상으로부터 자유로운 게 아닙니다. 그런 사람은 대개 마음속에 억압이 있는 것뿐입니다. 세상 속으로 가서 자신을 억압하거나, 그들을 종교적, 율법적으로 대하라는 것이 아닙니다. 세상에 얽매임이 없는 자유함 가운데 사랑으로 대해야 합니다.

"여러분은 지금이 어느 때인지 압니다. 잠에서 깨어나야 할 때가 벌써 되었습니다. 지금은 우리의 구원이 우리가 처음 믿을 때보다 더 가까워졌습니다. 밤이 깊고, 낮이 가까이 왔습니다. 그러므로 우리는 어둠의 행실을 벗어버리고, 빛의 갑옷을 입읍시다. 낮에 행동하듯이, 단정하게 행합시다. 호사한 연회와 술취함, 음행과 방탕, 싸움과 시기에 빠지지 맙시다. 주 예수 그리스도로 옷을 입으십시오. 정욕을 채우려고 육신의 일을 꾀하지 마십시오." ─ 롬 13:11~14

예수님은 죄인들(율법적인 기준으로 볼 때)과 함께 사셨습니다. 하지만 예수님은 죄인들 틈에서 율법을 지키기 위해 긴장하며 사시지 않았습니다. 오히려 자유함 가운데 경건함을 보이셨습니다. 예수님이 그렇게 사셨다면 우리 역시 우리 속에 계신 예수님과 더불어 세상 속에서 그렇게 살 수 있을 것입니다.

세상 사람들을 판단하거나 적대시하면서, 자신의 경건함을 유지하기 위해 자신을 율법으로 억압하고 긴장하며 살라는 뜻이 아닙니다. 복음을 통해 예수님께서 자연스럽게 내 속에서 이 일을 행하시도록 하라는 것입니다. 이것이 바로 예수님이 내 안에 사는 삶, 복음적 삶입니다. 또한 구원받은 이후에 우리가 복음 안에서 세상과 가져야 할 바른 관계이기도 합니다. 이처럼 하나님께서는 세상과의 관계를 회복하라고 우리에게 복음을 주셨습니다. 관계 회복이 곧 복음입니다!

## 하나님과의 관계 회복을 통해 이루는 복음적 관계
### - 긍휼과 자비

그렇다면 우리는 세상과 사람들을 향하여 어떤 관계를 이루며 살아가야 할까요? 이제부터는 복음적 관계의 원리를 살펴보도록 하겠습니다. 이에 관한 내용이 14장과 15장 말씀에 잘 나타나 있습니다. 한마디로 말하면 세상과의 관계 회복은 하나님과 나와의 관계가 회복되는 원리와 같습니다.

　죄인이며 무력하고 상한 자였던 우리를 하나님께서는 불쌍히 여기시고 용납하셨습니다. 그리고 그분이 우리의 모든 것을 대신하셨을 뿐 아니라 새롭게 하시고 우리 속에서 하나님의 의를 이루셨습니다. 한마디로 그것은 사랑이었습니다.

　사랑이란 무엇일까요? 사랑을 말할 때, 우리는 사랑의 감정적인 면만을 생각하기 쉬우나 사실 사랑에는 감정 이전에 반드시 포함되어야 할 요소들이 있습니다. 사랑 속에는 긍휼과 자비와 용납함이 있어야 하고, 상대방의 것을 대신 짊어짐이 있어야 하며, 또한 그 속에 반드시 새로운 의가 있어야 합니다. 의의 열매가 있어야 한다는 것입니다. 사랑한다고 하면서 불의를 강요할 수는 없습니다. 율법을 완성하는 것이 사랑이기 때문입니다. 그래서 사랑의 최종 목표는 바로 의입니다. 그리고 사랑을 통해서만 의에 도달할 수 있습니다. 이러한 모든 것들이 다 모여서 사랑을 이루는 요소가 됩니다.

　사랑을 경험하는 것이 바로 복음입니다. 우리가 하나님과의 관계가 회복되면 그 속에서 이러한 사랑을 경험할 수 있습니다. 이웃과의 관계도 하나님과의 관계처럼 복음과 사랑 안에서 회복되어야 합니다. 만일 이웃과의 관계가 회복되지 않았다면 그것은 내가 하나님과 복음적 관계로 회복되지 않았다는 사실에 대한 반증입니다. 내가 긍휼함을 입었다는 것을 안다면, 다른 사람이 조금 부족하다고 해서 어떻게 그를 탓할 수 있겠습니까? 비판하고 판단할 수가 없습니다. 나 역시 죄인이었고 불쌍한 사람이었지만 하나님의 긍휼을 입었다는 사실을 기억할 때, 우리가 어떤 사람을 보아도 불쌍히 여기는 마음이 생길 것입니다. 구원받았다고 하면서 아직도 긍휼과 자비가 없다면 그는 아직 긍휼함을 입지 않은 사람입니다. 복음을 경험하지 못한 사람이라는 말입니다.

복음 속에는 분명 이러한 긍휼과 자비가 있습니다. 또한 용납이 있습니다. 내가 용납을 받았으므로 나 역시 다른 사람을 용납하게 되는 것입니다. 내가 다른 사람을 용납하지 못한다면 그것은 나 자신이 아직 용납받지 못했다는 증거입니다. 내가 아직도 조건을 내세우며 하나님 앞에서 인정받으려고 하기 때문에 다른 사람에게도 조건을 요구하는 것입니다. 그리고 그가 그 조건을 갖추지 못한 걸 보면 그를 무시하고, 용납하지 못하게 되는 것입니다.

나는 다른 사람들과 하등 다를 것이 없습니다. 다르다면 그것은 하나님께서 주신 선물 덕분이지 내가 잘나서가 아닙니다. 그러므로 내가 용납받은 자임을 아는 한, 복음의 내용이 내 속에 살아 있기 때문에 다른 사람을 저절로 용납하게 됩니다. 율법적으로, 억지로 용납하는 게 아닙니다. 그리고 그들의 어려움과 아픔을 함께 지려 합니다. 내가 겪어야 할 어려움과 아픔들을 주님께서 대신 다 져 주셨는데, 이제 내가 누구에게 그 책임을 미루겠습니까? 완벽하게 다 할 수는 없다 하더라도, 적어도 나누어 질 수 있는 것들을 나누어 지게 됩니다. 나누고 섬기게 됩니다. 주님이 나를 섬기셨듯이 나 역시 다른 사람들을 섬길 수 있게 되는 것입니다.

또한 내 속에도 하나님의 의가 있지만, 다른 사람과의 관계 속에서도 하나님의 의와 선하심을 이루게 됩니다. 믿음의 지체와의 관계든, 세상과의 관계든 이렇게 회복될 때에만이 복음적인 관계를 맺고 사는 것이라고 할 수 있습니다. 이게 바로 예수님이 우리에게 오셔서 해주시는 일이고, 회복시켜 주시는 관계입니다. 이게 바로 하나님께서 가장 기뻐하시는 일입니다. 말로만 하나님을 사랑하고 예수님을 사랑한다고 하는 것은 아무 의미가 없습니다. 이러한 복음적 관계가 회복되지 않는다면 그것은 사랑이 아니기 때문입니다. 그래서 이 복음적 관계야말로 가장 핵심적이고 중요한 것이라고 볼 수 있습니다. 우리가 성경을 아무리 열심히 읽고, 봉사나 사역을 아무리 열심히 한다 해도 복음적 관계가 없으면 소용이 없습니다. 하지만 이때 잊지 말아야 할 것은, 복음적 관계 회복이 잘 되지 않는다고 해서 이를 노력으로 얻을 수 있다고 생각해서는 안 된다는 사실입니다. 우리는 그저 내 속에 사랑과 섬김이 없다는 사실을 인정하고 드러냄으로써 하나님의 긍휼하심을 받을 수 있도록 복음 가운데 더 적극 나아가기만 하면 되는 것입니다.

> "여러분은 믿음이 약한 이를 받아들이고, 그의 생각을 시비거리로 삼지 마십시오. 어떤 사람은 모든 것을 다 먹을 수 있다고 생각하지만, 믿음이 약한 사람은 채소만 먹습니다. 먹는 사람은 먹지 않는 사람을 업신여기지 말고, 먹지 않는 사람은 먹는 사람을 비판하지 마십시오. 하나님께서는 그 사람도 받아들이셨습니다." — 롬 14:1~3

사도 바울은 믿음이 약한 자, 먹지 않는 자를 업신여기지 말라고 권고합니다.

"그런데 어찌하여 그대는 형제나 자매를 비판합니까? 우리는 모두 다 하나님의 심판대 앞에 서게 될 것입니다. 성경에는 이렇게 기록되어 있습니다. '주님께서 말씀을 하신다. 내가 살아 있으니, 모든 무릎이 내 앞에 꿇을 것이요, 모든 입이 나 하나님을 찬양할 것이다' 그러므로 우리는 각각 자기 일을 하나님께 사실대로 아뢰어야 할 것입니다." ― 롬 14:10~12

하나님 앞에서는 우리 모두가 똑같습니다. 믿음이 깊거나, 은사가 많거나, 신학적 지식이 많은 것은 중요하지 않습니다. 겉에 보이는 것으로 판단하지 말아야 합니다. 우리 모두가 하나님의 은혜와 긍휼과 자비를 입었기 때문에 그 누구도 비판할 수 없으며, 그 누구도 자기를 자랑할 수 없습니다. 우리는 다 죄인이었습니다. 만약 우리가 지금 가진 게 있다면 그것은 하나님께서 주신 것입니다. 그것을 가지고 다른 사람을 판단하고 멸시할 수는 없는 것입니다.

"그러므로 이제부터는 서로 남을 심판하지 마십시다. 형제자매 앞에 장애물이나 걸림돌을 놓지 않겠다고 결심하십시오. 내가 주 예수 안에서 알고 또 확신하는 것은 이것입니다. 무엇이든지 그 자체로 부정한 것은 없고, 다만 부정하다고 여기는 그 사람에게는 부정한 것입니다. 그대가 음식 문제로 형제자매의 마음을 상하게 하면, 그것은 이미 사랑을 따라 살지 않는 것입니다. 음식 문제로 그 사람을 망하게 하지 마십시오. 그리스도께서 그 사람을 위하여 죽으셨습니다. 그러므로 여러분이 좋다고 여기는 일이 도리어 비방거리가 되지 않도록 하십시오. 하나님의 나라는 먹는 일과 마시는 일이 아니라, 성령 안에서 누리는 의와 평화와 기쁨입니다." ― 롬 14:13~17

하나님의 나라는 보이는 것, 거룩한 것, 엄숙한 것이 아닙니다. 보이는 것을 기준으로 하지 않습니다. 하나님의 나라는 관계의 회복입니다. 서로 화평하고 용납하며 하나 되는 것이 바로 하나님의 나라입니다. 하나님은 모든 것을 받으십니다.

만일 외적인 조건으로 누군가를 거부하는 사람이 있다면 그것은 거부당하는 사람이 문제가 아니라 거부하는 사람이 문제입니다. 실은 거부하는 사람 속에 거부되고 감추어진 것이 있는 것입니다. 우리는 사람을 외적인 것으로 얼마나 많이 판단합니까? 학벌과 교양과 도덕, 관습 등으로 얼마나 많이 판단하고 거부합니까? 겉모습이 얼마나 거룩하든, 얼마나 도덕적이고 윤리적이든, 우리 모두는 다 죄인입니다. 그런 우리를 하나님께서 다 받아주셨습니다. 하나님께서는 세리와 창녀, 심지어 살인자까지도 다 받아주셨습니다. 우리가 만약 하나님께서 원치 않는 일을 하면서, 그게 마치 하나님의 일인 양 착각하며 평생을 고생한다면 이 얼마나 어리석고 억울한 일일까요? 우리는 하나님께서 진정으로 원하시는 것이 무엇인지를 알아야 합니다. 그래야 하나님께서 원하시는 것을 할 수 있습니다. 하나님께서 원하시는 것은 남을 판단하지 않는 것, 더 적극적으로는 그를 도와주고 섬기는 것입니다. 긍휼과 자비, 용납으로 끝나는 것이 아니라 그들의 연약함, 부족함마저 대신 담당하는 것을 하나님께서는 원하시는 것입니다.

"믿음이 강한 우리는 믿음이 약한 사람들의 약점을 돌보아 주어야 합니다. 우리는 자기에게 좋을 대로만 해서는 안 됩니다. 우리는 저마다 자기 이웃의 마음에 들게 행동하면서, 유익을 주고 덕을 세워야 합니다. 그리스도께서도 자기에게 좋을 대로만 하지 않으셨습니다. 성경에 기록하기를 '주님을 비방하는 자들의 비방이 내게 떨어졌다' 한 것과 같습니다. 무엇이든지 전에 기록한 것은, 우리에게 교훈을 주려고 한 것이며, 성경이 주는 인내와 위로로써, 우리로 하여금 소망을 가지게 하려고 한 것입니다. 인내심과 위로를 주시는 하나님께서, 여러분이 그리스도 예수를 본받아 같은 생각을 품게 하시고, 한 마음과 한 입으로 하나님 곧 우리 주 예수 그리스도의 아버지께 영광을 돌리게 해주시기를 빕니다." ─ 롬 15:1~6

이 말씀은 한마디로 예수 그리스도를 본받으라는 뜻입니다. 그리스도께서 우리에게 하신 것처럼 우리도 똑같이 하라는 것입니다. 의로우신 예수님이 우리를 대신하셨듯이 우리도 그렇게 하라는 것입니다. 그것이 예수님이 원하시는 것입니다. 내 속에서 예수님이 원하시는 것이 무엇인지 매일매일 그 음성을 듣고 행하는 것이 바로 거룩한 산 제물입니다.

그러므로 우리는 자비와 긍휼을 베풀어야 합니다. 이웃을 용납하고, 그들의 아픔과 어려움을 대신 져 줘야 합니다. 집 없는 사람이나 자기 집에 찾아온 사람을 기쁘게 가족처럼 돌봐야 합니다. 나그네를 돌봐야 합니다. 우리 주위에 있는 고아와 과부, 장애우, 가난한 자, 아프고 외로운 자를 돌봐야 합니다. 그들을 판단하고 비난할 것이 아니라 우리가 가진 것으로 그들과 나누어야 합니다. 하나님께서 우리를 강건케 하시고 부유하게 하신 것은 자랑하거나 혼자만 누리라고 주신 것이 아니라 다른 사람과 나누고, 그들의 짐을 대신 져 주라고 주신 것이기 때문입니다.

## 복음적 삶을 나눔 - 선교하는 삶

예수님께서는 지금 내 속에서 무엇을 하고 계실까요? 외로운 자들, 나그네와 고아와 과부들을 찾고 계십니다. 장애우들과 힘없는 노인들과 버림받은 자들을 찾고 계시는 것입니다. 이러한 예수님의 음성을 듣고, 하나님께서 내게 주신 축복을 그들과 나누어야 합니다. 나누는 것이 바로 복음적 삶입니다. 이를 율법적으로 강행하라는 것이 아닙니다. 나는 하지 못하지만, 내 속에 계신 예수님께서 하실 수 있습니다. 사람들을 직접 찾아다니며 하지는 못 한다 하더라도, 적어도 자신에게 찾아오는 사람에게만이라도 해 보십시오. 믿음의 분량이 적어서 아직 많이는 하지 못 한다 하더라도, 믿음의 분량만큼이라도 해보십시오. 미세한 음성이라도 순종해 보십시오. 그럼 성령님께서 점점 더 많이 할 수 있게 도와주실 것입니다. 예수님께서 내게 하셨던 것처럼 우리도 그들에게 해야 합니다. 이것이 바로 선교의 기초입니다.

이처럼 하나님께서 우리에게 복음적 삶을 살아가도록 하시는 궁극적 목적은 복음을 전파하는 것입니다. 복음이 무엇이라는 것을 보여주라고, 그 속의 예수 그리스도를 전파하라고, 우리에게 복음적 삶을 살도록 하시는 것입니다.

"그러므로 그리스도께서 하나님의 영광을 드러내시려고 여러분을 받아들이신 것과 같이, 여러분도 서로 받아들이십시오. 내가 말하는 것은 이러합니다. 그리스도께서는 하나님의 진실하심을 드러내시려고 할례를 받은 사람의 종이 되셨으니, 그것은 하나님께서 조상에게 주신 약속들을 확증하시고, 이방 사람들도 긍휼히 여기심을 받아서, 하나님께 영광을 돌리게 하시려고 한 것입니다. 기록된 바 '그러므로 내가 이방 사람들 가운데서 주님께 찬양을 드리며, 주님의 이름을 찬미합니다' 한 것과 같습니다. 또 '이방 사람들아, 주님의 백성과 함께 즐거워하여라' 하였으며, 또 '모든 이방 사람들은 주님을 찬양하여라. 모든 백성들아, 주님을 찬양하여라' 하였습니다." — 롬 15:7~11

"하나님께서 이 은혜를 내게 주신 것은, 나로 하여금 이방 사람에게 보내심을 받은 그리스도 예수의 일꾼이 되게 하여, 하나님의 복음을 전하는 제사장의 직무를 수행하게 하시려는 것입니다. 그리하여 이방 사람들로 하여금 성령으로 거룩하게 되게 하여, 하나님께서 기쁨으로 받으실 제물이 되게 하시려는 것입니다. 그러므로 나는 하나님을 섬기는 일을 그리스도 예수 안에서 자랑스럽게 생각합니다. 그리스도께서 이방 사람들을 복종하게 하시려고 나를 시켜서 이루어 놓으신 것 밖에는, 아무것도 감히 말하지 않겠습니다. 그 일은 말과 행동으로, 표징과 이적의 능력으로, 성령의 권능으로 이루어졌습니다. 그래서 나는, 예루살렘에서 일루리곤에 이르기까지 두루 다니면서, 그리스도의 복음을 남김없이 전파하였습니다." — 롬 15:16~19

복음적 삶의 궁극적인 목적은 복음을 많은 사람의 삶 속에 전파하는 것입니다. 우리는 모두 복음을 전파해야 합니다. 선교가 무엇입니까? 선교는 바로 복음을 전파하는 것입니다. 그런데 복음이 무엇인지조차 보여주지 못하면서 말로만 선교를 한다면, 이는 오히려 복음의 진리를 방해하는 걸림돌이 될 수 있습니다. 처음에 잘못한 후, 나중에 이를 다시 고치려면 더 어렵습니다. 그러므로 처음부터 예수님이 사신 삶을 살면서, 복음적 삶을 그들에게 직접 보여주는 것이 선교의 첫걸음입니다.

바울은 예루살렘에서 일루리곤까지 두루 다니며 선교했습니다. 그는 자신의 삶을 통하여 예수님을 전했습니다. 물론 입술과 문서로도 복음을 전해야 합니다. 그렇게 복음적 삶과 입술로 전하는 선교는 동시적으로 이루어져야 합니다. 하지만 복음적 삶이 없이, 입술로만 복음을 전하는 것은 오히려 선교에 방해가 됩니다. 차라리 안 하는 것이 낫습니다.

우리가 어떻게 선교를 잘 준비할 수 있을까요? 복음적인 삶을 실습하면 됩니다. 복음적인 삶을 사는 사람은 어디를 가서 살든지 선교사적 삶을 살게 되어 있습니다. 예수님이 그 속에 계시기 때문입니다. 예수님이 그들 안에서 원하시는 것이 땅끝까지 복음을 전파하는 것인데 그들이 어떻게 복음 전파의 삶을 살지 않을 수 있겠습니까? 그래서 선교사로서 헌신한다는 것은 복음적 삶을 사는 것입니다. 복음적 삶이 없이 무조건 어디론가 떠난다고 해서 다 선교사가 아니라는 것입니다. 어디에서 사느냐가 중요한 게 아니라, 복음적 삶을 사는 게 더 중요합니다.

16장에서 바울은 사역을 돕는 지체들과 동역자들에게 여러 가지 문안을 하고 있습니다. 우리가 복음에만 집중하다 보면 자칫 너무 심각해질 수 있습니다. 너무 보이지 않는 것만을 추구해, 보이는 것들을 무시하는 경향으로 흐를 수 있습니다. 사도 바울은 보이지 않는 하나님의 원대한 계획과 심오한 깊이에 도달했지만, 그렇다고 해서 현세적인 삶을 무시하며 살지는 않았습니다. 오히려 현세적 삶의 사소한 부분까지도 관심을 가지는 섬세함을 보였습니다. 16장에서 바울은 한 사람 한 사람에 대해 친절하고 섬세하게 안부를 묻고 있습니다. 때로는 오빠 같고 형님 같습니다. 우리가 세상을 살아가면서 이런 사소한 것들을 무시해서는 안 됩니다. 인간관계는 서로 챙겨 주고, 전화해 주고, 부딪칠 때에 더 가까워집니다. 복음적인 삶은 심각하고 무미건조한 것이 아니라, 이처럼 일상적이고 재미있는 것입니다. 또 단순하고 소박합니다. 이렇게 우리는 하나님께서 주신 기쁨들을 사소한 일상생활 속에서도 재미있고 섬세하게 나눌 수 있어야 합니다.

## 복음을 방해하는 비복음과 복음의 신실성

마지막으로 사도 바울은 거짓 증언에 대해서 말하면서, 복음을 속이는 그럴듯한 이야기들이 많이 있을 것이라고 경고합니다.

> "형제자매 여러분, 내가 여러분에게 권합니다. 여러분이 배운 교훈을 거슬러서, 분열을 일으키며, 올무를 놓는 사람들을 경계하고, 멀리하십시오." – 롬 16:17

우리는 거짓 증언을 잘 분별해야 합니다. 복음을 거스르는 이상한 이론들이 있습니다. 금욕주의, 영지주의, 율법주의들이 처음엔 복음인 것 같았지만, 나중에는 복음을 혼돈케 하고 복음을 거스르는 비복음으로 판명난 것처럼 말입니다.

사도 바울은 여러 서신서를 통해, 이러한 세상의 거짓 교훈들에 대해 경각심을 가지라고 자주 경고했습니다. 거짓 복음을 분별하기 위해서는,

복음인 것 같지만 복음이 아닌 것들이 무엇인지 먼저 확실히 알아야 합니다. 그리고 복음이 아니라면, 아무리 그럴듯한 것이라도 거부해야 합니다. 다른 부차적인 것들은 다 용납하고 순종하더라도, 거짓 복음만큼은 떠나고 거부해야 합니다. 이것만은 꼭 지켜야 합니다. 매정하리만치 단호하게 끊어야 합니다.

이름만 예수고, 이름만 복음이어선 안 됩니다. 정말 복음이 무엇인지를 알고 지키는 삶이 그 속에 있어야 합니다. 그렇다고 복음이 아닌 것을 무조건 판단하여 외적으로 즉시 대적하라는 뜻은 아닙니다. 오랫동안 생각하고, 기도하고, 경고하면서, 진정한 복음이 무엇인지 가르침으로써 거짓 복음을 전하는 사람들을 바른 길로 지혜롭게 인도해야 합니다. 하지만 그럼에도 불구하고, 그들이 계속해서 완악하게 복음을 따르지 않을 때에는, 그들을 단호히 끊고 거부해야 합니다.

"하나님께서는 내가 전하는 복음 곧 예수 그리스도에 관한 선포로 여러분을 능히 튼튼히 세워주십니다. 그는 오랜 세월 동안 감추어 두셨던 비밀을 계시해 주셨습니다. 그 비밀이 지금은 예언자들의 글로 환히 공개되고, 영원하신 하나님의 명을 따라 모든 이방 사람들에게 알려져서, 그들이 믿고 순종하게 되었습니다. 오직 한 분이신 지혜로우신 하나님께, 예수 그리스도로 말미암아 영광이 영원무궁하도록 있기를 빕니다. 아멘." — 롬 16:25~27

복음은 하나님께서 영세 전부터 계획하신 것입니다. 신실하신 하나님께서 시작하신 것이므로 끝까지 완수하실 것입니다. 그러므로 복음적인 삶을 살 때, 때로 힘들고, 어렵고, 좌절될지라도 하나님께서 지켜주실 것을 믿고 흔들리지 말라고 하십니다. 끝까지 복음으로 견고하게 서라고 하십니다. 그리고 모든 영광을 하나님께 돌리라고 하십니다. 이것이 사도 바울이 내린 복음적 삶에 대한 결론입니다.

우리는 이제 복음이 무엇인지, 복음이 왜 좋은지 알게 됐습니다. 그러므로 이제는 복음적인 삶을 살아야 합니다. 그러나 세상은 복음적이지 않습니다. 너무나 많은 사람이 비복음적으로 살아가고 있습니다. 우리가 복음적인 삶을 살아갈 때, 저항이 있고, 아픔이 있고, 때로는 의심과 혼동이 있을 것입니다. 하지만 그때마다 이 복음적 삶이야말로 하나님께서 원하시고 계획하신 것이기에 하나님의 능력으로 인도해 주실 것을 믿고 흔들림 없이 복음 가운데 바로 서야 합니다. 그래야 복음적인 삶을 살 수 있습니다.

복음적 삶에 있어서 가장 중요한 것이 사랑입니다. 우리는 하나님을 위해서 산다고 하면서 너무나 쓸데없는 일을 많이 합니다. 무엇보다 가장 중요한 본질-관계 회복과 사랑-을 위해 살아야 합니다. 사랑이 없는 그 어떤 것도, 하나님께서는 원치 않으십니다. 우리는 하나님께서 원하시는 일에 집중해서, 효율적으로 살아야 합니다. 즉 사랑해야 한단 말입니다. 사랑이 없는 우리의 삶은 헛된 것이기 때문입니다. 내 삶 가운데 과연 사랑이 얼마나 많은지, 내 신앙과 사역 가운데 과연 사랑이 얼마나 있는지 매 순간 확인해 봐야 합니다. 사랑이 없다는 것은 내 속에 복음이 없다는 사실의 반증이기 때문입니다. 복음을 매일매일 체험하고 있는 사람은 하나님의 사랑을 체험하고 있는 사람입니다.

우리에게 하나님의 사랑이 있다면, 그 사랑이 어찌 밖으로 넘쳐흐르지 않겠습니까? 그러나 사랑이 없다고 걱정할 필요는 없습니다. 의지적으로, 억지로 사랑하려고 노력하지 마십시오. 다시 복음으로 돌아가면 됩니다. 그럼 그 속의 용납과 사랑이 내 속에 채워지고 언젠가는 나의 이웃에게 흘러나올 것입니다. 이 사랑을 우리에게 주시려고 하나님께서는 그토록 오랫동안 준비하시고 기다리셨습니다. 우리에게 독생자 예수 그리스도를 주시기까지, 그 사랑을 이루시기 원하셨던 것입니다!

사랑의 주님을 찬양합니다! 주님, 사랑의 왕으로 오시옵소서! 우리를 사랑으로 다스려 주옵소서! 주님을 사랑합니다!

## 질문과 나눔

1. 자신의 삶과 열매로 자신이 누리는 복음의 상태를 어떻게 진단할 수 있을까요?
2. 세속적인 삶과 복음적인 삶의 결정적인 차이는 무엇이라 생각하십니까?
3. 복음으로 인해 이웃과의 관계가 어떻게 변화되었다고 생각하십니까?
4. 자신의 은사는 무엇이고 이를 어떻게 사용하고 계십니까?
   자신을 포함해서 은사로 인해 관계에 문제가 생긴 경우를 본 적이 있습니까?
   그 이유는 무엇이라고 생각하십니까?
5. 복음 이후 세상을 어떻게 생각하며 관계하고 살아가고 있습니까?
6. 이웃을 판단하지 않고 용납하고 용서하며 살아가고 있습니까?
7. 이웃을 얼마나 자비와 사랑으로 섬기고 나누며 살아가고 있습니까?
8. 세상 속에서 복음을 어떻게 보여주며 전하고 있습니까?
9. 복음을 방해하는 사이비나 비복음적인 것이 어떠한 것이 있는지 나누어 봅시다.

## 다시 들어야 하는 복음

**초판 1쇄 발행** 2021년 6월 29일

**지은이** 이성훈
**발행인** 이의영

**펴낸곳** 도서출판 성인덕
**출판등록** 제2019-000115호
**주소** (06241) 서울시 강남구 테헤란로4길 46, 100동 118호(역삼동, 쌍용플래티넘밸류)
**전화** 02-564-0602
**팩스** 02-569-2917

ISBN 979-11-966783-6-4(03230)

- 책값은 뒤표지에 있습니다.
- 이 책의 일부 또는 전부를 재사용하시려면 반드시 도서출판 성인덕의 동의를 얻어야 합니다.
- 잘못 만들어진 책은 구입하신 곳에서 교환해드립니다.